比较法文化论集

COMPARATIVE LAW CULTURE ANALECTS

李求轶／著

北京大学出版社
PEKING UNIVERSITY PRESS

图书在版编目(CIP)数据

比较法文化论集/李求轶著.—北京:北京大学出版社,2013.9
ISBN 978-7-301-23008-4

Ⅰ.①比… Ⅱ.①李… Ⅲ.①比较法学-文集 Ⅳ.①D908-53

中国版本图书馆CIP数据核字(2013)第187254号

书　　　名:比较法文化论集
著作责任者:李求轶　著
责 任 编 辑:陈　康
标 准 书 号:ISBN 978-7-301-23008-4/D·3395
出 版 发 行:北京大学出版社
地　　　址:北京市海淀区成府路205号　100871
网　　　址:http://www.yandayuanzhao.com
新 浪 微 博:@北大出版社燕大元照法律图书
电 子 信 箱:yandayuanzhao@163.com
电　　　话:邮购部62752015　发行部62750672　编辑部62117788
出版部62754962
印　刷　者:北京大学印刷厂
经　销　者:新华书店
890毫米×1240毫米　A5　9印张　200千字
2013年9月第1版　2013年9月第1次印刷
定　　　价:26.00元

序

比较法文化源于英国著名法律史学家、比较法学家梅因爵士，在《古代法》中，梅因爵士揭示了人类社会的进化规律是“从身份到契约”的路径。从梅因到萨维尼、耶林；从梅因到穗积陈重、威格摩尔，比较法因与法律文化密切联系而形成一门综合性学科——比较法文化论。相对于比较立法学而言，比较法文化是从纵向探究人类社会中的法律生成与发展规律的，因此，它又是法律史学的学术领域。诚如古云：以史为鉴，可以知兴替，以人为鉴，可以明事理。归纳比较法学的研究成果，是经验法学的必经路径，探究比较法名家的著作，是法史科学的学术结晶。

《比较法文化论集》是笔者编著的第一本比较法制史论文集，比较法既是一门基础理论的科学，又是一门实践应用的科学。“普遍”与“差异”是比较法学中的对立统一的目标与方法。因此，比较法学从英国梅因爵士开始，就走向纵横不同的两条路线：一是以“普遍”为目的的地域的、普遍的比较法学；二是以“差异”为目标的民族的、历史的比较法学。前者以法国的拉贝尔为代表，后者以德国的萨维尼为典型，由此形成了“共同法”与“比较法史”两种不同的学术风格和学科科学。而“比较法文化论”则是以“文化”为媒介，综合了以上纵横两种不同学科的优势。因此，“比较法文化论”现已日益成为比较法学研究的支点和重点。

在康德的“头顶的星空和内心的道德法则”两个世界之中，科学与良心是为学之基，为人之本。曾记得中学学习古汉语时在读荀子的《劝学篇》时，就会流利地脱口而出：“积土成山，风雨兴焉；积水成渊，蛟龙生焉；积善成德而神明自得，圣心备焉。故不积跬步，无以至千里；不积小流，无以成江海。骐骥一跃，不能十步；驽马十驾，功在不舍。锲而舍之，朽木不折；锲而不舍，金石可镂。”而今该《劝学篇》已做成“千里之行，始于足下”的牌匾一直悬挂在厅堂之上，并时刻鞭策自己与时间赛跑。且说精神尚在，生命长青。笔者曾经在《公司诉讼：类型化探析》一书后记中写道：“人生有涯，而学海无涯，以有涯的人生追求无涯的学术是人生至高无上的乐趣。”诸多法学家朋友笑言：“生命有涯，何以学术无涯？”在此，不才答曰：“生命固然有限，而学术中所焕发的哲理和精神乃至对人生孜孜不倦的追求和探索的精神，永远永远是我和年轻的朋友所喜爱的咖啡伴侣。”

《比较法文化论集》所收集的大部分论文为 2004 年（第 17 届）至 2012 年（第 27 届）全国外国法制史研究会年会上笔者提交的专题论文。另外，还有多篇论文是在读博士期间与指导教师——外国法制史权威何勤华教授合作思考的理论结晶。此外，还有少部分论文是在其他专业研讨会和杂志上已发表的专题论文。编著本文集的目的在于回顾一下自己的学术生平，检证自己的学术成果，同时也进一步理顺和校正今后的研究方向，并塑造自己的学术人格。

李求轶

2013 年 2 月于北京

目　录

001　商法法系新探
——兼论中国商法通则的体例
029　海事法系的形成与生长
047　英美法系公司法对中国公司法的影响
065　刑法学派的论争与融合
086　费尔巴哈刑法思想述评
098　人权与宪政
——以环境权入宪为主线
117　宪法基本权利实现机制的比较法研究
130　西法东渐一隅:从“私犯”看“私诉”
138　关于“律师自治”的比较法研究
155　律师的自由与强制
171　宪法诉讼与律师职业
178　通古斯法族的兴起
194　行走在“圣”与“俗”的历史之道上
——以宗教与法的命题为中心
242　穗积陈重与法理学
264　西洋法文化圈
——比较法文化试论

商法法系新探

——兼论中国商法通则的体例*

导言

商法是近代社会以来重要的法律部门。传统上按法律渊源，将世界中的法系区分为大陆法系和英美法系两大法系。此种划分的标准也主宰着商法法系的分类。商法首先被区分为大陆法系商法和英美法系商法；然后，大陆法系商法法系又根据商法典的立法体例划分为法国法系和德国法系。笔者认为，近代大陆法系商法是伴随着民法典而产生的。作为民法的特别法，其调整对象是围绕着商法与民法的关系而展开的，从而引出商法的独立性和独立程度问题。但英国商法却与大陆法系法国商法不一样，走出了一条没有商法典的单独部门立法的松散“邦联”之路，美国最初也无独立商事立法，后制定了归纳性的《美国统一商法典》。因

* 本文原载于《中国商法评论》2006 年第 1 期（何勤华、李求轶合写）。

此，探讨商法法系不能仅以商法典为核心，而应以商事规范立法的制度分析为中心。据此，世界的商法法系按商事规范的组合方式可分为英国法系、法国法系、德国法系、日本法系、美国法系五大法系。此五大法系的商事立法不仅对本国经济发展起着重要的调整作用，使其成为西方五大经济大国，而且，也对世界其他国家商事立法起着决定性的影响。中国的商事立法应借鉴五大法系的立法成就，汲取其商法立法体例、原则、主要制度和规范，制定出与现代市场经济相适应的“商法通则”。

一、关于法系的划分和划分标准

“法系”是比较法中的核心概念。法国比较法学家达维德认为：“正如神学家或政治科学家承认宗教或政体类型一样，比较法学家也可以将法律简化为少数派系（families）。”[①]关于“法系”，英文有不同的表述，诸如 Legal System、Legal Family、Legal Genealogy 等。俄文、法文、日文都有相应的“法系”词汇。从几个英文单词的词义上看，“法系”强调法律之间的某种共同属性和渊源。法系不同于中文中的“法律体系”，“法律体系”指的是由全部法律渊源构成的一个法律整体，是指一个国家的国内法律的总和；而“法系”则抽掉“主权国家”的主观性，使其具有同一传统或者文化的法律组合成一个“模块”（或称“样式”）。关于“法系”的划分，并无统一标准。“法归类成系，简化为少数几个类型，可以便于对当代世界各国法的介绍与理解。但关于怎样进行分类，从而应该承

① 沈宗灵：《比较法研究》，北京大学出版社 2004 年版，第 53 页。

认哪些不同的法系，并无统一意见。有些人根据法的概念结构或赋予各种法源的重要性来归类。另一些人则认为这些技术方面的区别是主要的，他们把下列本质性的考虑放在第一位：打算借助法建立的社会形态，或者给予作为社会秩序因素的法的地位。”①“法系”的划分标准最早由日本法学家穗积陈重提出，他的划分标准是民族差异。其于 1884 年提出五大法族学说，即印度法族、支那法族、回回法族、英国法族和罗马法族。大约十年后，他又进一步地提出了以法律制度的谱系和亲缘关系作为划分标准。法国比较法学家达维德在其《比较民法概论》中认为只有两条标准有说服力，即意识形态标准（这是宗教、哲学、政治、经济和社会结构的产物）和另一个法律技术标准。但法律技术标准是次要的，关键性标准是“哲学基础、正义观”。因此，他区分为五个法系，即西方法、苏联法、伊斯兰法、印度法和中国法。后来，他又改变了自己的观点，将以上五个法系合并置换区分为三个法系：罗马—日耳曼法系、普通法系和社会主义法系。加上伊斯兰法、犹太法、印度法和远东法，同样还有非洲和马达加斯法这个新形成的法系。② 德国学者茨威格特和克茨以“法律样式”作为划分法系的标准。“样式”强调内容与形式的统一，即具有一定形式的独特内容。具体说，关注样式意味着关心如下问题：第一，特定法律的形成和发展；第二，占主导地位的法律思想方法；第三，特殊法律制度；第四，法律渊源的种类和解释；第五，政治、思想、意识等观念因素。他们主要有两个划分的原则：第一个原则是以私法为

---

① 〔法〕勒内·达维德：《当代主要法律体系》，漆竹生译，上海译文出版社 1984 年版，第 24 页。

② 参见〔德〕K. 茨威格特、H. 克茨：《比较法总论》，潘汉典、米健、高鸿钧等译，法律出版社 2003 年版，第 74 页。

准。他们认为,虽然德国法律属于民法体系,但是这只是就它的私法而言,而德国的公法则与美国有很大的共同性。第二,如此划分还考虑到某一国家的法律所处在的历史时期和它的文化传统,他们一方面指出,日本法律长期以来以德国法律为榜样;另一方面,他们也承认,特别是第二次世界大战以来,日本法律已经开始融入普通法系。[①] 而比较法学家康斯坦丁内斯库则认为,“法圈分类不仅限于私法领域,而且涉及公法领域,甚至遍布于整个法律秩序”,并提出了样式构成的九个规定性,即:(1) 法律观念与法的作用;(2) 意识形态与原理;(3) 前提条件与构成的关系,即社会、经济、政治、历史的现实与法律规范的关系:(4) 经济结构;(5) 国家的观念与作用;(6) 市民的基本权利;(7) 法源及其效力等级体系;(8) 法律解释以及法官的地位与作用:(9) 各种法的概念以及基本的法律范畴。[②] 与茨威格特的样式构成要件相比较,康氏的要素说取消了“历史的发展”和“具有特征性”的法律制度的两个标准。

达维德认为“法系”不具有历史性。“法系”的概念没有与之相对应的生物学上的实在性,使用它只是为了便于讲解,为了强调各种法之间的相似之处和区别。既然如此,所有的分类方法都有其优点。一切取决于所处的背景和这些人或那些人的主要考虑,是从全世界的角度还是仅仅从欧洲的角度观察问题就会有不同的分类法。一个人是作为社会学家还是作为法学家观察问题,其考虑问题就会有不同的方式方法。研究的中心要是以公法、私

---

① 参见刘兆兴主编:《比较法学》,社会科学文献出版社 2004 年版,第 55—56 页。

② 参见〔日〕大木雅夫:《比较法》,范愉译、朱景文审校,法律出版社 1999 年版,第 114—115 页。

法或刑法来分,其他的归类方法同样是可行的。① 与此相反,美国比较法学家威格摩尔则认为:法系的系谱比较称作比较法中的整体研究法。日本著名法学家穗积陈重(Hozumi)教授称它为系谱比较法,即将有共同宗族关系的法律群作为一个比较单位对法律进行比较研究的方法。法系究竟是像一个社会中的家庭,还是更类似于一个有血有肉的生命组织体,我们可以争论,但在这里仍然把法系称作生命组织体。② 因此,其倡导世界上存在着大约16个法系。它们分别是:埃及法系、美索不达米亚法系、希伯来法系、中华法系、印度法系、希腊法系、罗马法系、日本法系,伊斯兰法系、凯特尔法系、斯拉夫法系、日耳曼法系、海事法系、教会法系、大陆法系和英美法系。

法系的比较有不同方法,此称为"比较法的方法论"。主要有:(1) 宏观比较法与微观比较法;(2) 功能比较法与概念比较法;(3) 文化比较;(4) 动态比较与静态比较。其中最主要的方法为宏观比较与微观比较。达维德认为:"世界上存在着大量国家或地区的法律制度,其中有的是相互类似的,有的有很大区别,为此,就可以实行宏观比较(macro-comparison)与微观比较(micro-comparison)两种方法或类型。后者研究同一法系(legal family)法律,前者则研究相互有很大区别的法律制度。"③本文作者认为,介于宏观比较与微观比较中间,还有一个"中观比较"。与宏观比较[不同法系或不同法律制度(主要指资本主义与社会主义)法律之间的比较]和微观比较(对具体法律规则或制度之间的比

① 参见〔法〕勒内·达维德:《当代主要法律体系》,漆竹生译,上海译文出版社1984年版,第24页。

② 参见〔美〕约翰·H.威格摩尔:《世界法系概览》,何勤华、李秀清、郑光东等译,上海人民出版社2004年版,第953页。

③ 沈宗灵:《比较法研究》,北京大学出版社2004年版,第34页。

较)相对,还存在着基于某一法律部门,例如,民法、商法、刑法的比较,此种比较以"法系"宏观比较为基础,同时又是"具体法律制度"的微观比较的前提和基础。因此,达维德所谓法系标准的"多元化"从某种意义上来说也是正确的。

商法是有关商业或商事的法律,属于部门法。因此,比较商法首先是一种中观比较,根据特定的分类标准,将商法划分为若干法系(不同于宏观比较的大法系概念)。然后,再根据商法法系进行微观的具体法律制度的比较,例如,公司法、保险法、有价证券法(票据法)的比较。比较商法具有比较法的功能和作用:(1)比较商法是法律移植的前提。"法律移植是指一个国家或地区将其他国家或地区的法律(体系或内容或形式或理论)吸收到自己的法律体系之中,并予以贯彻实施的行为。"[①]移植不同的法系或不同国家的商法必须首先对世界上存在的商法法系以及基本制度进行充分的了解、分析。法律移植如同种植树木,从一个地方挖出来,运到其他地方种下去。因此,就存在与本土资源相适应的问题。只有经过充分比较后作出的制度选择,移植的商法制度才不至于发生"水土不服"的情况。《美国统一商法典》就是比较法的产物。另一位对《美国统一商法典》作出突出贡献的是卡尔·卢埃林教授。他是美国现实主义法学的领军人物。早年曾在德国留学,后又在两所德国大学讲学,是精通大陆法系和普通法的一代宗师。最终通过的《美国统一商法典》被戏称为《卡尔法典》,说明《美国统一商法典》在相当程度上反映了他对商法的理解。其早年在德国的经历对他主持《美国统一商法典》的起草工作产生了相当大的影响。他亲自草拟的法典的总则和第二编(即

① 何勤华主编:《法的移植与法的本土化》,法律出版社 2001 年版,第 537 页。

买卖编）中包含的许多原则和规则十分近似于《德国民法典》的规定，细心的读者是不难觉察到这一点的。[①]（2）比较商法是正确适用外国法的有效途径。现今社会，随着贸易自由化的推广，国际商务已成为企业必不可少的交易途径。国际商事纠纷都存在着适用外国法的问题，正确适用外国法，必须对该国法律体系和法律制度有正确的理解和解释。因此，比较商法有助于司法公正，对商法进行比较确实是非常必要的。

二、关于世界上的商法法系

传统划分法系简单地采用某一种方法。达维德在意识形态特色基础上加上法律技术因素，将法系分为"三大加几小"法系。三大即普通法（英美法）、大陆法和社会主义法。中国商法学家范健在《商法的价值、源流与本体》一书中，将"当代主要商法体系划分为大陆商法、英美商法和社会主义商法"。此划分标准类似于达维德的划分"法系"标准。茨威格特是从民法角度来划分法系的，根据其"样式"构成要素，其将世界上的法系划分为罗马法系、德意志法系、英美法系、北欧法系、社会主义法系、其他法系（远东法系、伊斯兰法系、印度法系），而商法按"样式"标准衡量，似乎可以分为法国法系、德国法系、日本法系、英国法系、美国法系。意大利、瑞士、荷兰、俄国等国家实行民商合一，因为广义上民法典已包括了商事规范，并无形式意义上的独立商法体系，故不列入

---

① 参见美国法学会、美国统一州法委员会：《〈美国统一商法典〉及其正式评述》（第1卷），孙新强译，中国人民大学出版社2004年版，序言。

商法法系划分范畴。曾咏梅在其所著《中国商法教程》一书中认为，从19世纪初到第一次世界大战，是商法在体系上建立和完成时期，从立法体系和立法原则来考察，这一时期发展创立了世界四大商法法系：(1) 法国商法法系，亦称商行为法体系；(2) 德国商法法系，亦称商人法立法体系；(3) 折中商法体系，亦称混合标准的商法体系，它以日本新商法为代表，以商行为和商人两种标准同时作为立法的基础；(4) 英美商法体系，它以英美国家商法为代表，其特点是一般商事习惯、判例法与商事成文法并存。以上划分标准为“无机说”。

与此相反，最早对法系作出划分的穗积陈重是历史法学派法学家。其提倡的系谱比较法是一种“有机说”。根据历史法学派创始人萨维尼的观点：“法律和语言一样，没有绝对中断的时候，它也像民族的其他一般习性一样，受着同样的运动和发展规律的支配；这种发展就像最初阶段一样，按照其内部必然性的法则发展。法律随着民族的发展而发展，随着民族力量的加强而加强，最后也随一个民族失去民族性一样而消亡。”①因此，法律反映的就是一个民族的共同意识和信念。“在所有每个人中同样地、生气勃勃地活动着的民族精神，是产生实定法的土壤。因此，对各个人的意识而言，实定法并不是偶然的，而是必然的，是一种同一的法。”②威格摩尔认为：“语言和法律也许最为相似。和法律一样，语言也是人类社会行为的产物；虽然世界上存在着数以千计的语言，数以百计的语种，但是语系却只有那么数十种；法律也是这样，虽然地方习惯数以千计，民族或部落法律数以百计，但是世

① 何勤华：《西方法学史》(第2版)，中国政法大学出版社1996年版，第204页。

② 〔德〕萨维尼：《现代罗马法体系》(第1卷)，〔日〕小桥一郎译，成文堂1993年版，第42页。

界上的法系总计也不会超过20个；不同的语系起源于不同的种族聚居地，有明显的地域特征，而法系也是这样，对语言的考察和历史分析对学习语言大有帮助，同样，对法系的产生和发展进行历史分析对法系的研究也大有帮助。”法系的系谱比较法与对语言成长、变化进行整体比较研究相同，“在整体比较研究中，我们可以把语系，此种分布于亚洲和欧洲的印欧语系，亚洲和非洲的闪米特语系和非洲的克瓦语系，看做是来自不同地域、具有不同历史的各个地区民族的共同财富进行研究，这种研究方法类似于我们在对法系进行研究中，把法系看做有血肉、有自身发展历史的生命组织体来进行整体研究，而不仅仅限于法系内部的法律制度进行研究”。“法系就是这样的组织体，并且是一个有生命的组织体，法系在自我成长的过程中也促使其组成部分——法律制度合理、协调地发展，这个过程是与跖行哺乳类脊椎动物的发展、进化过程非常类似，跖行哺乳类脊椎动物由于其大脑的认知活动方式整体发生变化，其身体的某些器官也因此而发生了变化。法系就是如此自然生成又自我发展起来供法律科学家研究的。”由于法系是一个“生物有机体”，其有自己的历史，也和生物一样有机并有生命，因此，在“本书作者界定出的世界的16个法系中：(1) 6个已经彻底消亡，它们是埃及法系、美索不达米亚法系、希腊法系、希伯来法系、凯尔特和教会法系；(2) 5个经过融合得以存续，它们是罗马法系、日耳曼法系、斯拉夫法系、海事法系和日本法系；(3) 3个基本上未经融合而生存了下来，它们是中华法系、印度法系和伊斯兰法系；(4) 两个经历了大规模的融合更新和再造，几乎面目全非，它们是大陆法系和英美法系”。①

根据有机说，从宏观比较法上看，日本法系为与英美法系、大陆法系相并列的法系。此不同于达维德的“无机说”将远东法（中国、日本）列为法系。达维德的“无机说”认为，“法系的概念没有与之相对应的生物学上的实在性”。法系的比较主要从宗教出发，突出它的重要特征，是一种横向平行的比较法，而不是历史的、纵向的有机比较法。因此，其对远东法的看法是偏激和片面的。日本比较法学家五十岚清认为：在中国大陆和台湾地区以及日本、韩国各国和地区之间存在着可以称之为东亚体的法系。并且根据达维德和茨威格特确立的法系分类标准从法律制度（历史传统、民法典的重要性）、法文化（地理上的接近、儒教文化圈、汉学文化圈）两个方面论述了东亚法系事实上存在，而且，今天中国的法制进程也朝着这个方向发展。② 申政武教授在《东亚近代民法典的形成与伪满洲国的民法典》一文中，以民法典为中心论证了东亚法系的存在。其结论作了三个假设：“第一，自 1840 年鸦片战争以来，日中韩三国的私法近代化拥有同一起点——《律令法典》，同一起点为三国的法律制度带来了共同的基础——以汉字为构词表述的法律概念；第二，日本率先在 1873 年提出了一个具有近代意义的民法典草案——《皇国民法暂行规则》。此后，在将近 90 年的时间内，日中韩三国共进行过 7 次大规模的民法典编纂（参见《东亚近代民法典编纂沿革图》）。因为每一次编纂都是对前上次编纂的修正，因此，可以说这 7 次民法典编纂实际上

---

① 〔美〕约翰·H. 威格摩尔：《世界法系概览》，何勤华、李秀清、郑光东等译，上海人民出版社 2004 年版，第 953—956 页。

② 参见渠涛主编：《中日民商法研究（第 1 卷）》，法律出版社 2003 年版，第 86—88 页。

是一个连续的移植和变异的过程(如下图);第三,每一次编纂都使用着相同的法律概念和法典模式,经过7次编纂诞生的《日本民法典》(1898年)、《中华民国民法典》(1929年)和《韩国民法典》(1960年)已经在东亚形成了一个完全不同于传统《律令法典》的近代民法典群。”①

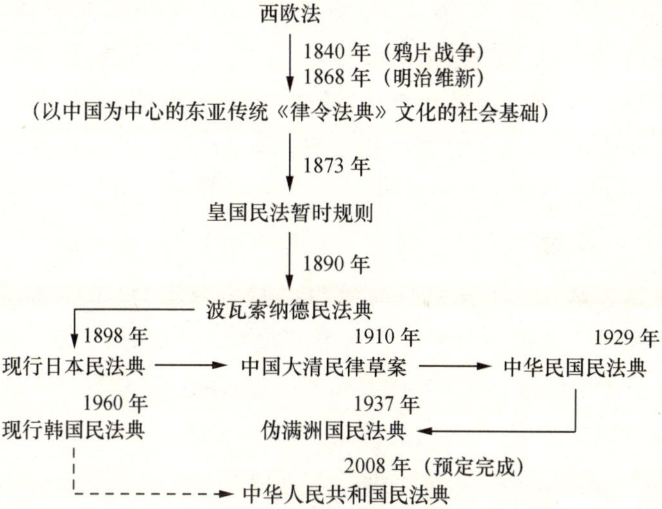

东亚近代民法典编纂沿革图

同时,从日中韩近代民法典的继受关系(西欧法的继受和变异)和日中韩近代民法典群的特征(技术特色及中心课题)两个方面分析和证实了东亚法系的存在,威格摩尔从历史法学和法律进化论的角度认定,日本法系和中国法系为现存的法系之中的两个。其将日本法系的变迁和进化划分为四个时期:“第一个时期(公元500—1200年)……第二个时期(公元1200—1600年)……第三个时期(公元1600—1850年)……第四个时期(公元1850年

① 渠涛主编:《中日民商法研究》(第2卷),法律出版社2004年版,第29页。

以后）日本向外国开放贸易—维新与成文宪法—新法典与旧法规……”[1]其遵从的是穗积陈重的系谱比较法（整体研究法）。穗积陈重认为：“法律进化论依其对象之范围，得分为泛论与各论，法现象不限于地域、人种、民族及其他之标准，为一般的对象，而究其变迁之理法者，为普泛的法律进化论；然法现象得根据各种标准，如人种、民族、地域、法系，由各种之基础性的分类观察，或限于法律之一部，观察其法现象之动势，而考究其理法，此为特殊的法律进化论。”[2]“法系分析法”为特殊进化论，据此，日本法系与其历史和语言一样，随着社会发展而不断进化，至今仍然存在根源于日本本土资源的日本法系，几经变迁其已经不是旧的远东法系（日中法系），而是一个融合大陆法系和英美法系的混合法系。

从商法法系角度（中观）分析，《日本商法》也是以大陆法系为基础并不断摄入英美法系内容的混合法系。从历史法学的进化论来划分法系，《日本商法》有其历史必然性。根据日本商法学家田中诚二分析：从商法史角度，《日本商法》经历了以下几个时期：第一期“市”时代、第二期产生商时代（特别商人时代）、第三期商人商业时代、第四期近代商业时代四个阶段。[3] 而形式意义的商法即商法典的制定，大体上是如下过程：1890 年旧商法由德国法学家海尔曼·罗斯勒（Harmann Doeslor）起草，明治二十三年（1890 年）公布，由通则、海商、破产共 3 编 1064 条构成。其编排体例近似于《法国商法典》，而实质性内容则主要模仿德国旧商

① 〔美〕约翰·H. 威格摩尔：《世界法系概览》，何勤华、李秀清、郑光东等译，上海人民出版社 2004 年版，第 374—425 页。

② 〔日〕穗积陈重：《法律进化论》，黄尊三等译，中国政法大学出版社 1997 年版，第 2 页。

③ 参见〔日〕田中诚二：《全订商法总则详论》，劲草书房 1976 年版，第 30—40 页。

法。因此，旧商法是法国法系和德国法系的折中法系。明治三十二年(1899年)开始以新商法典取代之，新商法典原由5编689条组成。新商法包括若干法国法系的规定，但其大部分取自德国旧商法(与德国旧商法不同的是包括第4编汇票和本票)。新商法属于德国法系，但其立法体例上则仍采取商人和商行为结合的折中主义，因此，是法国法系和德国法系的混合法。同时，第一次世界大战后，在股份公司方面大量引进英美法系的制度，如劣后股、无表决权股、可转换股、整顿和特别清算等制度。昭和二十五年(1950年)，对商法和有限公司制度进行全面修改。据此，日本商法"一改过去追随德国法的传统，采取模仿美国法的立场，引进诸多英美法系的制度，如实行授权资本制，无面额股份制以利于公司奖金调度；改善股份公司治理结构，放弃股东大会中心主义，改采董事会中心主义，扩大董事的权限，实行董事会与代表董事的公司机关分设制度；强化股东的地位，赋予股东代表诉讼权和董事违法行为停止请求权，以便更有效地监督公司管理人员、保护股东利益；废除过时的股份两合公司制，等等"。[①] 20世纪末至21世纪初日本每年都修改商法，例如引入美国的"独立董事"的公司治理法制。因此，日本商法从实质意义(规范)上看，又是大陆法系与英美(主要是美国)法系的折中主义。此种折中商法体系本文又称为日本商法法系。

英美法系商法起源于英国，英国是典型的判例法国家，没有统一的商法典，也没有民法和商法的划分。但实质意义的商法大量存在，特别是海商法特别发达。18世纪，以海事法院为中心发展起来的商事习惯法被普通法所吸收。例如，英国著名法学家、

---

① 吴建斌:《现代日本商法研究》，人民出版社2003年版，第21页。

大法官曼彻菲尔德就吸收了英国商事习惯法，结合罗马法原理，创设了英国商法（尤其是保险法和海商法）的原则。英国商法法系不采取商法典形式，因此无商法总则之规定，但有很多单行制定法。例如，《1882 年汇票本票法》《1889 年外汇法》《1890 年合伙法》《1893 年动产交易法》《1894 年商标法》《1906 年海上保险法》《1907 年有限责任合伙法》《1914 年破产法》《1924 年海上货物运输法》《1932 年航空运输法》《1948 年公司法》《1949 年民间航空法》。英国商法虽无总则规定，但英国法在司法实践中仍然形成了不成文的总则性法律规范。美国在法律和渊源上与英国类似，主要采取判例法形式，但由于其采取联邦制，因此，商事立法权属于各州。美国商法成文单行法主要有《1887 年州际通商法》《1898 年破产法》《1890 年谢尔曼反托拉斯法》《1914 年克莱顿法》《1933 年证券法》以及《1934 年证券交易法》。为了统一各州商法，美国法学会、美国统一州法委员会先后起草公布了《1890 年流通票据法》《1909 年提单法》和《统一股份转让法》《1914 年统一合伙法》《1916 年统一有限责任公司法》《1926 年统一买卖法》。20 世纪 50 年代，又起草了《模范公司法》和《美国统一商法典》。其中《美国统一商法典》并未对商法概念或者调整对象作出明确规定，因此，在美国，商法是一个内容并不十分确定的法律范畴，大体上商法涉及商事活动、商事组织法和商事交易法。主要包括合同法、买卖法、财产法、公司法、合伙法、票据法、保险法、证券法、代理法、信托法、破产法、侵权行为法等；另外，还应当包括相关保护市场竞争关系的反垄断法。《美国统一商法典》属于示范文本，但由于所有各州均已全部或部分采取了该部法典的内容作为本州立法。因此，《美国统一商法典》在商事领域起着重要作用，而《美国统一商法典》从原则到制度并非完全来源于英国商法，其既有自己的立法历史，又有源于德国民法和商法的体例和制度。因此，传统的英美商法应由英国商法法系和美国商法法系构成。鉴于美国商法的历史传统和技术特色以及 20 世纪中叶以来美国法与美国政治、经济一样，对世界经济产生举足轻重的影响，因此，在比较法上将美国商法单独列为美国商法法系。

据此，现代商法法系由原有的大陆法系的法国商法法系、德国商法法系，原有的英美法系的英国法系、美国法系、折中于（近代）法国法系和德国法系以及（现代）德国法系和美国法系之间的日本商法法系五个商法法系构成。属于法国商法法系的还有《1811 年比利时商法典》《1807 年卢森堡商法典》《1829 年西班牙商法典》《1883 年葡萄牙商法典》《1888 年葡萄牙商法典》《1835 年希腊商法典》《1875 年埃及商法典》《1850 年土耳其商法典》《1889 年土耳其商法典》《1902 年秘鲁商法典》。此外，意大利（旧商法）、荷兰、南斯拉夫、罗马尼亚、巴西、智利的商法典都直接或间接地受到法国商法的影响。属于德国商法法系的有《1930 年奥地利商法典》《1925 年泰国民事和商事法典》《1872 年瑞士债务法》《1899 年日本商法典》、中国清政府的《大清商律》等商法。属于日本法系的有韩国商法、现中国台湾地区商法以及中国大陆的旧商事立法，其特点是法律移植折中于大陆法和英美法，其法源移植于《1899 年日本商法典》，不仅地区属于东亚地区，并且都使用汉字。中国自清末以来商事立法属于日本商法法系，是因为中国最早的商法渊源和商事法律法规均从日文汉字引入，从历史上看，二者具有语言同质性。而且，商法体例、结构、具体制度多取自德日商法，部分商法草案为日本法学家志田钾太郎、松冈义正所起草，同时大量留日学生学成回国后带有日本商法的法意识，对早期中国的商事立法和司法产生了重要影响。因此，早期的中国商法和日本商法属于同一法系。但新中国成立后，现并无统一的商事立法，以后，中国究竟属于哪个商法法系则是个未知数。因此，必须对所倡导制定的“商事通则”进行深入探讨。

三、中国商事通则的体例与结构

中国的商事立法经历了一个曲折的过程。中国古代没有形式意义上的商法，清朝末年，由于资本主义经济在中国的发展，清政府不得不调整沿袭战国以来历代统治者实行的“重农抑商”政策，同时，在内外形势的推动下，推行“变法”图强之策，为了改变对外贸易劣势，制定商例，以振兴中国工商业。

1901 年 3 月，两江总督刘坤一、湖广总督张之洞在第三次会奏变法事宜时提出制定商律的主张。互市以来，大宗生意全系洋商，华商不过坐贾零贩，推原其故，盖中外懋迁，机器制造，均非一、二之财力所能。所有洋行，皆势力雄厚，集千百家而为公司者，欧美商律，最为详明，其国家又多方护持，是以商务日兴，中国素轻商贸，不讲商律，于是市井之徒，苟图私利，彼此相欺，巧者亏逃，拙者受累，从故视集股为畏途，遂不能与洋人争衡。况凡遇商务讼案，华欠洋商，则领事任意需索；洋欠华商，则领事每多偏袒，于是华商或附洋行股份，略分余利，或雇无赖流氓为护符，假冒洋行。若再不急加维持，势必至华商尽为洋商之役而后已。必中国定有商律，则华商有恃无恐，贩运之大公司可成，制造之大工厂可设，假冒之洋行可杜……[①]由于刘坤一、张之洞为朝廷重臣，因此，

---

① 参见李贵连：《近代中国法制与法学》，北京大学出版社 2002 年版，第 8 页。

其建议很快被清廷采纳，商事立法行为被作为法律改革列入“变法”议程。

清末商事立法大体上分为以下两个阶段。第一阶段从光绪二十九年(1903年)到光绪三十三年(1907年)，采取颁行一些应急法律、法规的做法。商事立法主要由光绪二十九年(1903年)设立的商部负责。主要商事立法如下：(1) 1904年的《钦定大清商律》。这部商律由《商人通例》和《公司律》构成，其中《商人通例》9条，分别规定了商人的意义和条件以及妇女经商、商号、商业账簿等方面的内容，具有商法总则性质；《公司律》131条，分为公司分类及创办呈报法、股份、股东权利各事宜、董事、查账人、董事会议、众股东会议、账目、更改公司章程、停闭、罚例等11节。它是中国第一部独立的商法，颁行后一直使用到1914年，直到北洋政府颁布新的商人通例和公司条例后，方才失效。(2) 1906年的《破产律》。全律分呈报破产、选举董事、债主会议、清算账目、处分财产、有心倒骗、清偿展期、呈请销案、附则等9节，计69条。(3) 1904年的《公司注册试办章程》。(4) 1904年的《商标注册试办章程》。第二阶段是光绪三十三年(1907年)后，经过官制改革，商事立法改由法律馆负责，主要法典由修订法律馆主持起草，各单行法规仍由有关部门拟定，经宪政编查馆和资政院审议后，请旨颁行。这一时期主要商事立法如下：1911年的《运送章程》，1908年的《大清银行则例》《普通银行则例》《殖业银行则例》《储蓄银行则例》《银行注册章程》，1910年的《大小轮船公司注册给照章程》。同时，还起草了一些未经颁布的商法草案。主要有：1909年的《商法草案》，由日本商法学家志田钾太郎起草，全律共1008条，分为总则、商行为、公司、票据、海船五编；1911年的《改订商律草案》，主要是为了弥补《钦定大清商律》的不足而应急起草的，该律分为总则编（商人、商人能力、商业注册、商号、商业账簿、商业使用人、代理商）和公司编（总纲、无限公司、两合公司、股份有限公司、股份两合公司、罚例），两编共计 367 条。此外，还有 1907 年的《破产律草案》、1908 年的《交易行律草案》、1910 年的《保险规则草案》等。

现将清朝末年主要商事立法的法律渊源和体例分析如下：《钦定大清商律》分为商人通例和公司两编，破产另行立法，原系大陆法系民商分立体例，且主要仿效德国法系。光绪三十三年（1907 年），编订商法的任务移交修订法律馆后，翰林院侍读学士朱福铣曾提出行英美之制，实行民商合编，未被采纳。[①] 以后除各有关衙门制定的暂行法律和单行法规外，修订法律馆负责的商法即按法典编例起草。1909 年《商律草案》由日本商法学家志田钾太郎起草，该法包括总则、公司、商行为、票据、海船五编。在编纂体例上主要取之日本明治三十二年（1899 年）商法。在具体法律和内容方面，《钦定大清商律》主要由伍廷芳起草，从伍廷芳曾在英美学习和任职背景以及对比具体条文，可以看出其主要移植于英、日两国商法和公司法。《改订大清商律草案》在编制体例和章节安排上主要移植修改后的日本新商法（1899 年商法典）。志田钾太郎起草《商律草案》来源于日本新商法，但内容（除票据法外）多与日本和德国新商法相同。北洋政府统治时期颁布的 1914 年《商人通例》和《公司条例》，其法律渊源为 1904 年的《钦定大清商律》和 1909 年的《改订大清商律草案》。另外，未经颁行实施的 1925 年的《票据法草案》和 1915 年的《破产法草案》也和清末有关草案相差不多。此外，北洋政府还颁布了 1914 年的《商业注

① 参见中国第一历史档案馆：清档案，录副奏折，光绪三十三年（1907 年）6 号。

册规则》、1914 年的《商会法》、1914 年的《证券交易法》、1923 年的《商标法》等商事单行法。

南京国民政府成立之初，继续援用晚清、北洋政府中的商事法规来调整各种经济关系，如援用北洋政府颁布的《商人通例》《商事公断处章程》调整商事活动。1929 年，根据胡汉民、林森之提议，实行民商合一，将民法和商法统一为《中华民国民法典》，通常属于商业行为的保险、合同、运送货物及承揽运送等项纳入民法典债编，其中不能合并者，分别制定单行法规。1928 年成立了商法起草委员会，先后制定或修正了《票据法》《海商法》《保险法》《公司法》《交易法》《商标法》《破产法》等商事单行法。

"国民政府"采取"民商合一"的理由可能是 1929 年 6 月国民党第 183 次中央政治会议通过的《"民商划一"提案审查报告书》，主要内容为：考各国立法例，有于民法典之外，另订商法典者，有不然者，今将从事法典之编订，原提案民商统一，详加研究，亦韪其意，兹将理由分述如下：(1) 因历史关系，认为应订民商统一法典也。商法之于民法之外，成为特别法典者，实始于法皇路易十四。维时承阶级制度之后，商人鉴于他种阶级，各有其身份法，亦遂组织团体，成为商人阶级；而商法法典渐亦相因而成。此商法法典别订于民法之外者，及因于历史上商人之特殊阶级也。自汉初驰商贾之律后，四民同受治于一法，买卖钱债，并无民商之分。实则商人本无特殊之阶级，亦何可故为歧视耶。(2) 因社会之进步，认为应订民商统一法典也。反对民商统一法典者言日，商法所订重在进步，民法所订多属固定，故民商不便合并，此在昔日之陈迹，容或有之。不知凡法典应修改者，皆应取进步主义，立法者认为应修改则修改，与民商合一与否无关。例如英国民商合一，而公司法施行后，亦有数次之修改，而德国为民商分立之国，其商法之改变，远不如英国。于此可见不当以法典之进步与否，而断定民商合一与否也。考之学说，盛倡民商合一论者甚多，如意国维域堤氏（Wiyontc），法国之他赖氏（Thaller），德国之典尔伯氏（Dernburg），其著者也。(3) 因世界交通，认为应订民商统一法典也。反对民商法典统一者之言曰，商法具有国际性，民法则否，此亦狃于旧见之说也。民商合一，对于商事法规，应趋于大同与否，立法者尽可酌量规定，并不因合一而失立法之运用。且民商划分之国，其法典关于本国之特别规定者，亦不一而足也。(4) 因各国立法趋势，认为应订民商统一法典也。意大利为商业发达最早之国，而其国之学者，主张民商合一最力，英美商业，今实称雄于世界，而两国均无特别商法法典，瑞士亦无之，俄国 1893 年民法第一草案，1896 年民法第二草案，1906 年民法第三草案，1907 年民法第四草案，均包商法在内，似此潮流，再加以学者之鼓吹提倡，则民商合一，已成为世界立法之新趋势，我国何可独与其相反。(5) 因人民平等，认为应订民商统一之法典也。人民在法律上本应平等，若因职业之异，或行为之不同，即于普通民法之外特订法典，不特职业之种类繁多，不能普及，且与平等之原则不合。(6) 因编订标准，认为应订民商统一之法典也。昔时各国商法以人为标准，即凡商人所为者，均入商法，德国于 1897 年所订之商法亦然。法国自大革命后，以为不应为一部分之人，专订商法，故其商法，以行为为准，即凡商行为均入于商法典，然何种行为系商行为，在事实上有时颇不易分，我国如亦编订商法法典，则标准亦殊难定也。(7) 因编订体例，认为应订民商统一法典也。各国商法之内容，极不一致，日本商法分为总则，会社，商行为，手形（即票据——作者注），海商五编，德国商法无手形，法国则以破产及商事裁判所组织法订入商法法典，体例分歧，可知商法规定之事项，原无一定范围，即划为独立之法典，亦只自取烦扰，再法典应订有总则，亦取其纲举目张，足以贯串全体也，而关于商法，则不能以总则贯串全体。(8) 因商法与民法之关系，认为应订民商统一法典。在有商法法典之国，其商法仅系民法之特别法，而最重要之买卖契约，仍多规定于民法，而民法上之营利社团法人，仍须准用商法，则除有特别情形，如银行交易所之类外，民法商法牵合之处甚多，亦何取乎两法并立耶。且民商划分，如一方为商人，一方非商人，适用上亦感困难，因民商法相关联之处甚多，而非一般人所能意料者。要之各国民商法典，近时之趋势，凡民商划一之国，鲜有主张由合而分者，其他民商划分之国，其学者主张由分而合者则甚多，其所以至今尚未实行者，盖因旧制历年已久，而理论实力，一时之间尚未能推翻之耳。而趋势则已大定也。且在商法无特别法典之国，如英美等，不过无欧洲大陆之所谓商法法典，而实则关于商人之各种法规，灿然具备。是民商之合一与否，与商业之发达，并无关系，兹当百年革新之时，发扬全民之旨，应订民商合一法典，殆无疑义也。[①] 此后，一直采用民商合一，未颁布商法典，而采用单行法形式。“民国时期”的商事立法在国民政府垮台后，目前仍在中国台湾地区沿用。

对此“民商合一”的理由，日本著名法学家田中耕太郎教授提出中肯的批评：“审查报告书中罗列民商二法统一主义的理由很多，兹顺序做如下简要评价。第一，基于沿革方面的理由。各国商法的划分，与其说是沿革的产物，不如说是商法特殊性沿革的结果，过去的中国，虽有旧习，但在近代商业勃兴之际，对于新兴的商业，必须相对于一般私法做特殊的处理，事实上的需要，绝对

① 参见赵万一：《商法基本问题研究》，法律出版社 2002 年版，第 109—110 页。

不能以沿革方面的理由来排斥。换言之,原来的商法之所以不与一般私法相区别的原因,是因为商业的范围狭小简单,无特殊处理的必要,如果对近代商业也这样做,那是不能允许的。第二,主张商法的进步性质与立法修改难易没有关系。但是,民商法在其对象的社会状况和发展程度上大不相同,要求修正的程度也不相同。如果民法典中有商法规定,则商法的修订自然有迟延之虞,这在事实上是难以否认的。毕竟第二点理由并不充分,未免掩盖事实。尤其是引证英国事例,实为不妥,因为英国只把公司法另立特别法,所以易于修改,这正是维持商法特别法主义的典型事例。第三,和上述相同,各国民法各有特色,商法因商事有世界性,有趋于国际化的趋势。这种倾向,不得不以条约等为参考。为适应国际的发展,仍有把商法作为特别法的必要。例如维域堤也曾坚持这一观点。第四,关于立法之趋势已如前述。只是像统一论者所援引的瑞士债务法,实际上不是成功的事例,不如说是失败的事例。而且当今立法的趋势,绝不是趋向统一。第五,基于平等的理由,实际上只是表面的观察。如果另订商法,绝对无害于法律的平等。此项关系,只出于适应商事需要而为的妥当性处理,并非给商人以特殊的地位。第六,因民商两法难以区别之理由。此点是对分立主义的有力非难。但事物之间界限不明的,比比皆是,不能仅以此点而否认商法范围的存在。只有对此界限努力进行确定。第七,主张编制有系统之商法典有困难。商法既然不如民法那样系统,当然不能效仿民法。但也不能因此说商法不能成为有系统的法典。第八,坚持商法为民法的特别法,如果将其分立,则会在适用上发生困难。但是,既然已经为适应商事的需要而制定为特别法,则其规定于同一法典与否毫无关系。为了避免此项困难而压抑商事的需要,或硬将商事原理纳入民法之中，无论如何，都在实质上并不妥当。”①

1949年2月，中共中央发布了《关于废除国民党的六法全书与确定解放区的司法原则的指示》，宣布废除国民党政府的“六法全书”。因此，国民政府的商法也停止在中国大陆的适用。新中国成立后，我国主要移植了苏联的法律体系。由于采取计划经济的社会背景以及受苏联民事立法采取“民商合一”模式的影响，我国在1949年新中国成立后，并无起草商法典的立法计划。其中，曾经在20世纪50年代、60年代、70年代分别三次起草“民法草案”，一些有关商事规范包括在民法中。1986年我国颁布了《中华人民共和国民法通则》（以下简称《民法通则》），《民法通则》所调整的对象为“平等主体的公民之间、法人之间、公民和法人之间的财产关系和人身关系”，广义解释其调整范围包括了所有商事交易关系，而非民事主体的“商事组织”也可由公民（个体工商户、个人合伙）、法人（公司型联营）来加以调整。鉴于《民法通则》自身的局限，我国后来又陆续颁布了《公司法》《票据法》《海商法》《保险法》《企业破产法》等单行法律、法规，但立法机关并未明确要采取商事立法。而大部分商事单行法，均称为“经济立法”。因此，20世纪民商合一的立法趋向较明显，不涉及商法的独立性问题。

随着经济的发展，“民事”与“商事”的差异性日益凸现，对商事组织和商事交易进行特殊立法的社会需求逐渐增强。因为，商法的价值趋向已经从“近代商人法”对商人的特殊保护走向“现代商人法”对商人特殊的、严格的要求和规制。例如，对商人职业判

① 〔日〕我妻荣、中田耕太郎等：《中华民国民法债编总则论》，中国政法大学出版社2003年版，第9—14页。

断要高于一般人的职业判断，对商事信用保护要高于一般信用保护，而对商事效率要强于对一般民事关系的效率，等等。价值的转化使“旧瓶装新酒”显得很有必要。鉴于商事立法已经突破原有《民法通则》的调整范围，造成法律体系不和谐的客观情况，同时，由于我国法律体系的大陆结构传统和法律规范的德国模式的束缚，以及20世纪末21世纪初《美国统一商法典》的世界影响，出现了国际统一商事立法的潮流，使我国立法、司法、法学界均萌发了制定“商法典”或者“商法通则”的良好愿望。从立法上看，现有《民法通则》的总则制度已经无法调整所有的商事组织和商事交易活动，而《公司法》《票据法》《企业破产法》《海商法》系单独立法，由于“各自为政”，显然不能反映商人社会的特殊要求，正在起草的“中华人民共和国民法典”采取德国民法总分则体例，而德国至今仍采取民商分立，在民法典之外另立商法典；由经济立法转化而来的《合同法》类似于《瑞士债务法》，将商事买卖交易所产生的委托、代理、承揽关系、运输关系罗列其中，但无法涵盖包括证券交易、期货交易、商事代理（代理商）、保险契约等重要的商事交易；同时，以《民法通则》有关民事主体的规定来调整“商事组织”，显然是“力所不及”。因此，商事统一立法的重要性日益成为立法机关的共识。

从司法上看，我国在20世纪90年代废除了人民法院中的“经济庭”体制，采取统一的“大民事”审判模式，在“大民事”模式下，设立了诸多的民事庭。而商事诉讼的特殊性，致使“商事合同”与“民事合同”分野，原“经济庭”（民二庭）所辖的业务主要是商事交易纠纷，而海商海事纠纷、涉外商事纠纷也由另外专门对口的民庭（民三庭或民四庭）专门审理。在中国大陆法院系统中，从基层法院到最高人民法院均采取内部管辖分工的做法，商事纠纷的特殊性在司法中的表现也较为突出。鉴于海商法的独立性和特殊性，我国在20世纪80年代伊始，就开始在全国设立专门性的海商法院，专属管辖海事和海商案件。从仲裁体制上看，我国20世纪80年代初设立的中国国际经济贸易仲裁委员会和中国海事仲裁委员会也专门以商事纠纷为主要仲裁对象，不受理涉及人身关系或非商事关系的纠纷。

2001年11月8日，中国法学会将原中国法学会民法经济法研究会拆分，成立了专门性的中国法学会商法学研究会。商法学研究会由中国法学会中从事商法学研究与实践的会员组成。在商法学研究会成立之际，上海市华东政法学院召开了首届商法学研讨会，就商法的独立性、商法典、商事行为与商事主体、商人自治等问题进行了深入的探讨。正如该会会长、著名商法学家王保树教授所言，“这次，专就商法学科成立一个研究会，有利于组织、推动、发展商法界集中力量、集中精力、集中时间，有利于密切联系中国发展社会主义市场经济的实践，有利于深化商法基础研究和各个具体商法领域理论上的研究”。①

我国“商法通则”的立法确有必要。首先，我国已颁布《公司法》《合伙企业法》《个人独资企业法》，形成了商事组织法体系，同时，先后颁布了《合同法》《证券法》《保险法》《信托法》《企业破产法》《票据法》《海商法》等法律，形成了商行为法体系。由于这些法律都是单行法，各自为政，没有总则性的规定，同时，各法起草的背景、历史条件和法律技术都存在着某种程序上的差异，各法之间相互矛盾的现象比较普遍。例如《公司法》和《证券交易

① 中国法学会商法学研究会编：《中国商法年刊》（创刊号），上海人民出版社2002年版，第5页。

法》在规范股份有限公司的法律规范上就存在众多不同的或矛盾的法条。这种倾向势必影响到规范的法律效力和法律的权威性。因此，对其加以融合统一确有必要。其次，商法总则作为商事法的共同性规则，无论是大陆法系，还是在英美法系都是存在的，即使实行“民商合一”的旧中国商法，其在法学教育上也是将商法总则单独列出，概括出商事规范共同性的、起提纲挈领作用的原则和通用性规范。就大陆法系来说，这些制度主要有：商事原则、商人法、商行为法、商事代理、商事时效、商业登记、商事账簿、商业权（商号权、商标权、商事信用权）等统一性的法律规范；就英美法系而言，在《美国统一商法典》的立法模式下，《美国统一商法典》分十篇 40 章共 405 条。第一篇总则，共 2 章 18 条，包括本法的简称、解释和适用、一般定义和解释原则。涉及法典被引用时的名称、法典的宗旨、普遍适用的原则、具有普通意义的用语的定义、解释规则以及解决法律冲突时适用的基本原则，法典明确规定“本法是统一其领域的法律规范的一般法”。其调整领域为分则的商事交易关系，包括第二篇买卖、第三篇商业票据、第四篇银行存款和收款、第五篇信用证、第六篇大宗转让、第七篇仓单、提单和其他所有权凭证、第八篇投资证券、第九篇期货交易，它是以商事交易为中心而安排的。《美国统一商法典》不规范商事组织法，有关公司、企业等商事主体法分别由《美国模范公司法》《美国统一合伙企业法》等单行法律加以规定。法典第十篇生效日期和废除效力，也是总则性的规定。同时，法典继承英美法系传统，“对普通法和衡平法的各项原则予以确认。规定：在本法没有具体条款和排除的情况下，普通法和衡平法的各项原则，包括商人法和合同能力、本人和代理人、禁止反悔、虚伪说明、胁迫、强制、错误或破产的法律或其他使合同生效或失效的法律，应作为本法的补充”。《美国统一商法典》以商事买卖为中心，而其他商事关系基本上是商品买卖附属的法律关系，例如商业票据、信用证、合并，同时，也规定了买卖的衍生形式如投资证券、大宗转让、担保交易等。

20世纪下半叶以来，大陆法系商法日益向商事单行法转化，而英美法系商法则日益向商事统一法转化，其中法典化的结构材料之性质和技术不同，可能是其决定性原因。因为，商事组织法一般为强行法，在大陆法系商法典中，“商人法”属于商事组织法的原始雏形，但随着商事组织的日益发达，就有对其进行独立的必要。因此，《法国商法典》《德国商法典》《日本商法典》都在商法典之外另立有单行的公司法，并与商法典总则和分则相协调、相呼应。在英美法系中，英国、美国等国家，在统一商法典之前都已经有单行性公司法立法。同时，《美国统一商法典》并不包括商事组织法，英国亦无统一商法典，即使其商法体系（教科书）也不包括商事组织法。然而在现代市场经济条件下，两大法系日益融合，不仅商事交易法国际化，例如《联合国国际货物销售合同公约》、国际统一私法协会的《国际商事合同通则》以及票据、提单统一规范，商事组织法如公司法也日益交融。例如，日本在第二次世界大战后，不断引进美国的公司原则、制度和规范，其公司法演变为大陆法系的框架基础、英美法系实质内容的“混血儿”。我国“商法通则”可以借鉴日本商法法系的经验，采取另立“商法通则”的形式，以“商人”和“商行为”两条红线来贯穿商事组织法和商事行为法，使商事领域“统分结合”，形成“商法通则”——商事单行法总则—具体法律规范并存的法律梯级体系。

至于商法通则的具体内容，要适应21世纪市场经济已进入信息化社会的需要。既融合传统，又体现时代需求。大致体例为：商法定义、适用范围、商事主体一般规定（公司、合伙）、基本原则（诚实信用、外观原则、公示原则、公平交易原则、信赖保护原则）、商行为概念和典型领域、商事组织和商事交易的交叉领域（代理商、中介商、信托商）。至于商号、商事账簿、商事公司由商人法（商事主体）加以规定，另加商事时效、商事关系的法律适用与商事纠纷处理程序。

海事法系的形成与生长*

一、法系与当代主要法系

“法系”是比较法中的核心概念。“法系”对应英文词汇有 Legal System、Legal Family、Legal Genealogy。Legal System 指的是法律制度，Legal Family 是指法族（家庭），Legal Genealogy 指法的系谱（学）。“法系”是不同国家的法律集团，因此，具有国家主权性质的 Legal System 不是比较法上的“法系”概念。而 Legal Family 和 Legal Genealogy 都具有法族和谱系的含义，因此，这两个词都是比较法上的“法系”词汇。

“法系”的划分标准最早由日本法学家穗积陈重提出，其划分标准是民族差异。其于 1884 年提出五大法族学说，即印度法族、支那法族、回回法族、英国法族和罗马法族。大约十年后，又进一步提出以法律制度的谱系和亲缘关系作为划分标准。法国比较

---

* 本文原载于《中国律师和法学家》（总第 1 卷），2005 年 10 月第 5 期（何勤华、李求轶合写）。

法学家达维德认为并无划分法系的统一标准，“法归类成系，简化为少数几个类型，可以便于对当代世界各国法的介绍与理解。但关于怎样进行分类，从而应该承认哪些不同的法系，并无统一意见。有些人根据法的概念结构或赋予各种法源的重要性加以归类。另一些人则认为这些技术方面的区别是主要的，他们把下列本质性的考虑放在第一位：打算借助法建立的社会常态，或者给予作为社会秩序因素的法的地位”。[1] 由此，以法源（历史）以及语言、文化与法媒介作为划分标准的，为法系的“有机说”，而以法律技术作为划分标准的，为法系的“无机说”。

法系有机说的立场“并不是阿基米德声称‘给我一个支点，我就能够推动地球’那样的要求或信仰自白（Bekemtnis），而是赫拉克利特‘物流转’之认识（Erkenntnis）的立场”[2]，相对于“无机”的、逻辑的、抽象的方法论而言，历史方法是一种具体的归纳法。比较法学中关于法学的划分标准实际上就是法学方法论上不同方法的差异，历史法学派法学家萨维尼声称“把法拉回地上，而这也正是现代比较法学派诞生所不可或缺的前提条件”，但萨维尼及其弟子普赫塔等专心致志地构建罗马法（民法）体系，并未给世界上的法系作出具体划分。英国历史法学家梅因则从“古代”习惯法归纳出“从身份到契约”的法的历史发展的一般规律。

法系划分“有机说”始于日本历史法学家穗积陈重。美国比较法学家威格摩尔认为：“法系的系谱比较称作比较法中的整体研究法。日本著名法学家穗积陈重（Hozumi）教授称它为系谱比较法，即将有共同宗族关系的法律群作为一个比较单位对法律进

---

① 〔法〕勒内·达维德：《当代主要法律体系》，漆竹生译，上海译文出版社 1984 年版，第 24 页。

② 〔日〕大木雅夫：《比较法》，范愉译，法律出版社 1999 年版，第 44 页。

行比较研究的方法。法系究竟是像一个社会上的家庭，还是更类似于一个有血有肉的生命组织体，我们可以争论，但在这里仍然把法系称作生命组织体。”①根据其比较法学方法，穗积陈重认为世界上存在着大约16个法系，它们分别是：埃及法系、美索不达米亚法系、希伯来法系、中华法系、印度法系、希腊法系、罗马法系、日本法系、伊斯兰法系、凯特尔法系、斯拉夫法系、日耳曼法系、海事法系、教会法系、大陆法系和英美法系。而且这16个法系并非是一种静态的法系，而是动态的法系。“法系就是这样的组织体，并且是一个有生命的组织体，法系在自我成长的过程中也促使其组成部分——法律制度合理、协调地发展，这个过程与跖行哺乳类脊椎动物的发展、进化过程非常类似，跖行哺乳类脊椎动物由于其大脑的认知活动方式整体发生变化，其身体的某些器官也因此而发生变化。法系就是如此自然生成又自我发展起来供法律科学家研究的。”②

根据法系生死存亡的历史整体比较方法，威格摩尔认为16个法系中：“(1)六个已经彻底消灭，它们是埃及法系、美索不达米亚法系、希腊法系、希伯来法系、凯尔特和教会法系；(2)五个经过融合得以存续，它们是罗马法系、日耳曼法系、斯拉夫法系、海事法系和日本法系；(3)三个基本上未经融合而生存了下来，它们是中华法系、印度法系和伊斯兰法系；(4)两个经历了大规模的融合更新和再造，几乎面目全非，它们是大陆法系和英美法系。”③在此，海事法系作为一个单独的法系经过融合后仍然延续

---

① 〔美〕约翰·H. 威格摩尔：《世界法系概览》，何勤华等译，上海人民出版社2004年版，第953页。

② 同上书，第954页。

③ 同上书，第955—956页。

下来并具有旺盛的生命力。海事法系的历史性并不在于“民族性”，而是海法（族）中与陆地国家（民族）相对的“海的习性”和“海的习惯法性”。尽管现代主权国家都试图将海（商）法列入民族国家（法国、德国等）的主观法范畴，但海法作为海洋的普通法仍然生机勃勃地独立生长。

二、海事法系的形成与特点

（一）海事法系的形成

海事法系源于中世纪的海洋普通法。在中世纪的欧洲，大陆是车马时代，海洋是帆船时代，思想的交流是手记版本时代，以此为物质基础的政治团体是诸侯和城市。经济交易在大陆上只局限于诸侯或城市领域内，而在海洋，则逐渐地扩散到以各海为基础的各领域诸侯民及市民。因为，水是自然的交通，在海上生活的各地诸侯民以及市民的交易，可以不受原陆地诸侯或城市的限制。因此，与陆地相比，海洋是相对自由的、进步的。海上市民的习惯法和契约法克服了各地陆法的主观性和封闭性，是一种带有国际法性质的船舶集散港中心的海法。“腓尼基及其大的海滨城市泰尔、西顿及位于希腊群岛东部边缘的罗得岛的名字都与海商法的起源联系在一起。”①公元前3世纪左右地中海的罗得岛作为海上交易的集散地，罗得岛上有六个可通行的港口，而罗得岛人被称为“海洋的主人”，在此，产生了海上习惯规则——《罗得海

① 〔美〕约翰·H. 威格摩尔：《世界法系概览》，何勤华等译，上海人民出版社2004年版，第784页。

法》。《罗得海法》原本没有保存下来，现有的《罗得海法》是10世纪后经编纂而成的非原始的《罗得海法》。“大约在第一次十字军东征时(1095年)，由位于第勒尼安海的意大利海岸的阿马尔菲共和国采用的一个海商法汇集，这就是众所周知的《阿马尔菲表(海法)》，其权威逐渐被意大利所有共和国所承认。”①“迄至中世纪(11世纪)，海事法之原理原则，各地海商习惯法益形发达，其散见于学者论文，著作颇丰，各国亦将之纳入法律、命令内，进而成就以地中海、大西洋及北海为中心之三大海法。”②

《奥列隆海法》(Bolls of Olé ron)是一个以法国大西洋沿岸奥列隆海事法院所作的以羊皮所写的海事判决书为内容的汇编，它汇集了大西洋之海商习惯，被大西洋以及北海的各海港城市(包括英国各海港城市)所采用；《康苏拉多海法》(Lex Consulato)是以法国南部商事法庭用卡脱伦(Catalan)书写而成，作为法院裁判参考，其最初通行于地中海之西班牙和法国；《威斯比海法》(Law of Wisby)系根据瑞典格斯特兰(Gothland)岛中的威斯比之名称而来，大约在14、15世纪所编纂，通行于波罗的海及北海南岸。后来，波罗的海的一些新兴城市与北海诸港联合形成“汉萨同盟”，又颁布海法定名《汉萨城市航运条例》。“在200年的时间内，从罗得岛，经阿玛斐、巴塞罗那、奥列隆，到威斯比和吕贝克，转了3/4个圈。在这些若干个连续出现的法典中，其显著特征是作为一个单一习惯发展的统一性。”③

由此形成海洋普通法——海事法系。

---

① 〔美〕伯乐曼：《法律与革命》，贺卫方等译，中国大百科全书出版社1993年版，第414页。

② 邱锦添：《海商法》，台北五南图书出版公司2001年版，第14—15页。

③ 〔美〕约翰·H.威格摩尔：《世界法系概览》，何勤华等译，上海人民出版社2004年版，第772页。

（二）海事法系的特点

中世纪的海事法系具有如下特点：

1. 海法以习惯法为法律渊源

当人们想起在公元前3000年若干国家沿着海岸布满通行的贸易船只时，他就能了解地中海的海上商业在距今至少5000年前是怎样形成一批连续性的惯例的。陆地上的帝国一个接一个地盛衰更替，欧洲大陆自身的政治和法律也不断地分裂与整合，然后在这种动荡中发展起了一种适应岁月变迁的成熟的法律。而海洋法则比较单纯，它不依赖种族和朝代的更替而持续存在，因为它实行于不属于任何国王、部落或首领的地区——海洋，帆船即是它的家，所有水域的海员都有共同的生活和经验，白天的太阳、夜晚的星星是他们共同的向导，海上商人的共同习惯就是海事法则。[①] 中世纪三大海法《奥列隆海法》(Bolls of Olé ron)、《康苏拉多海法》(Lex Consulato)、《威斯比海法》(Law of Wisby)都是海事习惯的汇编。所有这些海事法典大概旨意都代表了海法习惯——而不是任何君主的法律，它们作为这些共同习惯以不知的化身而成长。《康苏拉多海法》的篇名和字句，与其他法典一样写道："这里倡导好的海洋习惯，这些是有关海洋赖以发展的法规和习惯，这是在世界各地旅行的聪明的人们开始授予我们的祖先，由他们使之融入优良的习惯智慧之书中。"[②]

2. 海法实行商人自治

海法自成体系，不受陆法和国家权力或者领土的管辖。"在接近5000年的时间里，它独立存在——不是由君主制定，而是逐

① 参见〔美〕约翰·H. 威格摩尔：《世界法系概览》，何勤华等译，上海人民出版社2004年版，第950页。

② 同上书，第773—774页。

渐地被编集成典并得到大家遵守。从保存在希腊的《罗马汇集》中可以了解到，在海事法发展高峰时期它是何等独立。”这一汇集写道：“某人向安耐诺斯国提出一个关于船难事件的诉讼，寻求得到解决，但国王回答道‘我确实是陆上的最高君主，但海洋的君主是惯例，让另一国家的法律所接受的罗得海法来决定吧’。”《罗得海法》是海洋习惯法，这些习惯和规则，都由海上贸易行会选出的特殊的海事法院加以实施，而不是由一般的国王或领主的法院来实施。热那亚、比萨、巴塞罗那及其他所有大的商业港口，都有各自的海事法院。[①] 这些集中于港口城镇中的地方海事法院，它们对涉及海运货物、商事案件和海事案件拥有管辖权。“这些法院被称为 admiraly courts——在潮汐之间，于海滨开庭”[②]，它们遵从海洋自治原则，按照海洋习惯法进行独立审判。

3. 海法的统一性和通用性

海法最显著的特征就是单一的、明确的连续性、海事习惯发展的统一性。“为描绘这一特性，让我们随意选择海事法中的陆地法中没有的一个独特内容——船舶遇难弃货，并从所有法典中对此进行追踪描述。在海上遇到风暴，为挽救船只及其载货而抛却部分货物的行为，在海事法中被称为船舶遇难弃货。由于船舶遇难弃货，他人的物品受到损失的，其他因此而财产受到保护的人必须按此比例补偿损失者。但是，在古老的海洋习惯法中遵循着一条独特的程序条款。约公元 700 年在拜占庭的希腊文的《罗得海法》第 9 条中提到这一点：‘如果船长决定要抛却货物的，他应向在船上有货物的旅客征询，并且由他们来表决应该怎么做。’

---

① 参见〔美〕伯乐曼：《法律与革命》，贺卫方等译，中国大百科全书出版社 1993 年版，第 414 页。

② 同上书，第 422 页。

注意这一共同行动中的民主思想，在船长依法抛却货物之前，必须事先与商人商讨。”①这一习惯法可以在《阿玛斐法》《康苏拉多法》《奥列隆法典》《威斯比法典》和《汉萨航运条例》中找到同样的内容。海事习惯法的连续性源于海法共同的技术要求和特点，也体现了海上商人交易的共同规律。近代海商法中的船舶共有、共同海损、海上运输责任限制等都源于海事习惯法。即使在现代，无论英美法系还是大陆法系，或者世界上其他国家都有着惊人相似的海事共同规范，此是海法具有的国际性或者世界性的物质基础。

三、海事法系的生长与规律

海事法系形成后，在公元 18 世纪经历了近代国家权力的强化和法典化运动。因此，海事法系也从海洋普通法走向形式上的商法典。1687 年，路易十四为强化其统治地位，颁布《海事条例》（又译《海事敕令》），其他国家竞相仿效——荷兰 1721 年的《海事条例》，威尼斯 1786 年的《海事商法典》，法国 1807 年的《法国商法典》将《海事条例》调整的海商（私）法纳入商法典，并与陆商共同构成统一商法典，德国 1899 年的《德国商法典》形成统一商人概念，商人涵盖了陆商和海商。近代国家商法典都毫不例外地将海商法纳入商法典作为相对独立的编。因此，形式上海事法系已被近代商法法系所吸收和兼并。但是，实质上海商法仍

① 〔美〕约翰·H. 威格摩尔：《世界法系概览》，何勤华等译，上海人民出版社 2004 年版，第 774 页。

然拥有极大的独立性。海商法的独立性可以从历史沿革、海商法渊源以及在商法典中的地位和功能、海的自然、地理属性等方面加以论证。

从历史沿革上,海法源于中世纪各沿海城市的海事习惯法,脱离一般私法(《罗马法》)而独立存在。而且随着商事交易的发展,一些规则逐渐被运用到陆上商事交易,陆上的大部分商法制度均源于中世纪海商习惯法,例如,陆上运输规范源于海上运输习惯,财产保险源于海事交易风险分担,近代两合公司、无限公司源于中世纪海上船舶组织康孟达,等等。但海法的商法法典化是否意味着海商法逐渐失去原有的特色,答案是不尽然。法国商法学家、巴黎法科大学教授帕尔德斯(Pardesus)在其 1809 年发表的不朽名著《18 世纪的世界海法集成》中认为:海法具有世界性(统一性)、不动性和习惯法起源性三个特征。正因为此三大特性海法形成了与民法绝对的对立。“法学家和哲学家经常为民法法规在不同的国家、同一国家的不同地域而发生显著变化感到吃惊,他们试图从这种变化所处时代、风俗、政府、地形、气候的影响加以说明。但使他们感到迷惑的是:为什么人类本质到处是同一的,而规定私人利益、设定正义与不正义的界限的法规(Lois)却是形形色色、各种各样的。我们敢断言,统一性是海法的本质。无论是时代的经过,革命的爆发而引起的变化都与之无关,同时亦与国民敌对而产生的(国家)分离毫无关联。海法即使在社会动乱过程中也是亘古不变的。经过三十个世纪,由于航海而引起的诸国交通现状已不同于原始时代,但海商法却依然川流不息、世世相传。”[①]海商法起源于中世纪《奥列隆海法》《康苏拉多海法》

① 〔日〕小町谷操三:《海商法研究》(第 2 卷),有斐阁 1984 年版,第 5—6 页。

和《威斯比海法》，近代海法无论是英美海法（商船法），还是大陆海法，其海法（典）中的大部分原则、制度均源于共同的习惯法，并且有着惊人的相似之处。因此，海商法从法律渊源上看具有世界性。同时，由于海商法本源于习惯法，因此，几乎没有受《罗马法》的影响，这可以从《罗马法》吸收《罗得海法》得到佐证。因此，与陆商法受罗马法系（民法法系）影响并依附民法（罗马）法系，形成鲜明的对照。

从海商法在近代商法典中的体例和地位上看，在大陆法系国家，1807 年的《法国商法典》实际上是将 1681 年路易十四的《海事敕令》中的公法规范剔除而将海事私法集成列为商法典第二编“海商”（Commerce Maritime）。但海商法在商法典中仍然保持着独立的地位，是商法典中的板块。19 世纪后半叶，随着海上运输和海运业的飞速发展，对商法典加以修改已成为形势所需——将 1910 年以后的海事统一条约吸纳为国内法并对海商法进行修改。例如，制定了 1966 年《海上运输法》、1967 年《船舶地位法》、1967 年《海上保险法》、1968 年《海上交易法》、1969 年《海上买卖法》。其结果是，《法国商法典》第二编“海商”第 190—439 条中，除第 433 条诉讼时效的规定外，其他全部废止。昔日作为路易十四《海事条例》忠实信徒的 1807 年《法国商法典》已经荡然无存。而海商法却通过单行法规在《法国商法典》体外生长，这体现了海商法独立于商法典的历史惯性。1966 年法国将上述单行立法编纂成独立于 1807 年《法国商法典》的海商法典，由此形成海商法独立于商法的局面。1897 年《德国商法典》大部分内容沿袭 1861 年德国（普鲁士）旧商法，海商法作为商法典第四编沿袭下来，直到 1937 年才根据《统一提单公约》对《海上货物运输法》进行修改。同年，根据《船主责任限制公约》对船舶所有人责任进行修改。而源于习惯法的海商法规范仍然葆有青春活力。从法典结构上看,《德国商法典》第一编为商人的身份,第二编为公司和隐名合伙,第三编为商行为(后修改增加第三编商业账簿),而原第三编商行为、第四编海商则分别变更为第四编、第五编,内容并没有发生变化。《德国商法典》第一编有关商人、商业登记簿、商号、代理权和代办权、商业辅助人和商号转让都是陆商的规定,基本上与海商法无关;第二编公司和隐名合伙只适用于陆商组织;第三编商行为也是针对陆商加以规定的,并不适用于海商法,唯一的是商人概念统一了陆商和海商。因此,海商法在《德国商法典》中也具有极大的独立性。

从海商法渊源上看,在英美法系国家并无统一海商法典,也不分公法和私法、民法与商法,具有普通法传统。英美法系海商法起源于英国海法,中世纪(14 世纪)的英国有所谓海上黑皮书(Black Book of Adniralty),其中就有很多海法规范。但在中世纪,英国海运不发达,海事判例不多,因此影响力不大。在中世纪英国港口城市也相继设立地方海事法院并按照习惯海事法审理案件。但英国在 17 世纪初发展了一种以王室法院为核心的法律体系,英国大法官 Coke 1606 年在谈到商人法在中世纪末的英国的法律地位时说:"……商人法是这个王国的法律的组成部分。"[①]后来王室法院取消了英国海事法院的管辖权,因此商人法的适用只能局限在英国法之中,商人法规则的"灵活性"和"自治性"基本丧失。"从 1856 年起,Lord Mansfield 和他的同伴就试图削减普通法对商人法适用上的限制和制约。因此,他被认为是英国商法的

① 李双元主编:《国际法与比较法》(第 11 辑),中国方正出版社 2004 年版,第 602 页。

创始人。”[①]确实，Lord Mansfield 一生致力于英国法对商人法规则的吸收、纳入和改造工作。后来英国开始颁布一些制定法，例如 1894 年制定了包括海事公法和私法的《商船法》（Merchant Shipping Act），一直沿用至今。除此之外，还制定了 1855 年《提单法》（Bill of Lading Act）、1916 年《海上保险法》（Maritime Law of Insurance）、1971 年《海上货物运输法》（Carriage by Sea Act）等法律。

美国不存在中世纪商人法时代，但在英国海外殖民地直至美利坚合众国形成过程中，美国法不仅继受英国法形成普通法传统，而且比英国法更具有创新精神。在英国，采取判例法，判例法是海法的重要组成部分，该商事习惯必须是“确定”（Certain）、“可预见的”（Predictable）、“古老的”（Since time immemorial）；“而在美国，商人的习惯做法只要是在某一地区、某一行业或某类贸易中得到经常遵守，从而使人们有理由相信它在当前的交易中也会得到遵守，即可得到法律确认。”[②]与成文法相比，普通法在海事、海商审判中的许多判例所确立的诸多法律原则，对文字化法律条文的形成以及有关国际公约的相关条款及内容，都有着重要的贡献和影响。比如“（新）杰森条款”“喜马拉雅条款”“殷琪玛利条款”“米兰规则”“马基斯协议”“玛瑞瓦禁止令”等，许多直接由判例所确立的或者以涉案船舶的名字命名的法律原则，已经成为海商法重要的法律原则和法学理论，其中有些已经为成文法国家的法律、有关国际公约甚至法之体系中其他部门法所接受。[③]

---

① *Lickbarrow v. Mason*, 2 T. R. 6 at 73（1793），转引自李双元主编：《国际法与比较法》（第 11 辑），中国方正出版社 2004 年版，第 604 页。

② 同上书，第 614 页。

③ 参见北京大学法学院海商法研究中心：《海商法研究》（第 9 辑），法律出版社 2003 年版，第 218—219 页。

美国海商法源于英国海商法。英国海法是通过海事法院判决而形成的普通法(不成文法)。美国也和英国一样采取普通法形式,但在美国海法领域创设了许多制定法。例如,1851 年《船舶所有人责任限制法》(Limitation of Liability Act)、1893 年《哈特法》(Harter Act)、1910 年《海上优先权法》(Marine Lieu Act)、1912 年《海难救助法》(Salvage Act)、1916 年《联邦提单法》、1920 年《船舶抵押法》(Ship Mortgage Act)、1936 年《商船法》(Merchant Shipping Act)、1936 年《海上货物运输法》(Carriage of Good by Sea Act),等等。

英美法系海商法除了普通海法外,海商制定法都独立存在,并且除了适应海商国际公约而进行修改外,海法一般都保持稳定并维持至今。显而易见,其海法也具有结构和功能上的独立性,不轻易受时代和其他因素的影响。英美法系商法的创始人——英国的曼斯菲尔德勋爵在创立近代商法时,"也没有打算把商人习惯法与它的古老起源割裂开来。恰恰相反,他反复表明商人习惯法是国际性的。他在审理皮里诉皇家外汇保险公司(*Pelly v. Royal Exchange Assurance*)一案时指出:从这个意义上说,商法在全世界都是相同的。因为从同样的前提出发,从推理和正义所得出的结论也应是普遍相同的"[①]。因此,英美法系的海法一直就是普通法,它像世界语言中的普通话——英语一样,具有在自己法系范围内的通用性和普遍性。

从海商法的载体——海的自然地理属性上看,海相对于陆地更具有自然一体性,流动的海水是任何主权国家都难以阻隔的自

---

① 〔英〕施米托夫:《国际贸易法文选》,赵秀文译,中国大百科全书出版社 1993 年版,第 11 页。

然物。与陆商的调整对象商人具有主权国家的国境国籍相比，海法上的船舶可以选择自己的拟制国籍（船籍）。在海中航行的船舶，随着时间的推移，逐步从帆船发展到机动船、汽船以及更高形式的核动力船舶；运输方式从原始的货物运输发展到租船运输、集装箱运输；船舶航行的语言也从船旗到无线通讯一直到现代的电子（计算机）控制。但商船作为海商的主体仍具有其特殊性，海船（海上船或海商）“在经营和管理上具有特殊的风险性、技术性和国际性，它必须是大规模资本和技术聚集的企业。这是海上企业的本质特点和与陆上企业相区别的特殊性，即行为的舞台是海洋；行为的手段是船舶。海上企业的这种独立性和特殊性表明，将陆上一般商法的规范或民法的原则适用于海上交易活动，尚不够充分、不够完整，为保证海上企业的充分发展，需要一种特殊的、专门调整海上企业关系的法律。海商法正是应海上企业的特殊性要求而产生”。① 海商法调整的不仅仅是特定海域和企业船舶的法律关系，而且由于其具有与海域相关的专业性和技术性、经营国际性等基于海的自然属性产生的特性，因此其不仅独立于民法，而且也相对独立于商法。据此，在大陆法系商法典和英美法系商船法形成后，海事法系依然具有独立性，仍然是自成一体的海法传统。因此，尽管在近代以后“海洋普通法显然已永远消灭了”②，但海事法系却像“有机生物”一样，经过进化并保存下来。直到 19 世纪末，海洋普通法又以新的方式复活了。

1. 新商人习惯法的出现

“国际性的统一活动是从针对海损的保险领域开始的——共

---

① 金涛等主编：《海商法》，人民法院出版社 1999 年版，第 11 页。

② 〔美〕约翰·H. 威格摩尔：《世界法系概览》，何勤华等译，上海人民出版社 2004 年版，第 785 页。

同海损；而且一系列的会议产生了所谓 1890 年的《约克—安特卫普规则》(The York Antwerp)，它统一了这方面的规定。1921 年海牙会议是这许多势力发展的又一次高潮。两个永久性的非官方团体：一个为国际海商委员会，它在 1897 年创建于安特卫普，并在许多国家有分支机构；另一个为国际法律协会，50 年来致力于重新整理海事习惯使之成为单一的一般规则。这些法典体系涉及共同海损、船舶责任、船舶抵押及承运人合同。委员会每一年左右在欧洲举行一次会议，现代最重要的会议是 1921 年在海牙召开的，美国的代表也参加了这次会议，并且承运人的合同汇编成典得到完成，这项条款就是 1921 年《海牙规则》。"[①]其他典型的海商交易惯例还有 CIF、FOB 等规则以及 1963 年《信用证统一规则》。

2. 国际统一法运动

进入 21 世纪后，国际上开始出现大量国际组织。1896 年国际海事委员会(CMI)成立时，即明确其宗旨是"通过各种可能的办法，促进海商法和海事习惯的国际统一，或者是统一内国法、习惯和惯例等"；联合国贸易委员会 1978 年制定的《联合国海上货物运输公约》(以下简称《汉堡规则》)也把促进统一的需要写入公约条文。国际组织具有制法的权力，其制定的公约、条约具有跨国性的超越国家主权的法律效力。由此世界上形成了一股国际统一法潮流。海商法的统一具有其内在原因。日本著名商法学家田中耕太郎在其著作《世界法理论》中指出，"海运的技术以及法律技术的同一性，是海商法统一的原因"。对于海商法诸国

① 〔美〕约翰·H. 威格摩尔：《世界法系概览》，何勤华等译，上海人民出版社 2004 年版，第 787—789 页。

来说，海商法调整对象——船舶、运输方式、船员的构成等都相类似。而且，船舶受制于共同的海上风险，海运单据具有无因性、流通性、国际性等特征。因此，比起民法和商法的其他部分，海法更容易形成统一性。众多的国际组织制定了众多公约和规则：1910年《统一船舶碰撞若干法律规定的国际公约》、1910 年《统一海难援助和救助某些法律规定公约》、1924 年《统一提单的若干法律规则的国际公约》《海船所有人责任限制统一公约》、1926 年及1976 年《统一船舶优先权和抵押权某些规定的国际公约》、1952年《统一海船扣押某些规定的国际公约》、1957 年《国际偷渡公约》、1961 年《统一海上客运若干规则的国际公约》。在第二次世界大战后，联合国开始在统一海商法中发挥重要作用，在联合国贸易法委员会的组织下，缔结了 1978 年《汉堡规则》、1980 年《联合国国际货物多式联运公约》；1989 年 IMO 通过了《国际救助公约》；“到了 20 世纪 90 年代，国际海事立法开始活跃起来，一些新的国际公约或民间规则相继出现：1990 年、1994 年《约克—安特卫普规则》、1992 年《国际油污损害民事责任公约》（1992 年 CLC）（生效）、1998 年《残骸清除公约（草案）》、2001 年《燃油污染损害民事责任国际公约》（通过）、2002 年《海上旅客及其行李运输雅典公约（草案）》和目前正在讨论中的联合国国际贸易法委员会（UNICITRAL）运输法草案等。此外，国际组织还在酝酿海上保险、海盗、海上人身伤亡等国际公约或示范法的起草工作”①。国际海事委员会（CMI）、国际海事组织（IMO）和联合国贸易与发展会议（UNCTAD）及其他组织，在促进海法统一中起着重要作用，

① 司玉琢等主编：《中华人民共和国海商法修改建议稿条文、参考立法例、说明》，大连海事大学出版社 2003 年版，第 1 页。

“在20世纪即将结束的时候，各政府间及非政府间国际组织，为实现海商法的统一仍在作不懈的努力，对未来充满信心”。[①] 这种势力一直持续到21世纪的今日。

3. 商人自治法的复兴

哥尔德斯坦教授认为，“世界上普遍承认与认可契约自由和契约必须信守这两条原则，这已成为既定的事实。”“由于东西方多数国家都承认商人意思自治原则，没有任何一个国家的法律在理论上反对合同当事人试图走极端和采用一项使国内法成为多余的法律规则。”[②]现代海商法在某种程度上复兴了中世纪的商人自治法，表现在以下两个方面：一方面是实体法中允许当事人通过意思自治替代法律，即契约优先于法律（国内法），如提单契约、租船契约的内容效力优先于主权国家的《海商法》中的法律规范；另一方面是在程序法（救济制度）上，允许当事人通过意思自治规避主权国家的司法管辖，选择商人自治团体设立的仲裁庭仲裁。现在国际上比较著名的仲裁机构有：瑞典斯德哥尔摩商事仲裁庭、英国伦敦国际仲裁院、国际商会国际仲裁院、中国国际经济贸易仲裁委员会（中国海事仲裁委员会）等。

现代海商法的统一性不同于中世纪海商法的统一性。中世纪海商法的统一是模仿、继受《康苏拉多海法》《奥列隆海法》《威斯比海法》的统一，而近代海法统一后，形成新一轮的统一法运动，则是各个主权国家在互利互让的协作基础上通过制定国际公约或条约来达成海法的统一，同时允许一定程度上的商人自治。“新、旧商人习惯法的共同特征是：两者都试图具有超国家的效

---

① 张湘兰等主编：《海商法论》，武汉大学出版社1996年版，第7页。

② 〔英〕施米托夫：《国际贸易法文选》，赵秀文译，中国大百科全书出版社1993年版，第17页。

力，尽管前者来源于国际惯例，而后者，正如我们所看到的那样，最终来源于各主权国家。”“现代商人习惯法的主要任务，是纠正某种程度上的欧洲民族主义倾向。用童克（Andre Tunc）教授的话来说，这种民族主义倾向是法国的法典编纂和德国历史法理学的不幸后果。”[①]因此，现代海法不是对中世纪海法的简单重复，而是在继承其历史传统的基础上的海事法系的进化。

① 〔英〕施米托夫：《国际贸易法文选》，赵秀文译，中国大百科全书出版社 1993 年版，第 85—86 页。

英美法系公司法对中国公司法的影响*

前言

英美法系和大陆法系是西方法治文明的两大法律传统。英美法系以判例法、衡平法为主要法律渊源，大陆法系则是以制定法为主要法律渊源。但进入19世纪之后，英美法系制定法不断增多，法典化的倾向日益加强，而大陆法系则为了克服制定法的僵硬和教条，也引入了判例法，注重司法解释的作用。可以说两大法系已经出现日益融合趋势。在商法领域，一开始就与其他法域不同。商法一开始就以习惯法形式产生，商品交易的一般规律和特征，也使商法呈现出国际性。公司法属于商法领域，公司是商人间以营利为目的而形成的企业组织，原来并无强制性和主权性。但到了近代国家，随着制定法以国家为单位颁布实施以及为了保护普通的交易安全之需要，公司法也呈现出国家法域的特征和组织法的强制性质。中国古代法并不存在形式意义或者习惯

---

* 本文原载于《全国外国法制史研究会2008年年会论文集》。

法意义上的公司法,因此,中国公司法基本上是西方文明的舶来品。鉴于在法律移植中,原有法律传统对"植被"适应性具有决定性意义的作用,与中国古代法采取成文法形式的法律传统相适应,中国一开始就以法典形式引入西方商法。在商法领域,公司法域可以说是例外,在制定法中存在英美法系毫不逊色于大陆法系的特殊现象。世界上最早的有限公司法是英国 1844 年《公司法》,此法号称与德国公司立法并驾齐驱。英美法系和大陆法系公司法除了在法律渊源上不同外,英美法系"程序重于形式"和大陆法系"形式决定一切"也体现在公司立法中。突出特点在于英美法系公司法讲求实际,并设置了一定形式以解决公司运作的普遍问题,强调司法最终救济(干预)的作用。例如,法人人格否认、股东代表诉讼、公司强制解散,等等。中国公司立法原以大陆法系为样板,但在进入 21 世纪后,逐步移植英美法系公司法的有益制度,形成英美法系与大陆法系相混合的"混合法"特征。

一、中国公司法的历史沿革

中国古代法诸法合体,民刑不分,没有形式意义上的商事法典,更没有独立的公司法典。清朝末年,在内外压力逼迫下,清政府才仿效西方国家进行"新法维新",分别制定了刑法、民法、商法等法律,从而打破了延续两千多年的中华法系的陋习。

中国近代公司立法肇始于《钦定大清商律》。光绪二十七年二月初二(1902 年 3 月 11 日)清政府发布上谕,指出"近来地利日兴,商务日广,加矿律、路律、商律另类,皆应要义专条"[1],并责成袁世凯、刘坤一与张之洞等人选荐熟悉中西法律的人才,准备修律变法。随后,袁世凯、张之洞、刘坤一等人商会抗议中西法律的沈永杰、伍廷芳充任修订法律大臣。光绪二十九年十二月初五(1904年1月21日),商部载振、伍廷芳等向清政府奏"商部奏拟订商律先将公司一门缮册呈览恭候钦定折",其将卷首之《商人通例》(共9条)暨《公司律》(共131条)呈贡朝廷,以作为钦定之本。[2] 随后,《商人通例》《公司律》获准颁布,后称《钦定大清商律》。其中《公司律》是中国第一部公司法。《公司律》分"公司分类及创办呈报法","股分(股份)""股东权利各事宜""董事""查账人""众股东会议""账目""更改公司章程""停闭""罚例"等11部,共131条。清末《公司律》基本上是以英国1862年《公司法》、1865年《参股公司法》及1899年《日本商法典》为蓝本,是英美法与大陆法系的混合物。[3]

光绪三十四年(1908年),修订法律馆邀请日本法学家志田钾太郎起草商法典,仿日本法例,起草《大清商律草案》作为独立的、系统的商法典,成为中国历史上第一部商法典,该草案共分总则、商行为、公司法、票据法、海船法等5篇,共计100万字,它与日本明治新商法体例结构几乎完全相同。从内容上看,它主要仿照了日本明治新商法和1900年《德国商法典》。

民国初年,在实业家张謇就任农商总长的推动下,1914年9月1日正式颁布施行《公司条例》。《公司条例》一改清末的《公司律》,同时仿照英美、大陆法系国家的编纂方式,完全倾向于采

---

① 《清实录·德宗景皇帝实录》(卷495),中华书局1987年版,第537页。
② 参见商务印书馆编译所:《大清光绪新法令》,商务印书馆1910年版。
③ 参见江平主编:《新编公司法教程》,法律出版社2004年版,第15页。

纳大陆法系的公司立法。“由于清末的《商法调查案》深受德、日两国商法的影响，经由《改订大清商律》之过渡，《公司条例》在立法体例、内容上，都有德、日两国商法的深深烙印。该《条例》共分为总则、无限公司、两合公司、股份有限公司、股份两合公司、罚例6章，共251条。”①

1929年1月，由马寅初召集商法起草委员会委员开会讨论并确定商法的范围，决定各法均采取单行法形式，不再采用商法典形式。随后，议定《公司法原则草案》共64条。《公司法原则草案》经立法院召集商法起草委员会委员、民法委员会委员以及工商部部长等人进行审查，“除删去一条外，各条无多修正，大致照原案通过”。该法于1929年12月30日公布，并定于1931年7月1日施行，此为我国近代第三次公司立法。② 1929年《公司法》基本上脱胎于德、日两国公司法。

抗战胜利后，立法院指导商法起草委员会对1929年《公司法》进行修正，新《公司法》于1945年9月29日通过，1946年4月12日公布，同日施行。新《公司法》分定义、通则、无限公司、两合公司、有限公司、股份有限公司、股份两合公司、外国公司、公司之登记及认许、附则等10章，共361条。新《公司法》的制定有鲜明的时代背景，兹分析其特点如下：

首先，编纂体例上的创新。主要表现在两个方面：其一，在新《公司法》编纂体例的指导思想上，“一以英美成规为准”，新增“定义”一章，其第1条规定，“本法所称公司谓以营利为目的依照本法组织登记成立之社团法人”，强调了公司的营利属性、社团法

---

① 季立刚：《民国商事立法研究》，复旦大学出版社2006年版，第75页。

② 参见江平主编：《新编公司法教程》，法律出版社2004年版，第15页。

人属性，较以往任何一部公司法均含义确切；在第 2 条至第 7 条分别对“无限公司”“两合公司”“有限公司”“股份有限公司”“股份两合公司”“外国公司”等进行了定义。这种体例与以往采用的大陆法系公司法体例不设“定义”有所不同，明显是受英美立法的影响。“首例定义，仿自英美，实为创举。”其二，将罚则分布于各条之后。1945 年《公司法》亦采英美立法体例，将罚则分附于各条之后，“就一般经验而言，办理公司者，往往事前怠于注意，事后方知违法，防患未然”。但从立法简洁的角度看，罚则列于各条之后，较为繁琐，“未免美中不足”。①

其次，在具体制度上的创新。1949 年中华人民共和国成立后，宣布废除国民党《六法全书》和旧法统。因此，1945 年《公司法》被停止使用。但在我国台湾地区至今仍沿用该法。新中国成立后，由于实行计划经济，推定“一大二公”，因此一直未颁布与市场经济相伴的《公司法》。我国现行《公司法》于 1993 年 12 月 29 日颁布，1994 年 7 月 1 日开始施行，该法共 11 章 230 条内容，包括总则、有限责任公司的设立和组织机构、股份有限公司的设立和组织机构、股份有限公司的股份发行和转让、公司证券、公司财务和会计、公司合并和分立、公司破产、解散和清算、外国公司的分支机构、法律责任以及附则。1999 年 12 月 25 日第九届全国人大常委会第十三次会议和 2004 年 8 月 28 日第十届全国人大常委会第十一次会议曾两度修改《公司法》，但只是很小范围的修改：① 增加了对国有独资公司监事会和高新技术股份有限公司的有关规定；② 删除了股票溢价发行须经国务院证券管理部门批准的

① 参见季立刚：《民国商事立法研究》，复旦大学出版社 2006 年版，第 198—199 页。

规定。在认真总结十多年来我国公司法施行的经验与教训的基础上，于2005年2月第十届全国人大常委会第十四次会议和2005年8月第十届全国人大常委会第十七次会议对《公司法》的修正案进行了两次审议，第十届全国人大常委会第十八次会议在进行三次审议的基础上于2005年10月27日通过了修订的《中华人民共和国公司法》，并自2006年1月1日起施行。这次修改，吸收了国内外公司法学界的研究成果，在理论上有所突破，制度上有所创新：① 突破了公司社团性理念，承认了一人有限责任公司。② 突破了公司法人的固有观念，确立了公司法人人格否认制度。③ 突破了股东利益最大化原则，强化了公司的社会责任理念。公司既具有营利性也具有社会性，既然公司具有社会性，就不能将公司利益仅仅还原为股东利益，相反，公司理应对社会的全面发展承担一定的责任。为此，新《公司法》第5条要求公司从事经营活动必须承担社会责任。这是我国公司法的一大特色，也是我国立法者对世界公司法的一大贡献。④ 其他制度创新。我国公司法借鉴了各国公司法改革的最新成果，建立、引进和发展了具有时代特征的其他创新制度，如公司设立、公司资本、法人治理、独立董事、股东代表诉讼、申请法院解散公司等。[①]

二、英美法系公司法对中国公司法的影响

新中国公司法受旧体制影响，一开始就明显遗留着苏联法的

① 参见赵旭东主编：《国际视野下公司法改革》，中国政法大学出版社2007年版，第16—17页。

特征。在苏联法系下，国有经济在国民经济中居于主导地位，国家是国有企业的唯一经营者，但国家不能包揽整个社会经济制度。因此，1993 年《公司法》单独设立了“国有独资公司”，国有独资公司原先是按照“所有权与经营权分离”即“两权分离”原则，进行国有企业管理体制改革的尝试，在实践中，存在一些从中央到地方的行政隶属关系的集团公司亦是部门化行政隶属的产物，例如，国家供销社、国家医药公司、物资总公司（局）等，尤其明显带有计划经济向市场经济转变的特征。另外，1993 年《公司法》对公司设立采取了批准主义，并设立了严格的条件，例如限制营业自由，都是与苏联法系的公司法相类似的。然而，从体制上看，1993 年《公司法》引入了有限责任公司和股份有限公司两种基本公司形式，在体例结构上基本上采取了大陆法系公司法的模式。2005 年《公司法》的修改，则突出体现了从观念上和制度上，英美法系公司法对中国公司法的积极影响和作用。以下拟从法人理论、公司的社会责任、股东代表诉讼、法人治理结构等方面论述英美法系公司法对中国新公司法的影响作用。

（一）法人理论

在大陆法系国家，关于法人本质在大陆法系一直存在萨维尼的“法人拟制说”与祁克（基尔克）的“法人实在说”之对立理念，并对立法和司法产生重大影响。而在英美法系的法人法则是受一般习惯法所支配。而且，在公司法以外，并没有特别的成文法。在法人法上，如后所述，采取了与大陆法大为不同的形式，例如，财团法人概念不被承认，除多数社员构成的社团法人外，由一人构成的单独法人也得到承认，都是英美法系的特征。英美法系法人分类具有两个特征：第一，不存在相当于大陆法系上的财团法人的概念。为了达到与财团法人同一的目的，一般由英美法系的信托法加以调整。第二，所谓社团法人（也称集合法人）之外，单独法人也得以承认。基于以上英美法上的法人分类，“法人”都是“人格”的法人。因此，英美法的法人论相当于国家强制（国家管制）下，将公司视为一种“人格”意义上的组织体，我国2005年《公司法》的修改则明显受英美法系“拟制说”和“契约说”的影响，将公司看成是一种基于章程（契约）而合成的拟人组织。1993年《公司法》对公司的基石——“资本”采取法定资本制，并实行严格的资本不变（维持）的法律制度设计，而2005年《公司法》则吸收了英美法系的授权资本制与原法定资本制结合，形成折中资本制，2005年《公司法》第26条规定：“有限责任公司的注册资本为在公司登记机关登记的全体股东认缴的出资额。公司全体股东的首次出资额不得低于注册资本的百分之二十，也不得低于法定的注册资本最低限额，其余部分由股东自公司成立之日起两年内缴足；其中，投资公司可以在五年内缴足。有限责任公司注册资本的最低限额为人民币三万元。法律、行政法规对有限责任公司注册资本最低限额有较高规定的，从其规定。”2005年《公司法》第81条规定：“股份有限公司采取发起设立方式设立的，注册资本为在公司登记机关登记的全体发起人认购的股本总额。公司全体发起人的首次出资额不得低于注册资本的百分之二十，其余部分由发起人自公司成立之日起两年内缴足；其中，投资公司可以在五年内缴足。在缴足前，不得向他人募集股份。股份有限公司采取募集方式设立的，注册资本为在公司登记机关登记的实收股本总额。股份有限公司注册资本的最低限额为人民币五百万元。法律、行政法规对股份有限公司注册资本的最低限额有较高规定的，从其规定。”授权资本制体现了英美法系公司“拟制”和“契约”合成的基本特征。

英国著名法学家波洛克和梅兰特认为:“公司问题的核心在于针对公共目的,人们把一些由个人组成的群体视为一个单位,他所拥有的权利和义务不同于其成员。如果说这一组织为一总体,其中每一成员为局部,则必须正确地认识到:总体并非必须等于局部之和,局部总和也无需与总体一致。”[①]大陆法系的拟制说正是由于该法人理论才会有由法人理论本质说确定的公司制度。“我们认为,后来英美法学家关于一般法人本质,除了若干例外外,都建立在法人拟制说基础上。作为理由的是,英美法系完全改变了认为自然人作为唯一权利主体的罗马法,就法人诉讼论来说也采取了中世纪教会法学的潮流,依照建立在个人法的契约原理基础。因此,公司的‘拟制’和‘契约’合成的场合也不承认股份公司是一个有机体的组织,而把重点视为构成成员个人的总体。不承认法人相关的概念,法人与其理事的关系是代理关系,加以调节,就法人能力承认权限逾越(ultra virea)理论。”[②]

英美法系现流行的法律经济学原理,也将公司视为一种合约。“经济学家提出另外一种公司学说,即创立一种经济学模式,来研究公司问题。这种学说通常被称为‘合同关系’学说,该学说把公司就作为一种体现着个人之间契约关系网(或‘组’)的法律拟制。这些个人包括劳动力、物料和投入资本的“所有者”,还包括公司产品的消费者和其他个人。”[③]在 20 世纪末 21 世纪初,法律经济学对中国公司立法具有一定的影响。例如,1993 年《公司

---

① 赵旭东主编:《国际视野下公司法改革》,中国政法大学出版社 2007 年版,第 16—17 页。

② See Goitein Company law, pp. 2,4; Ballantein, op. cit, p. 2; Corporate-Alantages Willout. Incoporation, p. 15.

③ 〔美〕罗伯特·汉密尔顿:《公司法概论》,李存捧译,中国社会科学出版社 1999 年版,第 4 页。

法》强调我国的法人理论从开始引入公司类型时,就形成公司=法人的英美法系立法倾向。虽然我国1993年《公司法》分类模型趋向于大陆法系,但在引进公司类型时,却认为大陆法系的无限公司、两合公司已经不适应时代发展,进而在原公司法中只规定有限责任公司和股份有限公司两种公司形式,此两种公司形式基本上与英美法系的公司形式相对立。英美法系理论是公开公司和私人公司均承认"有限责任"是公司的属性。"有限责任(limited liability):公司以其全部财产对其债务负责,公司既然是一个独立的经济实体,当然要对自己的债务负责,因此,在一致情况下,无论是股东,还是董事或高级职员,都不对公司股份承担个人责任。股东仅以出资为限对公司债务承担责任。换言之,股东的投资仅限于其对公司的股权投资。"①

公司=法人,法人即有限责任公司成为我国立法和理论定说。因此,作为法人的无限公司、两合公司在我国并不存在,而合伙企业、个人独资企业与公司并驾齐驱,成为企业三种基本组织形式,但它们不是法人。由于英美法系的公司有限责任是建立在"法律拟制"或"整体本质属性的契约上",因此,可以对其法人人格予以否定。然而,公司毕竟只是一个虚拟的法律实体。实质上,公司财产的终极所有者是股东,在公司的法人"面纱"背后,最终作出决定、采取行动、享受利益、承担风险的是股东等有血有肉的自然人。这一点与单人业主、合伙等企业组织形式毫无二致。不同的是,在单人业主、合伙等企业组织形式下,作为行为主体的业主或合伙人仅以自己的全部财产对自己的行为承担有限责任。为了防止股东滥用有限责任制度,不合理、不公平地转嫁投资风

① 苗壮:《美国公司法:制度与判例》,法律出版社2007年版,第2页。

险,甚至欺骗社会公众,在特定情况下,法院有可能“揭破公司面纱”(Piercing the corporate veil),要求股东个人以其全部财产对公司债务承担责任。[①]

2005年《公司法》引入了“法人人格否认法理”。公司法人人格否认是公司法人制度的补充。它来源于1912年的美国公司法,后在20世纪被英国、德国、日本所采用,它克服了法人制度形式主义缺陷,是实现公司实质公平、正义目标的一种特殊法人附属性制度。公司法人人格制度的特征可归纳如下:(1)公司具有独立的法人人格。正因为公司具有法定的独立的法人人格,因此,法人人格与股东个人人格相互独立,同时,也决定了公司的责任与股东个人责任相互独立。正因为此独立人格和股东有限责任被滥用而有必要对其独立的人格加以否定,从而设立了公司法人人格否定的例外制度。(2)公司法人人格否定仅是针对个案和具体场合对其独立人格加以否定,而并非是对该公司法人人格全面的、彻底的、永久的否认。公司法人人格否定仅涉及特定法律关系中的法人人格的否定。其否定效力不涉及该法人人格否定之外的其他公司法律关系。同时也不影响公司作为法人人格的继续存在。(3)公司法人人格制度是为了保护公司债权人的利益而设立的,因此其法律性质属于私法上的特殊民事责任。

2005年《公司法》第20条第3款规定:“公司股东滥用公司法人独立地位和股东有限责任,逃避债务,严重损害公司债权人利益的,应当对公司债务承担连带责任。”

传统公司法认为,公司是一种组织,其具有社会功能和经济功能。因此,公司(企业)不能随意解散或破产,1993年《公司法》

① 参见苗壮:《美国公司法:制度与判例》,法律出版社2007年版,第3页。

虽然规定股东可以协议解散公司,但若公司在经营期限内发生“公司僵局”,则不能由司法程序进行干预并予以强制解散公司。2005《公司法》很大程度上引进了英美法系公司法的有益做法,规定了司法强制解散公司的条款。在公司僵局中,要解决的是股东个人的股权问题。英美法系中,英国法存在“福斯规则例外”以及发展起来的标准体系,使少数股东得以维持股权。英国在1843年对 *Foss v. Harbottle* 一案作出的裁判规定被固定下来,称为“福斯规则”。其基本含义是说,如果过错行为人侵害了公司的权利,那么,只有公司才是起诉的适格原告,也就是说,只有公司才能对侵害人提起诉讼,少数股东是不能对侵害公司权利的过错行为人起诉的;而公司是否起诉,是由多数股东的意愿决定的,因为多数股东能够决定和追认的事项也不允许少数股东提起诉讼。但同时为了保护少数股东的权益,判例法发明了“福斯规则例外”对福斯规则的适用作出限制,从而赋予少数股东在一定条件下对某些特设事项起诉的权利。英国普通法上的少数股东权诉讼救济制度就是以“福斯规则”和“福斯规则例外”为基础建立和发展起来的。英国少数股东权诉讼救济制度涉及的内容比较广泛,普通法上以“福斯规则”和“福斯规则例外”为基础建立了个人诉讼与派生诉讼的具体制度,制定法除了赋予少数股东个人权利以外,还特别规定了“不公平损害”和“正义和衡平解散”两种专门的救济制度,形成了普通法与制定法相结合、救济和补偿手段多样化的完整的少数股东权诉讼救济体系。“正义和衡平”解散在很多方面与“不公平损害”救济的适用条件相同,只不过前者除了解散没有其他的救济途径，而后者正是前者的可替代的救济途径。[①]

《美国模范商事公司法》(RMBCA)第14.3条对公司的司法解散制度可谓粲然大备，规定有下列情形之一的，法院可以裁定解散公司：(1) 检察官能够证明存在下列事实之一，并向法院提起解散公司之诉：公司通过欺诈手段骗取了公司设立章程；或者公司持有超越或者滥用法律赋予的权限。(2) 股东能够证明存在下列事实之一，并向法院提起解散公司之诉：① 公司董事会在公司经营管理活动中陷入僵局，而股东无力打破僵局，导致公司即将或者正在遭受无法恢复的损害，或者由于公司僵局的存在，导致公司的经营管理活动无法按照对广大股东有利的方式继续进行；② 公司的董事或者管理人员已经、正在或者将要实施不法、压榨或者欺诈的行为；③ 股东们在行使表决时陷入僵局，而且至少连续两次在年度股东大会上未能选举出新一届董事接替已经到期的董事会成员；④ 公司资产正在被滥用或者浪费。(3) 债权人能够证明存在下列事实之一，并向法院提起解散公司之诉：① 债权人的债权已经被法院判决所确认，但判决未获执行，而且公司已经丧失债务清偿能力；② 公司书面承认债权人的债权合法有效、已经到期，但公司已经丧失债务清偿能力。(4) 公司向法院提起法院监督下的自愿解散公司之诉。[②]《特拉华州公司法》第273条第1项规定："如果本州公司的股东只有两名，且各自持股50%，共同从事合资经营活动；而且，股东无法通过协议解散公司、分配公司资产，或者在没有分配计划的情况下解散公司，但公司章程或者股东书面协议另有约定的除外。"

---

① 参见樊云慧：《英国少数股东权诉讼救济制度研究》，中国法制出版社2005年版，第9—11页。

② 参见刘俊海：《新公司法的制度创新》，法律出版社2006年版，第225页。

我国2005年《公司法》的修改，一定程度上借鉴了英美法系公司法的司法强制解散公司的做法，移植了司法强制解散公司制度。该法第183条规定："公司经营管理发生严重困难，继续存续会使股东经营受到重大损失，通过其他途径才能解决的，持有公司全部股东表决权百分之十以上的股东，可以请求人民法院解散公司。"

（二）公司的社会责任

公司的社会责任是英美法系公司法特有的一项制度。我国1993年《公司法》并未规定公司的社会责任，公司的社会责任基本是从社会经济学角度理解的。因为公司虽是一种营利性的经营组织，但在经营活动中，必须承担相应的社会责任。"公司社会责任"（Corporate Social Responsibility）源于美国。在美国对公司社会责任有不同的论述，但通常认为：公司社会责任是指公司董事作为公司各类利害关系人的信托受托人，而积极实施利他主义的行为，以履行公司在社会中的应有角色。该定义包括两项基本原则：利他主义原则（philanthropy principle）与信托原则（trusteeship principle）。所谓利他主义原则，是指公司在履行其社会服务角色时，为社会公众解决了某些社会问题，但自己并不直接从中获取经济上的好处。如果说利他主义原则体现了公司在社会大系统中的应有角色，那么信托原则体现了董事对公司各类利害关系人的社会责任感的觉醒。简言之，信托原则指董事所扮演的角色是公司股东、债权人、职工、消费者和广大社会公众的受托人。[①]公司社会责任理论认为，公司的社会责任不仅仅是经济人（细胞）责任，也是社会人（社会细胞）责任，因此，必须履行在社会中的适

---

① 参见刘俊海：《公司的社会责任》，法律出版社1999年版，第2页。

当性责任。公司的社会责任在我国2005年《公司法》中得到具体体现。该法第5条第1款规定:“公司从事经营活动,必须遵守法律、行政法规,遵守社会公德、商业道德,诚实守法,接受政府和社会公众的监督,承担社会责任。”经常有学者质疑该制度超前,无法得以实施,但理论上该制度在工商管理、质量管理以及企业价值体系上更容易体现“科学发展观”精神。因此,也愈来愈有生命力和制度价值。

(三)股东代表诉讼

股东代表诉讼又称派生诉讼。它的具体含义是:“当公司已疏于或者由于外部原因不能提起诉讼的时候,有资格的个人股东以自己的名义,针对侵害公司利益的大股东、董事或者公司管理人员提起的诉讼。”具体地讲,相关企业根据福斯原则的四种例外情形而提起的诉讼,就是派生诉讼。[①] 福斯原则的基本含义是,法院不介入股东对公司事务的诉请。该原则的内容包含了两个层次,正如Jenkins法官在*Edwards v. Halliwell*一案中所总结的那样:第一,涉及对公司或者团体的侵害而提起诉讼的正当原告,应该是该公司或者该团体;第二,如果被诉称的侵害可能是对公司所有股东都有约束力,那么任何单个的公司股东,不能仅仅以赞成决议的股东从该决议中获益这个简单的理由提起诉讼。四种例外是:(1)交易越权或者非法;(2)交易要求公司决议必须以特定多数允许或者批准;(3)股东的“个人利益”受到侵犯;(4)交易行为构成“对小股东的欺诈”(fraud on minority)。[②] 派生诉讼用以救济对公司造成的侵害,或者迫使公司按照公司章程和法律规

---

① 参见葛伟军:《英国公司法:原理与判例》,中国法制出版社2007年版,第247—248页。

② 同上书,第235—241页。

定处理事务(即使没有对其他个人造成侵害,而只对公司造成侵害,即使大多数股东不愿意提起这样的诉讼)。在特定情形中,这种形式的诉讼是罕见的,因为原告并不只是为了自己的权利起诉,而是代表他自己和所有其他的股东起诉(除了那些被诉的股东以外)……这些情形中,个人股东的起诉可以被称作是代表诉讼,因为它是代表他自己和其他股东的。也就是对公司其他股东或董事,或者针对第三人提起诉讼,以弥补对公司或者其财产或权利所造成的侵害,该诉讼又可被称作派生诉讼,因为个人股东起诉要求执行的诉请属于公司,而他起诉的权利也来源于公司。[①]

在美国法中,派生诉讼指当公司的权利受到董事、高级职员或控股股东等的损害而董事会怠于提起诉讼时,股东以公司的名义提起诉讼,追究其对公司的法律责任。在派生诉讼中,股东实际上是代表公司行使属于公司的诉讼权利。因此,派生诉讼又称代表诉讼。在派生诉讼中,必须将公司列为共同被告。如果原告胜诉,公司有权获得法律救济,但通常要承担原告股东的诉讼费用和律师费用;如果原告败诉,原告股东不但要承担自己的诉讼费用和律师费用,还有可能承担被告的上述费用。[②] 因此,股东代表诉讼的全面发展是在美国。1817 年的 *Attorney General v. Utica Ins. Co* 一案,首开小股东有权控诉公司管理层的先河,法院开始接受股东对公司的控诉。1831 年的 *Tayler v. Maiaimi Exporting Co* 一案中,公司董事滥用职权以低价购买公司产品,股东就此对董事提起诉讼,要求董事把财产归还公司。鉴于股东与董事的关系是信托关系,法院以董事违反忠实义务理论为由,命令董事将

---

① 参见葛伟军:《英国公司法:原理与判例》,中国法制出版社 2007 年版,第 248 页。

② 参见苗壮:《美国公司法:制度与判例》,法律出版社 2007 年版,第 239 页。

财产归还公司。随后，经过一系列判决，股东代表胜诉。股东代表胜诉已被美国大多数州所仿效，《美国模范公司法》1991 年修订文本于第七章对股东代表诉讼设立了专门的规则，名为“派生程序”。从 1817 年到现在，美国股东代表诉讼经过近二百年的演进，在实体法上和程序法上形成了较为完备的规则。至今，大多数国家的公司法律制度中都规定了股东代表诉讼制度。[①]

我国 1993 年《公司法》中并无股东代表诉讼制度。2005 年《公司法》第 152 条规定有限责任公司的任何股东，不论其持股期限和比例如何，均可具备原告股东资格。立法者之所以如此设计制度，主要是为了鼓励小股东监督公司正常营运、维护公司整体利益。至于股份有限公司的股东，则并非当然具备股东代表诉讼的原告资格。原告股东必须是连续 180 日以上单独或者合计持有公司 1% 以上股份的股东。尽管该规定在制度设计上仍显不适，但可以说已引进了英美法系先进的公司诉讼制度。

（四）法人治理结构

1993 年《公司法》在公司结构上，规定了股东大会、董事会、监事会三种公司权力分立与制衡机构，而在经营管理体制上则将管理权赋予经理（总经理）。这实际上是大陆法系公司法的法人管理结构。在英美法系国家，公司管理结构中，并无监事会，公司董事具有决策和经营管理的双重作用，其中有执行董事和非执行董事，非执行董事中又有独立董事。由于我国《公司法》中监事会职能弱化，因此，首先在中国证监会关于上市公司规定中引入了独立董事，并规定上市公司必须具备一定人数和比例的独立董

---

① 参见赵旭东主编：《新公司法制度设计》，中国法制出版社 2006 年版，第 432—439 页。

事，无疑突破了1993年《公司法》之相关规定。我国公司设立独立董事的实践最早可追溯到1988年。这一年，我国在香港上市的H股公司按照香港联交所的要求率先设立独立董事。从1995年开始，沪深两市部分A股上市公司和少数非上市公司也开始试聘独立董事。据统计，1999年年报披露设立独立董事的上市公司为18家，聘请36名独立董事；2000年年报披露设立独立董事的公司达到了56家，聘请103名独立董事。截至2001年7月30日，披露聘请独立董事的公司达到了204家，聘请314名独立董事。2001年8月16日，证监会发布《关于在上市公司建立独立董事制度的指导意见》(以下简称《指导意见》)，规定上市公司必须建立独立董事制度。[①]

独立董事制度与监事会制度分别是英美法系国家与大部分大陆法系国家采用的不同的公司内部监督机制。我国《公司法》采用的是大陆法系的"三角制"结构组织体系，即在股东大会下设立董事会和监事会，分别行使决策权和监督权。监事会专门作为维护股东利益、监督董事会履行股东大会决议、监督董事和经理的常设机关而存在。质疑及否定论者提出，在公司存在监事会之前提下，《指导意见》又强行引入独立董事，势必将在多个方面产生冲突，甚至会削弱二者的功能发挥。[②] 因此，2005年《公司法》确认我国实践中已存在的独立董事，该法第123条规定："上市公司设独立董事，具体办法由国务院规定。"因此，上市公司既要设立监事会又要设立独立董事，而非上市公司或有限责任公司则没有限制性规定必须设立独立董事，是否设定由公司章程加以自由规定。

---

① 参见李建伟：《独立董事制度研究》，中国人民大学出版社2004年版，第138—139页。

② 同上书，第47—48页。

刑法学派的论争与融合*

一、序说

18世纪至20世纪，是世界法律史上的“近代”社会，近代化以欧洲启蒙主义为肇始，以“自由”意识为榜样并逐步从“自由”价值走向“社会”价值。欧洲大陆的刑事立法是以一定时期的刑法哲学为指导思想的，不同的刑法哲学形成不同的刑事立法。“如果把这些理论的影响按时间顺序排列出来，我们可以看到这样一些轮廓：大革命时期的刑法，在18世纪法国资产阶级启蒙思想的基础上，广泛地吸收了贝卡里亚的刑法思想；在1810年刑法的制定中，突出地反映了边沁的刑罚功利主义思想和康德的国家至上主义思想；1830年至1870年和1870年至第二次世界大战期间的刑法变化，分别主要是在新古典刑事学派和实证主义学派的理论影响下实现的；第二次世界大战以后的刑法，开始大量吸收新社会防卫论的思想，目前，这一理论在影响法国刑法的各种理论中

---

* 本文为作者参加“全国外国法制史研究会第十八届年会”所提交论文。

仍占主导地位。”①

德国刑法也同样受刑法思潮的影响。1871年《德意志刑法典》是以刑事古典学派刑法思想为理论基础的。战后，德国虽起草过10个刑法草案，刑法改革历经百年，1975年新版本最终通过。刑法立法历程映衬出刑法学派论争和融合的趋势。“德国刑法虽不如法国刑法那样经常变动，但德国作为近代刑法思想的发祥地，存在着不同的刑法哲学流派。”“德国刑法也正如其他任何国家的刑法一样，还会受到刑法范畴以外的、法律领域以外的各种影响，要逐一列出这些影响，同样也是不可能的。”“有鉴于此，只能选择几派较有代表性的并具有典型代表人物的思想家按年代先后如下述介。”

（一）刑事古典学派

典型代表人物有康德（I. Kant，1724—1804），其刑法思想核心是基于意志自由的等量报应论，涉及法学的主要著述有《政治权利原则》《永久和平论》《道德形而上学原理》等。黑格尔（F. Hegel，1770—1831），与康德的绝对报应思想不同，黑格尔主张国家主义辩证的报应，认为犯罪是对法的否定，而刑法是通过对犯罪的再否定来恢复法和正义。其法学代表作是《法哲学原理》。费尔巴哈（A. Feuerbach，1775—1833），被誉为近代刑法学之父。在他的刑法理论中，对后世影响最大的，是基于心理强制的一般预防论。

（二）刑事近代学派

19世纪后期，针对刑事古典学派而出现的刑法思潮，以采用实证方法来研究犯罪现象为特色，故又称“实证学派”。它有两个

① 朱华荣主编：《各国刑法比较研究》，武汉大学出版社1995年版，第8页。

分支:刑事人类学派和刑事社会学派,前者以意大利人龙勃罗梭(C. Lombroso,1836—1909)为代表,后者的主将是意大利人菲利(E. Ferri,1856—1929)和德国人李斯特(F. Liszt,1851—1919)。李斯特的主要观点有:犯罪原因的社会论,法益保护和社会防卫的刑罚目的论,从行为人“反社会性格”中寻求处罚依据的性格责任论,处罚对象不是行为而是行为人的行为人主义,犯罪行为的作用在于显露犯罪人危险性的犯罪征表说,等等。李斯特的个别观点颇遭非议,但整体意义上的刑法思想则深受推崇。他参与发起国际刑法学协会,开办数个刑法学研究所,代表作有《德国刑法教程》《刑法的目的思想》《德国和外国执行刑法的比较情况》《从比较法律说明现代刑法的刑事法制》等。

(三)新社会防卫论

脱胎于刑事社会学派所持社会防卫论的一种现代刑法思潮,因法国学者安塞尔(M. Ancel,1902—1990)1954年所著《新社会防卫论》一书而得名。新社会防卫论在德国具有广泛影响,主要追随者之一,是国际刑法学协会名誉主席、弗莱堡大学教授耶塞克(H. Jesheck)。新社会防卫论的中心内容是:批判性地对待现有与犯罪作斗争的制度;承认罪刑法定原则和刑罚确有必要,但反对传统的报复性惩处;只有动员包括刑罚在内的各种方法,才能实现防卫社会的目的;强调人道主义对实现社会防卫目标的极端重要性,主张加强刑罚的人道化,提高罪犯的人道待遇,降低监禁刑在刑罚体系中的地位并寻求代替方法,推进非罪化和非刑事化等。[①]

---

① 参见朱华荣主编:《各国刑法比较研究》,武汉大学出版社1995年版,第56—58页。

在日本刑法中，同样有秉承德国刑法理论的刑事古典学派（旧派）与刑事近代学派（新派）的刑法学派论争。上述德国的刑法学派之争，在日本从明治维新直到大正、昭和初期，大致同样产生。日本旧刑法制定后到明治三十年代，日本刑法学在法国刑法学的影响下，采取折中的立场，学派之争尚未明显表现出来。在日本开始传播近代学派理论的，是学习龙勃罗梭，受李斯特、普林斯影响的胜本勘三郎[《刑法析义各论》（明治三十三年）、《刑法要论（总论）》（大正二年）]，然而在胜本的犯罪论中仍保留着浓厚的客观主义色彩。最强有力地推进近代学派理论的，是学习菲利、李斯特的牧野英一。明治四十年（1907 年），主观主义倾向极强的现行刑法被制定出来，不仅牧野刑事政策的主张，而且作为这个《新刑法》的解释原理，都彻底贯彻了主观社会[《刑事学的新思潮与新刑法》（初版明治四十二年）、《罪刑法定主义与犯罪征表说》（初版大正七年）、《日本刑法》（初版大正五年）]。比起在其刑法解释论中多有客观主义的李斯特，牧野确实配受青出于蓝而胜于蓝的赞誉。他所采取的目的刑论，根据后来的“文化国思想”，展开成了教育刑论[《刑法中的重点的变迁》（昭和四年）、《刑法中的法国思想的展开》（昭和六年）]。与此相反，以前祖述毕克迈耶和大场茂马[《刑法总论》（大正元年—六年）、《刑法各论》（明治四十三年）]站在古典学派的立场摆开理论阵势。泉二新熊（《日本刑法论》初版明治四十一年）一方面基本上采取近于近代学派的立场，同时通过折中的解释论给实务以大的影响。在昭和初期，作为有代表性的古典学派的刑法学者，可以举出小野清一郎[《刑法讲义》（初版昭和七年）]和泷川幸辰[《刑法讲义》（初版昭和四年）、《犯罪论序说》（初版昭和十三年）]两位。受到贝林格、M. E. 迈耶的强烈影响，小野从国家主义的立场、泷川从社会自由主义的立场一起，以客观主义、报应刑论为基调对近代学派进行了批判。其间宫本倄［《刑法学纲要》（大正十五年）、《刑法学粹》（昭和六年）、《刑法大纲》（昭和十年）］按照主观的违法论，构筑了独自的主观主义的犯罪论体系。然而伴随战争的激化，在刑法学中“日本军国主义”的倾向居于支配地位，学派的对立失去了尖锐性，就这样迎来了战争的失败。①

因此，本文拟从刑法学派角度来回顾大陆法系近代社会刑法思想的变迁和21世纪的发展趋势以及对刑事立法的影响。

二、古典刑法学派

“古典学派”是相对于“近代学派”而言，称为“古典”的。所谓“古典”之用语并非固定，而是因各个国家情况各有差异。在有“刑法学祖国”之称的意大利，以菲利（E. Ferri，1856—1929）为首的实证学派将龙勃罗梭（C. Lombroso，1836—1909）以后的学派，总称为古典学派；在法国，一般则自1748年孟德斯鸠所著《论法的精神》出版后，至1815年受费尔巴哈（Feuerbach，1775—1833）直接影响之拿破仑刑法典制定之时期，称为古典学派。在法国古典学派中，有两股支派存在：一为康德绝对报应刑论，即“因有犯罪，故应处罚”；一为贝卡里亚之功利主义刑法观，即“非因有罪而予处罚，乃为不使犯罪而予处罚”。德国自1880年起，古典学派与近代学派间，展开了激烈的“刑法学派”之争。李斯特（Franz V. Liszt，1851—1919）在马尔布鲁克大学就职演讲时，发表了有关

① 参见马克昌：《比较刑法原理》，武汉大学出版社2002年版，第49—50页。

"刑事之目的思想",提倡目的刑论。毕克迈耶(Karl Von Brikmeyer, 1847—1920)则主张报应刑论,而与之对阵。此项论争,虽在第一次世界大战终结时结束,惟自李斯特主张目的刑论后,反对目的刑论之立场者,即称为古典学派;赞同目的刑法立场者,则谓之近代学派。①

古典学派分为前期古典学派和后期古典学派。前期古典学派代表人物有意大利的切萨雷·贝卡里亚(Cesare Beccaria, 1738—1794)、英国的杰米·边沁(Jeremy Bentham,1748—1832);德国的费尔巴哈(Paul Johann Anselm V. Feuerbach, 1775—1833)、伊曼努尔·康德(Immanuel Kant,1724—1804)、黑格尔(George Wilhelm Frietrich Hegel,1770—1831)。后期古典学派代表人物有德国的宾丁(Karl Binding,1841—1920)、毕克迈耶、贝林格(Emst Beling, 1866—1932)、迈耶(Max Emst Mayer, 1875—1923)、麦兹格(Edmund Mezger,1884—1962)。

刑事古典学派的主要观点和立场。刑事古典学派以古典自然法理论为依据,它们以"理性""道德"为法律精神,以科学逻辑推理分析为刑法解释方法论。其主要观点如下:

(一)抽象原则

犯罪与刑罚都是一种理性抽象规范,抽象规范具有普遍意义。法律是抽象的社会规范,只有法律才能为犯罪规定刑罚,只有代表根据社会契约而联合起来的整个社会的立法者才拥有这一权威。"刑事法官根本没有解释刑事法律的权利,因为他们不

① 参见〔日〕森下忠:《古典学派与近代学派》,参见西原春夫主编:《刑法学》,有斐阁 1977 年版,第 1—2 页。

是立法者。"[①]抽象规范之所以具有普适性是因为它由国家唯一的主权主体立法者加以制定,而刑事法官不过是在执行法律而已,它既不能像立法者那样发现法律(立法),也不能像英美法系法官那样创造法律(造法)。抽象原则是与早期古典的、绝对的、自然法理念相一致的。

(二)功利原则

边沁认为"立法者应以公共利益为目标,最大范围的功利应成为他一切思考的基础"。"功利是一个抽象术语。它表达一个事物使某些恶不能发生或导致某些善发生的性能或倾向。恶即痛苦,或痛苦的原因;善即快乐,或快乐的原因。凡与某一个人的功利或利益一致的事物,即为有助于增加该个人幸福总量的事物。凡与某一共同体的功利或利益一致的事物,即为有助于增加组成该共同体的诸个人的幸福总量的事物。""功利逻辑在于在一切判断过程中都坚定地从痛苦和快乐的计算或比较出发,以及不允许任何其他观念的干扰。"[②]功利原则,即最大多数人的最大幸福(或简称"最大幸福")是确定犯罪与刑罚的依据。"我们已经作出一个关于恶的分析。通过这一分析我们可以看到,存在某些行动,这些行动产生的恶超过了善。立法者所予以禁止的,正是这种性质的行动,或者说,被认为具有这种性质的行动。一个被禁止的行动我们称之为犯罪。为了使这些禁止得到尊重,我们必须确定惩罚。""但是,必须将某些行动划定为犯罪吗?或者换句话说,必须对他们课以刑罚吗?""……让我们还是诉诸功利性原

① 〔意〕贝卡里亚:《论犯罪与刑罚》,黄风译,中国法制出版社 2005 年版,第 14—15 页。

② 〔英〕吉米·边沁:《立法原理》,李贵方等译,中国人民公安大学出版社 2004 年版,第 1—3 页。

则。当习惯正确时，功利原则将确认偏见所颁布的法令；当习惯错误时，功利原则将废除这些法令。”①

（三）客观主义

古典学派将行为的外部事实（行为、结果及客观的社会损害性等要素）作为刑法评价的重点，是以行为为中心确立基础理论构架的。“刑法客观主义理论是以摆脱法国1789年大革命以前旧的封建思想束缚，由贝卡里亚所开创，以康德哲学为指针，并以费尔巴哈以来的德国刑法学为基础所具体地、逐渐地形成的刑法学流派。”②客观主义的核心内容是刑法中的罪刑法定原则。“在孟德斯鸠、贝卡里亚的刑法思想中，都包含着罪刑法定主义的内容，但他们都没有明确提出罪刑法定原则。正是费尔巴哈使罪刑法定主义从思想转化为实定刑法的原则。费尔巴哈在1801年《刑法教科书》中，用拉丁文法谚的形式对罪刑法定主义作了以下表述：Nulla poena Sine lege（无法律则无刑罚）；Nulla Poena Sine Crime（无犯罪则无刑罚）；Nullum Crimen Sine Poena legali（无法律规定的刑罚则无犯罪）。”③罪刑法定原则是古典刑法学派的重要理论标志。

（四）报应刑思想

古典刑法学派大都持绝对的刑罚学说。“康德认为，刑罚不是基于对犯人或其同胞的效用而实施的，而是因为犯人做了恶事，他的行为不符合道德标准而必须对其进行处罚。所以，刑罚对某个人来说，是因为他违反道德的责任而对其进行科处的，他

---

① 〔英〕吉米·边沁：《立法原理》，李贵方等译，中国人民公安大学出版社2004年版，第71—72页。

② 〔日〕大塚仁：《刑法中新旧两派的理论》，日本评论社1957年版，第4页。

③ 陈兴良：《刑法的启蒙》，法律出版社2003年版，第101页。

接受这一后果完全是因为其实施了可罚行为,这一命题,结论是无须再加以说明的。”“此外,康德还说,在此只能考虑和重视不偏袒任何一方的平等原则。也就是说,因犯罪人的违法行为所带来的不平等,就必须让犯罪人自食其果地遭受给受害人所带来的不良后果。只有这样,才能实现正义,恢复原来平等的状态。因此,报应或同害报复法则是确定刑罚的轻重和种类的唯一准则。”[①]康德和黑格尔是绝对刑罚理论义务论的代表。特别是康德仿效的刑法模式,被评价为典型的不考虑结果的刑罚构想。著名的关于刑罚的合法性和必要性的“孤岛例子”,事实上几乎没有赋予其他的含义。在《道德的形而上学原理》中,康德写道:即使市民社会根据所有成员的同意,而要自行解散(例如,一个孤岛上的民族作出决定,相分离并且各自融入全世界之中),虽在监狱中的最后一个谋杀者也必须被处死,以便每个人都知道他的行为值得如何处理,而不让没有坚决要求惩罚的民族承负血债。[②]

(五)一般预防

刑事古典学派,在刑罚目的上,注重一般预防,即重点放在抑制将来有犯罪的可能性(未然之罪)的某种特定之人。费尔巴哈认为,法不应干涉强制世界,而仅限于具有因果作用的感性及悟性世界。人均系以快乐及痛苦原则而为行动,且追求快乐,避免不快。为了抑制犯罪,应使人预知其因犯罪而受刑罚科处所得之痛苦,大于其因犯罪所得到的快乐。因此,“依犯罪行为而预告刑罚,即得对一般人在心理强制其不生犯罪之念,可收一般预防之

① 邱兴隆主编:《比较刑法》(第2卷·刑罚基本理论专号),中国检察出版社2004年版,第400—401页。

② 参见《刑法论文选萃》,中国法制出版社2004年版,第514页。

效果，而达刑法之目的”。[1]

三、近代刑法学派

近代刑法学派，又称新派，包括刑事人类学派和刑事社会学派，由于它们都是以“实证”的方法进行研究，亦即以实证（确定）的事实为依据进行研究，所以又称为实证学派。这一学派产生于19世纪后半期。“伴随着19世纪后半期的资本主义的高度化与产业革命的普及，经济的、社会的混乱产生，常习犯、少年犯激增，对此，古典学派的理论，没有任何有效对策，于是发生破绽，意向向新理论转向，支配这一新倾向的，就是近代学派。”[2]近代刑法学派中的刑事人类学派，重视犯罪的生物学的原因，创始人为意大利的龙勃罗梭。主要代表人物除龙勃罗梭外，还有意大利的菲利（后期转为刑事社会学派）和加罗法洛。由于该学派主要代表人物都是意大利刑法学家，故又称为意大利学派。近代学派中的刑事社会学派，重视犯罪的社会原因，主要代表人物有意大利的菲利（后期）、德国的李斯特、比利时的普林斯（Prins）、荷兰的哈迈尔（V. Hamel）、日本的牧野英一。

刑事近代学派是以近代社会学实证方法论为依据。他们以“经验”和“实验”为法学方法论。其主要观点如下：

（一）归纳原则

近代学派的刑事人类学派主张通过人的生理、心理分析来确

---

① 蔡墩铭主编：《刑法总论论文选辑》，台北五南图书出版公司1984年版，第184页。

② 〔日〕川端博：《刑法总论讲义》，成文堂1997年版，第31页。

定犯罪并处以刑罚。龙勃罗梭通过对犯罪人的头盖骨和相貌的研究,即通过101个意大利人头骨的特征,以及对1 279名意大利罪犯的人体测量和相貌分析,确认犯罪人类型,将犯罪人分为生来犯罪人(delinguentenato, born criminal)、激情犯罪人(criminal by passion)、精神病犯罪人(insane criminal)、偶然犯罪人(occasional criminal)。“龙勃罗梭将实证的、归纳的方法引入犯罪研究领域,引起了犯罪研究领域中的一场方法论革命,使犯罪向科学方向大大迈进了一步。在龙勃罗梭之前,大量犯罪研究主要通过思辨方法进行的,研究人员根据哲学家和思想家所已有的结论、自己的思考、臆想以及支离破碎的观察、偶然遇到的案例进行犯罪研究,研究人员普遍使用演绎法解释犯罪问题,根据前人的结论演绎出对当前犯罪问题的解析,使犯罪学研究充满脱离实际的、空洞的、玄虚的形而上学色彩。龙勃罗梭将近代哲学和科学发展的成果应用于犯罪研究,注意通过仔细观察、系统调查、生理解剖学方法研究犯罪问题,从自己收集的大量事实、数据证据中归纳、概括出研究结论,犯罪学研究密切联系实际,从而扭转了犯罪学研究中脱离实际的倾向,大大促进了犯罪学研究的科学化水平,比其他任何人都更加有力地促进新的犯罪学科学的发展。”①

(二)社会原则

近代刑事学派与古典刑法学派的(个人)功利原则相对立,采取社会(利益)原则,并提倡采取社会防卫措施。德国刑法学家李斯特从刑罚应该为社会防卫目的出发,展开了目的刑思想。在马尔布鲁克大学的提纲《刑法的目的思想》一文中,李斯特主张社会

① 〔意〕切萨雷·龙勃罗梭:《犯罪人论》,黄风译,中国法制出版社2005年版,第34页。

防卫理论。根据李斯特的目的刑思想，就应该对一定的犯罪在本应定其罪、宣告其刑罚的场合，可先不宣告刑罚，而宣告由保安处分的改善加以收容。“保安处分是指这样一些国家处分，其目的要么是将具体的个人适应社会（教育性或矫正性处分），要么是将不能适应社会者从社会中剔除（狭义的保护性或保安性处分）。”①

（三）主观主义

在犯罪的基本见解上，近代刑法强调行为决定论，即自由意志的否定论。即认为人之所以会有犯罪行为，是由个人原因或社会原因之综合因素所决定的，对刑事古典学派的意志自由论予以彻底否定。从刑罚对象上看，近代刑法学派强调行为者主义，即认为对犯罪最重要的并非犯罪行为，而是犯罪人所有的人身危险性，犯罪行为只不过是人身危险性的征表。李斯特提出主观主义的标志命题——“应被处罚的不是行为而是行为人”。

（四）目的刑、教育刑思想

刑罚具有改造、威慑、剥夺犯罪能力的功能。李斯特认为，犯罪人是法益的载体，法益的损害或毁灭构成了刑罚的本质。刑罚具有如下目的：“（1）改造能被改造的并需要改造的犯罪人；（2）威慑不需要改造的犯罪人；（3）使不能被改造的犯罪人无危险性。”②日本刑法学家久礼田益喜教授概括目的刑主义时指出：“刑罚不单是作为对犯罪的报应而科处之，要考察犯人的性格及围绕犯人的社会情况为了使犯人将来不再犯罪而科处之（目的刑主

---

① 〔德〕弗兰茨·冯·李斯特：《德国刑法教科书》，徐久生译，法律出版社 2000 年版，第 401 页。

② 同上书，第 371 页。

义)。"由此不难看出,近代刑法学派的目的刑主义所主张的刑罚目的只是特别预防,即对犯罪人科处刑罚是为了避免其再次犯罪。不论龙勃罗梭、菲利、加罗法洛或李斯特,都对犯罪人进行了分类,主张对不同犯罪人适用不同的刑罚,以便预防再犯、防卫社会。目的刑主义进一步发展,出现了意大利的兰札(Langa,?—1929)和德国的李普曼(Liepmann,1869—1928)所主张的教育刑论。他们主张刑罚的目的是对有罪者的再教育,是犯人的改善,将社会防卫的人道性与刑罚的再教育性理解为刑罚的本质,认为刑罚必须是教育的,否则刑罚就没有存在的理由。[1]

(五)特殊预防

古典刑法学派从自然法出发,以理性人假设作为前提,犯罪人是理性人,具有意志自由,根据趋利避害原则选择其行为,因而统治者可以因势利导,预防犯罪的发生。同时,立法者作为理性人,能够自觉地运用刑法的威慑性,追求预防犯罪的功利效果。古典学派的刑事政策是一般预防,仅将预防犯罪手段限于刑罚。"使刑事政策成为一门学科的是李斯特,李斯特否定了刑事古典学派的理性人的假设,代之以经验人,经验人是指立足于社会,被各种社会关系所决定的具体人,他不具有意志自由,其行为是被决定的。在经验人假设的基础之上李斯特引申出刑事政策思想,从而使刑事政策之发展进入到一个科学的阶段。"[2]"刑事政策以犯罪原因及刑罚作用之科学研究为基础的诸原则之全体,依此原

---

① 参见马克昌主编:《近代西方刑法学说史略》,中国检察出版社 2004 年版,第 160—161 页。

② 同上书,第 247—248 页。

则,国家以刑罚诸制度为手段,镇压犯罪。"①因此,李斯特提出全体刑法学概念,内容包括犯罪学、刑罚学、行刑学等。同时将刑罚个别化、保安处分等原则与制度引入刑法典,以便更有效地达到刑法的教育、改造的目的。

四、刑法学旧派与新派的融合

刑法学派论争的历史轨迹,大致就是古典刑法学派(旧派)与近代刑法学派(新派)之争。日本刑法学家森下忠在《古典学派与近代学派》一文中归纳了旧派与新派理论论争和对立的要点。"古典学派之理论,以启蒙时期之合理主义思想为其出发点,而以具有自由意思之抽象人为前提(非决定论),依此平均人之犯人表现于外部之现实行为为科刑对象(现实主义、行为主义、客观主义),对于犯人之犯罪意思予以道义谴责为主体而论其责任(意思责任论、道义责任论),刑罚系对犯罪行为之均衡报应所科处于犯人之恶害(报应刑论)、依此而威吓一般人以预防社会一般之犯罪(一般预防主义)。此外,古典学派,否定不定期刑之概念,基于责任之刑罚与以犯人之危险性为前提之保安处分,其本质不同(二元主义)。近代刑法学派之理论,则以实证科学论证为基础,否定行为人之自由意思(决定论)、应罚者非依素质与环境所宿命决定之行为,而不具有行为所征表社会危险性之犯人本身,而以行为人之危险性为科刑对象(征表主义、行为人主义、主观主义)、犯人

① 〔德〕弗兰茨·冯·李斯特:《德国刑法教科书》,徐久生译,法律出版社 2000 年版,第 13 页。

因其反社会性格应负社会责任(性格责任论、社会责任论),刑罚系以矫正、改善犯人之反社会性或危险性,使其复归社会为目的(目的刑行为、教育刑论),依改善特定之行为人而预防犯罪,重视社会之防卫与保全(特别预防主义、社会防卫论)。此外,近代刑法学派,基于犯人危险性之差异,而探讨刑罚之个别化,亦主张采用不定期刑。以刑罚与保安处分,同为对于犯人改善、教育之手段,两者性质相同(一元主义)。"同时,两学派对犯罪理论,在犯罪构成要件、违法性论、责任论、未遂犯、共犯、罪数等上存在明显分歧;在刑罚理论上,两学派对刑罚的本质、刑罚的目的、刑罚与保安处分的关系、其他刑事政策问题等方面均存在明显的对立。

古典学派与近代学派的分歧,最终归结为法学方法论的不同。人类认识世界、改造世界的两种基本方法为抽象法和归纳法,亦称理性方法论与经验方法论。古典学派注重人的本质和共同性,强调自由、平等、自然正义(公正)等自然法理念,有利于保护人类普遍的、一般的人权。近代学派注重人的形式(征表)和特殊性,强调人的社会性、分配正义(矫正)等经验性理念,有利于维护人类社会多样性、特殊的需求。因此,两个学派都互有长短。从人的认识能力到国家治理,"理性"和"经验"都是两种有效的方法,同时,也渗透到每一个主体和客体的内涵中。因此,第二次世界大战后,刑法学派论争开始从激烈走向缓和,并且出现了融合的趋势。

"第二次世界大战后不久,安塞尔提出新社会防卫论,在两学派之争中采取综合主义的立场。新社会防卫论反对近代学派的决定论,在很大程度上承认古典学派的意志自由,从而不赞成近代学派的社会责任论,而容纳古典学派的道义责任论。同时主张负刑事责任的根据和衡量刑事责任大小的尺度,不是行为而是行为人，这与近代学派的主观主义近似，而不赞成古典学派的刑罚与犯罪行为相适应，判刑不考虑罪犯个人特性的客观主义理论。在刑罚目的上，采取近代学派的目的刑论，认为刑罚的目的在于使犯罪人复归社会，而不赞成古典学派的刑罚，只是由于犯罪才科处、判刑不应追求其他目的报应刑论。到 1960 年年底，西德刑法理论的主流是以道义的责任平衡的报应为中心，在其责任的范围内承认一般预防、特殊预防的目的的综合说。”①

日本刑法学家在战后继牧野英一为代表的新派与小野清一郎为代表的旧派，在刑罚目的、刑法基本原则、刑法解释方法、定罪标准等问题上展开争论后，新旧两派理论虽然仍存在分歧和论争，但也开始出现新动向。新旧两派刑法理论的对立已趋缓和，出现了相互妥协的趋势。从新派刑法理论一侧上看，主观主义理论历来是新派的中心特点，但从该派犯罪概念的理论看，现在典型的主观说已经衰落，而代之以在原则上坚持主观主义的同时，部分地吸收了客观主义的理论。从该派关于刑罚的理论看，在强调目的刑论、强调社会预防的同时，也不再排斥强调社会责任，从某种意义上说，这种理论倾向与旧派理论一直主张的报应刑论有着微妙的相似之处。而从旧派刑法理论一方看，小野—团藤—大塚一脉相承的学说，历来关于犯罪论的通说地位，该理论被称为“形式的客观说”，它以犯罪构成理论为核心，但是，现在古典的客观主义已得到一定的修改，部分地呈现出主观化、伦理化、规范化的内在倾向，并且，行为无价值论、结果无价值论等被称为“实质的客观说”的观点也逐渐受到重视。同样，旧派关于刑罚论也有

---

① 马克昌主编：《近代西方刑法学说史略》，中国检察出版社 2004 年版，第 342 页。

所改变，历来主张道义的报应色彩日益褪色，而是强调“法律的责任”，虽然理论上、实践上对于“责任”的必要性尚有待于探究，但应该肯定的是，日本旧派刑罚论也发生倾斜，与新派的目的论再也不是水火不相容了。①

我国刑法学家张小虎在《刑法的基本理论》一书所列的“刑法理论主要内容结构表”中从犯罪理论和刑罚理论两个方面归纳了现代折中主义的具体表现形式。“在犯罪理论方面，折中主义有：（一）规范责任论：……（二）新社会防卫论：……（三）人格责任论：……在刑罚理论方面，折中主义认为刑罚的目的既在于报应犯罪，又在于预防犯罪，保卫社会。应当调和对已然之罪的报应和对未然之罪的预防，在施加刑罚的同时考虑这两个目的，使之互相生效。其具体表现形式有：（一）真正的折中主义，将报应与预防置于同等的地位；（二）绝对的折中主义，以正义报应为基础，辅之以相对主义；（三）相对的折中主义，以预防目的为基础，辅之以绝对主义；（四）阶段区分的折中主义，将刑罚的使用区分为立法、裁量、执行三个不同的阶段，在这三个不同的阶段，刑罚的目的各有侧重。”②

新派与旧派的折中与融合，也不是纯粹的刑法理论问题，而是表现和渗透到刑事立法中。在不少国家刑法立法当中，已经调和这两派的某些观点。例如《德国刑法》第46条规定：“犯罪人之责任为量刑之基础，且应考虑刑法对犯罪人将来社会生活产生的影响。”《日本刑法改正草案》第48条也规定：“刑法的量刑必须与犯罪人的责任相适应。刑法适用时，必须考虑犯罪人的年龄、性

① 参见何勤华等：《日本法律发达史》，上海人民出版社1999年版，第368页。
② 张小虎：《刑法的基本理念》，北京大学出版社2004年版，第94—96页。

格、经历与环境、犯罪的动机、方法、结果及对社会的影响，犯罪后的犯罪人的态度及其他情节，必须以对抑制犯罪和犯罪人的改善更生起作用为目的。”1996年修正的《瑞士刑法典》第63条规定：“法官根据行为人的罪责量刑，量型时要考虑被告的犯罪动机，理论及个人关系。”此外，如上所述，保安处分制度被世界许多国家刑法所采用，也是两派理论折中的适例。[①]

“我国的刑法理论，在许多方面存在着激烈争议，但没有形成学派之争。另一方面，我国的刑法理论也具有自己的特点，在犯罪论方面，我国刑法理论一直声称坚持了主客观相统一的原则，但事实上却重主观内容，与新派之主观主义没有本质的区别。例如，近年来，越来越多的学者强调犯罪主体的地位，甚至以犯罪主体为中心，建立犯罪构成体系……再如，后面还将经常而且具体讨论的，对于不能犯与未遂犯的区别，刑法理论一直采取了抽象的主观说。”“在刑罚论方面，我国刑法理论以目的刑论占主导地位，基本上也是新派的观点。”[②]然而，也有不同的看法：“刑法主观主义由于承认犯罪成立的范围要大大广于客观主义，具有相当的危险性，所以在以追求法治理念为主导思想的20世纪的世界诸国从来没有被各国采用过。罪刑法定原则、责任原理和刑法客观主义仍然占据刑法理论的主流位置。不过，现代刑法理论中的客观主义，已经不再是费尔巴哈刑法体系这一本源意义上的客观主义立场；刑法主观主义的部分观点已经渗透到刑法客观主义思想内部，所以在犯罪论中司法官员的自由裁判、自由解释作用被有限地承认；在刑罚论部分，从刑事政策角度看待问题的主张被广

---

① 参见聂立泽：《刑法中主客观相统一原则研究》，法律出版社2004年版，第32—33页。

② 张明楷：《刑法的基本立场》，中国法制出版社2002年版，第47—49页。

泛采纳。”[①]根据周光权教授考察：我国1979年《刑法》偏重于刑法主观主义；而1997年《刑法》则回归客观主义。[②]

2003年1月17日，最高人民法院颁布了《关于行为人不明知是不满十四周岁的幼女双方自愿发生性关系是否构成强奸罪问题的批复》（以下简称《批复》），《批复》指出：“行为人明知是不满十四周岁的幼女而与其发生性关系，不论幼女是否自愿，均应按照刑法第二百三十六条第二款的规定，以强奸罪定罪处罚；行为人确实不知对方是不满十四周岁的幼女，双方自愿发生性关系，未造成严重后果，情节显著轻微的，不认为是犯罪。”众多刑法学家从刑法解释学角度，论述了我国刑法的主客观相统一原则。即“在认定犯罪时，不仅要求行为人的行为对刑法所保护的社会关系造成相当严重的危害或威胁，而且要求行为人有刑事责任能力和主观上有罪过（故意或过失），否则，就不可能构成犯罪”。[③] 著名刑法学家王作富在《奸淫幼女罪的认定与主客观相统一原则》一文中论述了主客观相统一原则的基本内涵及意义。关于犯罪的成立和定罪，是以客观事实为依据还是以行为人的主观恶性为标准，在近现代西方刑法史上一直争论不休，形成了客观主义和主观主义的经典对立，并最终走向主观与客观相折中的并合主义。而我国刑法则一贯坚持主客观相统一原则。一般认为，刑法中的主观与客观相统一原则，是指构成犯罪和追究刑事责任，要求行为人在客观上必须实施了危害行为，在主观上必须具有罪过，两者相互依存，缺一不可。要言之，犯罪是行为人实施的行为

---

① 周光权：《法治视野中的刑法客观主义》，清华大学出版社2002年版，第197页。

② 同上书，第198—204页。

③ 赵秉志主编：《主客观相统一：刑法现代化的坐标——以奸淫幼女型强奸罪为视角》，中国人民大学出版社2004年版，第15页。

与主观罪过的统一体。正如有同志指出,在刑法中主观与客观相统一,不仅仅是一项基本原则,更重要的是,它还是一种全新的刑法观。这种刑法观是在资产阶级刑法学说,尤其是在对新旧两派刑法理论的扬弃的基础上形成的。因此,一方面主客观相统一作为一种刑法观,具有历史继承性,它必然包含着新旧两派刑法理论中一切科学、合理的成分;另一方面主客观相统一作为我国刑法的一项基本原则,必须贯穿于我国刑事立法和司法的全过程。在我们看来,主客观相统一原则的价值最集中体现在保障追究具体行为的刑事责任的合理性。主客观相统一原则强调只有在行为中同时包含应负刑事责任的主观因素与客观因素并且这两方面具有内在一致性时,才能对行为予以定罪。这就从根本上排除了定罪过程中"主观归罪"与"客观归罪"的错误做法。[①] "主客观相一致是我国刑法中的基础性原则,不仅因为它在定罪过程中具有指导意义,还在于它在量刑过程中具有指导意义。量刑中,司法机关不仅要遵循罪刑相适应的基本原则,而且还要遵循刑罚个别化原则,这两个原则都要求对行为人的主观恶性和行为造成的危害进行考察,忽视其中任一方面都有可能造成或枉或纵。主客观相一致原则不是一个简单的技术性原则,它体现了现代刑法的价值取向:限制国家的刑罚权,防止其过分扩张,以保护人权。如果只注重行为人的主观恶性而不论其客观社会危害性,就会导致主观归罪,这种情况下,由于推定行为人主观恶性的客观社会危害性,就会导致主观归罪,这种情况下,由于推定行为人主观恶性的客观事实被忽略,裁判者则可完全依照自己的主观臆想任意出

① 参见赵秉志主编:《主客观相统一:刑法现代化的坐标——以奸淫幼女型强奸罪为视角》,中国人民大学出版社 2004 年版,第 22 页。

入人罪，从而失去公平、正义的标准。同理，仅看重客观的损害结果而忽略行为人的主观恶性，则会导致客观归罪。无论主观归罪还是客观归罪，都是国家刑罚权恣意行使的表现，这种恣意性必然造成对公民权利的侵夺。”[①]“主客观相统一的理论，不是主观主义和客观主义的简单折中、调和，它是在吸收二者的精华后又重新孕育出的生命。它建立的是以行为人的行为为核心的犯罪论，吸取了客观主义保障人权和主观主义保护社会的精华，在犯罪论中均衡了个人与社会的利益。”[②]

① 赵秉志主编：《主客观相统一：刑法现代化的坐标——以奸淫幼女型强奸罪为视角》，中国人民大学出版社 2004 年版，第 108 页。

② 同上书，第 158 页。

费尔巴哈刑法思想述评*

保罗·约翰·安塞姆·冯·费尔巴哈(Paul Johann Anselm Von Feuerbach,1775—1833),1775年11月4日出生于德国耶拿(Jena),1792年12月3日进入耶拿大学学习,1795年取得哲学博士学位。1796年夏转学法学。1799年1月15日取得法学博士学位。同年夏在耶拿大学就任讲师教职。1800年9月15日被聘为副教授。1801年10月12日晋升为教授。1802年4月5日离开耶拿大学,4月17日到达基尔(Kiel)大学转任教授。1804年3月20日离开基尔大学,3月26日至28日前往萨维尼所在的哥廷根大学,3月31日至4月1日转任兰茨胡特(Landshut),夏学期就任兰茨胡特大学教授。

1804年8月19日,费尔巴哈受托修订《巴伐利亚王国刑法典》。1806年至1813年担任法典编纂起草会委员,起草完成了《费尔巴哈刑法典》(《巴伐利亚王国刑法典》)草案。该草案对1881年《普鲁士刑法典》和1871年《德国刑法典》都有较大影响。

1805年12月16日,费尔巴哈就任慕尼黑大臣官房、司法长官、警察厅副枢密。1806年3月3日就任俄罗斯法律联络委员会

---

* 本文原载于《全国外国法制史研究会第十八届年会论文集》。

联络会员。1806 年晋升为慕尼黑正枢密顾问。1808 年 5 月 19 日被授予巴伐利亚王室市民功劳勋章。1808 年 9 月 7 日就任枢密顾问会会员。1814 年 6 月 21 日转任巴姆贝格(Bamberg)上诉法院第二院长。1817 年 3 月 18 日担任安斯巴赫(Ansbach)上诉法院院长。1833 年 5 月 29 日逝世,死后安葬于法兰克福。

费尔巴哈的主要著作有:

(1) 1794 年《论自然状态》(über den stand der Hatar);

(2) 1795 年《试论法的概念》(übor die unmöglichkeit eiens ersten absoluten Grand satzes der philosophie);

(3) 1796 年(处女作)《反对自然法的存在以及妥当性的唯一可能之论据》(über die einzig moglichen Beweisgründe gegen das das Dasein und die Gültigkeit der natürlichen Recht);

(4) 1796 年《作为自然法学确定的预备工作的自然法批判》(Kritik des natürlichen Recht als Propüqeutik zu einer wissenschaft des natürlichen Rochts);

(5) 1797 年《伟大的人类概念论考》(über den Beggrift des grobew Mamnes);

(6) 1797 年《反霍布斯论、特别命令、最高权力的界限及关于市民对元首有强制权的论考》(Anti—Hobbea ober über Grenzen der hochsten Gewalt and das ZwangBrecht der Bürger gegen den Gberhehm);

(7) 1798 年《大逆罪之哲学与法学之研究》(Philosophisch—junische Unersuchung üba das Verbrechen des Itochcerrats);

(8) 1798 年《刑法的目的是保护人们不受犯罪侵害? 或是刑法是预防法?》(It sicherang vor dem lebrecher Zweck der Strafe Uh gist Strafrecht Prüventions recht);

(9) 1799 年《关于自由受压抑的具体的减轻之由》(dissertatib der causis mitiganfi ex capite im Peditae libertatis);

(10) 1799 年《实定刑法原理及基本概念之省察》(Rension der brnndsütze grand be gri He der Positiventatis)(Erster Teil)(第一部);(第二部)1800 年;

(11) 1800 年《死是最大的恶害,更是最大的威吓刑罚》(Der To dist das grüsste überl and die abschreckengste Strafe);

(12) 1801 年《德国刑法教科书》(Lehrbach des gecneinen in Deatschland geltenden Peinlichen Rechts);

(13) 1802 年《将死刑规定在法典的新方法》(Heue Art die Tobdestyafein einem Gesetzbuch zu bestimmen);

(14) 1804 年《哲学和经验论的实定法学的关系》(übe Philosophie und Empiric im ihrem Vehültniszur Positivew Rechswissenscat)。

1925 年 11 月 4 日,费尔巴哈诞辰 150 周年,由安斯巴赫地方法院院长发起,在该法院建立费尔巴哈纪念碑,对费尔巴哈的生平作出了如实评价——"纪念思想家、立法者和法官"。费尔巴哈一身集法学教授、法学理论家、立法者和法官等理论和实务职务,并以身作则对刑法思想及其完成作出了应有的贡献。他建立起"心理强制论"基础上的罪刑法定原则(主义),是近代(成文)刑法的基础。以至于被誉为近代刑法学之祖或近代刑法学之父,是近代刑法思想的主要奠基人。因此,对其刑法思想进行探究确有必要,其作用不仅在于缅怀业绩,而且在于以瞻后世。

一、费尔巴哈刑法思想的哲学源泉

费尔巴哈刑法思想特色是将“自由”概念排除在法的范畴之外,同时,将法和道德严格区分,道德不再属于法的组成。康德的哲学思想对费尔巴哈及他1813年所编纂的《巴伐利亚王国刑法典》有明显影响。这种影响不是指康德的道义报应刑的刑法思想,而是指康德在哲学上的二元论思想。二元论是康德哲学的重要特点。康德把人的存在区分为感性的现象世界和理性的本质世界。感性世界是一个为机械因果律决定的世界,在这个世界中人是被动的,不能以自由的道德意志加以自决,所以,他的行为是他律的。在理性世界则是一个人所从属的真正的精神上自觉的世界,也是有目的地行动的,在此,他的行为是自律的。康德的二元论界定了道德和法。把道德看做是本位,法是现象。因此道德决定法,法作为道德广义的一部分不能和道德截然区分。在此,康德的法并未区分自然法和实定法。

费尔巴哈接受了康德关于人的二重性的哲学观点。他认为人在感性世界是一个自然的存在者,受到客观的因果律支配。而在理性世界是一个理性的存在者,受自由律支配。但费尔巴哈却根据二元论把法律和道德作出了区分。他认为,法律是以作为自然存在者的人为调整对象的,因而在法律领域中,不存在自由问题,应当根据因果律来考察人的行为。道德是以作为理性存在者的人为调整对象的,因而只有在道德领域中,才存在自由。据此,法和道德不仅分别属于感性世界和理性世界,而且由于法的感性世界不受“自由律”规制,而受因果律规制,因此,法不从道德领域中演绎,法和道德属于截然不同的两个领域。据此,属于道德的“自然法”与属于法律的“实定法”并非是同一范畴、同一领域的概念。对此,日本法学家山口邦夫对康德和费尔巴哈的思想作出比较:“费尔巴哈虽然从康德哲学出发,但最终并不是康德的学徒。作为刑法学者,即作为独自的实定法的理论家,将自由从法的领域逐入道德的领域。费尔巴哈的理论毕竟是实定法的理论,不是形而上学的理论……康德一方面区别法与道德,一方面把法作为广义的道德的一部分,认为法是为了实现最高道德的一个领域,是与费尔巴哈大不相同之处。”①在刑法思想史上,经常将费尔巴哈归类为古典学派(旧派)。确实,费尔巴哈的刑法思想本身是反对封建罪刑擅断主义的锐利武器,其提倡的市民刑罚以及确定刑罚法规的法律绝对思想都是针对古代封建制下的刑罚的不平等、不公开以及罪刑擅断而言的。因此,他是一个古典的刑法学家。然而,费尔巴哈的刑法理论也有别于康德、贝卡里亚等自然法的古典的刑法学启蒙思想。其不从自然法出发,而从“心理强制”这样一个实定的角度出发,说明实在刑法的存在和意义,为其以后的规范刑法学和注释刑法学的发展奠定了基础,开辟了道路。因此,说费尔巴哈是刑法理论的奠基人之评价确是当之无愧的。

二、费尔巴哈的“刑罚”思想

近代狭义刑法学包括犯罪学与刑罚学。与狭义刑法规范包

① 〔日〕山口邦夫:《19世纪德国刑法学研究》,八千代出版有限公司1797年版,第18—23页。

括犯罪和刑罚(量刑)规范是一致的。近代刑法学家一般从犯罪论出发来考察刑法理论,论证刑法的存在。例如,刑事人类学派的龙勃罗梭、菲利等人。但同为刑事古典学派的费尔巴哈则秉承边沁、康德、黑格尔等人的刑法哲学分析角度,从刑罚论来论述刑法的存在和逻辑体系。费尔巴哈的罪刑法定原则就是从刑罚的"心理强制论"角度进行论证的,并以此来构筑其刑法体系。费尔巴哈的"心理强制轮"是建立在近代哲学二元论基础之上的。正如前述,费尔巴哈将人分为自然存在者和理性存在者。从而认为在法律领域的人受自然的因果律支配。而在理性领域的人则受道德自由律支配。因此,法和道德截然两分。人既然是自然存在者,则其无不受感性世界中的自然律支配。犯罪原因不是自由的,而是一种感性冲动。"人欲求快乐,所以努力得到一定的快乐,人又想逃避痛苦,为什么?因为不快乐既然与他的本性相矛盾,人一般就不能不逃避它。因而人在可能获得较大的快乐时,就断绝较小快乐的意念;而可能避免较大的痛苦时,就会忍耐较小的不快乐。基于欲望不满足的不快乐,使他因而避免这种不快乐,刺激要满足欲望。"[①]费尔巴哈的"人"在感性世界中的趋利避害的功利观,是其刑罚论的抽象人性基础。费尔巴哈指出:"使违法行为中蕴含着某种痛苦,已具有违法精神动向的人就不得不在违法行为可能带来的乐与苦之间进行细致的权衡,当违法行为所蕴含的苦大于其中的乐时,主体便会基于舍小求大的本能,回避大于不违法之苦的苦,而追求大于违法之乐的乐,自我抑制违法的精神动向,使之不发展成为犯罪行为。这就是费尔巴哈心理强

① 陈兴良:《刑法的启蒙》,法律出版社 2003 年版,第 26—28 页。

制论的全部内涵。”[①]正是因为有此种人的心理强制机制，因此，人才能通过刑法规范，事先预期到痛苦，并进行理性的选择。“在费尔巴哈看来，心理强制是通过法律威吓来实现的，因此刑法应当具有确定性与必然性，树立刑法的权威性。”[②]这种法律的预期是通过市民刑罚来实现的，市民刑罚是在市民社会国家为了实现市场“守夜人”的角色和目的而设置的刑罚。“所谓市民的刑法是因为实行了权利侵害由国家所加用刑法予以威吓的感性的害恶。”[③]国家正是利用刑罚权来预先加以威吓，引导理性的自然人趋利避害、追求功利，实现对市民（权利）的保护。而一些人侵害了市民权利，构成犯罪则就运用国家刑罚加以惩戒，以警戒社会上的一些人，达到一定的预防效果。日本刑法学家山口邦夫对“心理强制论”在费尔巴哈刑法理论中的地位作出客观评价：“它是费尔巴哈刑法理论的核心，不仅是他所主张的罪刑法定主义的理论基础，也是他所主张的犯罪原因论、权利侵害说以及刑罚本质论、刑罚目的论的理论基础。因此，有的学者称他的学说为心理强制主义的刑法学说。”[④]

对费尔巴哈的心理强制论，黑格尔曾经予以批判。他认为，费尔巴哈的心理强制论，威吓的前提是假定人的意志是不自由的，因而要用害恶这种观念来强制人们。“然而法和正义必须在自由和意志中，而不是在威吓所指向的不自由中去寻找它们的根据，就好像对着狗举起杖来，这不是对人的尊严和自由的予以应有的重视，而是像对狗一样对待他。”另外，黑格尔还认为：“威吓

① 陈兴良：《刑法的人性基础》，中国方正出版社1996年版，第47页。

② 陈兴良：《刑法的启蒙》，法律出版社2003年版，第111页。

③ 马克昌：《近代西方刑法学和史略》，中国检察出版社2004年版，第102页。

④ 陈兴良：《刑法的启蒙》，法律出版社2003年版，第26—28页。

毕竟把正义甩在一边，所以根据心理强制说制定的法典，就缺乏真正的基础。”①黑格尔对费尔巴哈的批判不一定是正确的。首先，黑格尔结论的前提为人的意志自由论。而费尔巴哈的心理强制论的前提是人的意志不自由论（行为决定论）。因此，二者缺乏可比性的基础。其次，黑格尔批评费尔巴哈把法和道德（正义）相区分，而使用法律威吓这种对动物（狗）一样的手段，从而使法典缺乏真正的基础。然而，费尔巴哈的威吓是一种作为一般预防目的工具的立法威吓。“当然，以威吓为刑罚目的并不见得都违反公正。在此，有必要将费尔巴哈的立法威吓论与费兰基（Filangieri）——格麦林（Gmelin）等人的威吓论加以区别。……两种威吓论的区别有以下几点：1. 立法威吓是法律上的威吓，强调在立法上表现出来。行刑威吓是刑罚执行上的威吓，强调在行刑过程中表现出来。2. 立法威吓由于是法律的威吓，使市民能够确信刑罚与犯罪相结合，因为法律是普遍的、必然的，而行刑威吓论的威吓，由于只是刑罚执行的威吓，没有明确揭示威吓的法律依据，使市民难以建立刑罚与犯罪必然结合的确信。3. 立法威吓论主张威吓必须依据法律，因而在有侵害的场合，法律上的威吓变成现实的威吓，也必须依据法律，表示为了心理强制的刑罚预告的严肃性。行刑威吓论主张刑罚执行的威吓，为了达到威吓的效果，不免追求使用残酷的刑罚，而无视法律的规定，影响对个人权利的保障。”②

费尔巴哈刑法思想并非不追求正义，而是将法律上的正义与道德正义相区别。在费尔巴哈的二元论中，感性世界与理性世界

① 〔德〕黑格尔：《法哲学原理》，范扬等译，商务印书馆1982年版，第102页。
② 陈兴良：《刑法的启蒙》，法律出版社2003年版，第110页。

是两种峻别的世界,法只能在感性世界存在,而理性世界则属于道德范畴。法属于他律,道德属于自律。这种法与道德的峻别的思想体现在其起草的1813年《巴伐利亚王国刑法典》中,“首先,在该部法典中,传统的风俗犯罪条款显著减少(特别是风俗犯罪的一部分,可能解释为侵害国家的权利。例如,‘男色’是对婚姻制度的轻侮。其次,消减了宗教犯罪,宗教犯罪只有在侵害教会权利的限度内才有可罚性。再次,为了达到威吓效果,所预告的刑罚必须是严厉的。《巴伐利亚王国刑法典》的死刑规定就有11处之多”①。

因此,黑格尔对费尔巴哈的心理强制论的批判只是以自我学说为中心的结论。日本学者山口邦夫也不同意黑格尔对费尔巴哈的批判,认为这只是对“威吓说”的批判,但是作为对费尔巴哈的批判是不正确的。②

三、费尔巴哈的犯罪论

费尔巴哈是以其刑罚论中的“心理强制论”为核心来构筑自己的刑法思想体系的。费尔巴哈的刑法思想的基础不是实定(经验)主义,而是自然(理性)法主义。费尔巴哈的刑法理论是与这种自然法论相联系的。国家的目的是所有市民相互间的自由,而保障市民自由不受侵害。但是,国家不能通过物理性强制来阻止违法行为。因此,必须对各个人进行特别的感化。而这种感化就

---

① 〔日〕小林孝辅监译:《德国法学者事典》,学阳书房1983年版,第28页。

② 参见〔日〕山口邦夫:《19世纪德国刑法学研究》,八千代出版有限公司1979年版,第95页。

是法律上的心理强制。费尔巴哈的犯罪论是建立在权利侵害说基础上的。权利侵害说的基本内容是，犯罪的本质是对他人权利的侵害，国家也是具有人格的，当然也有权利；刑法的任务就是保护权利。“犯罪是由刑罚法规规定的侵害他人权利的行为。”①费尔巴哈权利侵害说的渊源是社会契约论。根据自然法，人处在自然法状态下是自由的，但对于侵害自然状态的自然权利，若由自己自力救济，其结果是一种复仇。因此，自然状态下的自由是不安定的，为了保障自己的自然权利，克服自然状态下不安定的状态，就需相互通过社会契约，约定尊重他人的自由，组成市民社会。据此，也形成维护各人和平地共同生活的状态即市民社会的机关——国家。国家的任务只是维护市民社会，只有危害市民社会的行为，才能受到处罚。费尔巴哈的权利侵害说是人类社会从封建社会走入市民社会、国家从警察国家走向法治国家的体现。费尔巴哈认为：“国家的目的仅仅在于保护个人自由以及由此而产生的各种权利。因此，刑法的任务也就是防止对他人权利的侵害。”②费尔巴哈把权利分为国家权利和个人权利。因此，根据权利侵害说犯罪也分为对国家的犯罪（Staatsverorechen）与对个人的犯罪（Privatvebrechen），在重要性上对个人犯罪应置于对国家犯罪之前。为了使权利侵害说具有实践意义，“菲尔巴哈由此在1799年开始证明每一刑法条款保护对象的个人与国家权利。费尔巴哈在其《德国刑法教科书》中对一些犯罪作出说明。例如，他指出，普通刑法上的渎神罪毁损了宗教的团体名誉；虚假宣誓属于诈骗一类；通奸与重婚侵害了基于婚姻契约而寻求婚姻诚实的

---

① 〔日〕庄子邦雄：《近代刑法思想史序说——费尔巴哈和刑法思想史的近代化》，有斐阁1983年版，第26页以下。

② 张明楷：《刑法的基本立场》，中国法制出版社2002年版，第26页以下。

权利;如此等等”[①]。费尔巴哈的权利侵害说与心理强制论一样,成为其构筑罪刑法定原则的理论基础。

费尔巴哈对近代刑法最重要的贡献在于确立成文法的罪刑法定原则(主义)。虽然世变时移,但罪刑法定原则仍然屹立不动——成为各国刑法的根本原则。据此,费尔巴哈被誉为近代刑法之父。1801年费尔巴哈在《德国刑法教科书》中,用拉丁文的法谚形式对罪刑法定主义进行表述:Nulla poena sine lege(无法律无刑罚),Nulla poena sine crime(无犯罪则无刑罚),Nullum crimen sine poena legali(无法律规定的刑罚则无犯罪)。费尔巴哈的罪刑法定是刑事古典学派强调客观主义的表现。费尔巴哈指出:“只有存在客观构成要件的场合,才可以被惩罚。”这一思想在其起草的1813年《巴伐利亚王国刑法典》中得到体现。该法典第27条规定:“当违法行为包括依法属于某罪概念的全部要件时,就认定是犯罪。”[②]客观主义刑法认为,受处罚的是行为,而不是行为人,这也是近代启蒙主义主张人人在法律面前一律平等的体现。“费尔巴哈认为犯罪构成乃是违法(从法律上看来)的行为中所包含的各个行为或事实的诸要件的总和。”[③]“在该犯罪构成,只有客观主义要件,而不存在主观恶意或者危险性作为犯罪构成的主观要件。这就排除了主观司法的可能性。客观主义具有限制司法官自由裁量权的作用。”费尔巴哈认为:“刑法从与司法官相关联比较来看,是裁判规范;从与一般人相关联来看,是行为规范。作为裁判规范的刑法,有限制司法官权利滥用的作用,这实际上是罪

---

① 张明楷:《刑法的基本立场》,中国法制出版社2002年版,第7页。

② 樊凤林主编:《犯罪过程论》,法律出版社1987年版,第370页。

③ 周光权:《法制社会中的刑法客观主义》,清华大学出版社2002年版,第35页。

刑法定主义的维护人权的功能。作为行为规范的刑法,有规范一般人行为的作用,这实际上是罪刑法定主义的维护社会的功能。在这两种功能中,费尔巴哈特别强调刑法对法官的限制作用,以致日本学者山口邦夫认为'这就是罪刑法定主义的核心'。"①德国刑法学家拉德布鲁赫(G. L Radbrach)解释费尔巴哈学说在刑法思想史上的意义时,认为其意义在于:"确立刑事领域中的法治国思想,对国家的刑罚权加以限制。其限制有三:第一是根据法律的限制,明确了无法律则无刑罚的罪刑法定原则,国家利用刑法典不仅保护善良的国民,也保护犯罪人;阐明法是犯人的大宪章的意义。第二是根据行为的限制,明确了刑罚的科处应以行为而不是以行为人为标准,阐明了此保障法的安定性,保护个人自由。第三是严格区分法与道德,阐明犯罪不是违反道德,而是违反法律,尊重立法者良心的自由,法官不是道德的审判者。"②

① 马克昌:《近代西方刑法学说史略》,中国检察出版社 2004 年版,第 47 页。
② 〔日〕木村龟二编:《刑法学入门》,有斐阁 1957 年版,第 50 页。

人权与宪政

——以环境权入宪为主线*

序言　人权发展轨迹

联合国教科文组织前法律顾问卡雷尔·瓦萨克(Karol vasak)提出“三代人权”理论。第一代人权形成于美国和法国大革命时期,主要是指公民权利和政治权利;第二代人权形成于俄国革命时期,主要是指经济、社会及文化权利;第三代人权是对全球相互依存现象的回应,主要包括和平权、环境权和发展权。瓦萨克根据公民与国家的不同关系样态将第一代人权定性为消极的人权,将第二代人权定性为积极的人权,而将第三代人权定性为连带的权利(the solidarity rights)。[1]《非洲人权公约》以及其他一些人权公约也采取此种分类法,此种人权分类不仅体现了宪政的时代变

---

* 本文原载于《全国外国法制史研究会2004年年会论文集》。

① 参见徐显明主编:《人权研究》(第2卷),山东人民出版社2002年版,第171页。

迁，而且也体现了发达国家和发展中国家宪政的不同特点。人权与宪政具有密切的关系：从人权的发展和实现上看，宪政始终是人权的最有力保障，是人权从应有权利转化为法定权利和实有权利的必经程序。同时，人权又是宪政的目的和价值体现。宪政的步伐大体上反映了人权的轨迹，人权原则和宪政原则从根本上是一致的，对公民基本权利的规范和保障，是宪政的目标，同时也是人权的价值取向。因此，本文拟以“人权与宪政”为题，以环境权入宪为主线探讨20世纪西方人权与宪政的互动关系和21世纪西方宪政的发展趋势。

第一代人权：自由权

“世界愈文明，世人愈知国家之最主要目的在于保护人民自由，国家既应保护人民自由，即宜先用国家最高法律明定一切人民自由权利之标准，国家最高法律者，宪法是也，故宜以宪法规定一切人民基本自由权利也。”①以自由权力为核心的人权保护肇始于1789年法国宪法性文件《人权与公民权利宣言》（以下简称《人权宣言》）。1791年《法国宪法》将《人权宣言》列为该《宪法》第一部分，强调“天赋人权”和以“自由权”为核心的人权之保护。以后法国历次宪法都将《人权宣言》作为序言或把它重新宣布，或确认和扩充它所宣布的人权。《人权宣言》对法国乃至世界的人权、公民权、权力分立等观念和法治的发展有着重大的影响。人

---

① 何勤华、李秀清主编：《民国法学论文精萃——宪政法律篇》，法律出版社2002年版，第904页。

权是《人权宣言》的核心内容。宣言强调人权是自然的、天赋的、人人平等享有的、不可剥夺的东西。宣言序言中写道:“不知人权、忽视人权或蔑视人权,是造成公众不幸和政府腐败的唯一原因,所以,必然要把自然的、不可剥夺的、神圣的人权阐明于庄严的宣言之中。”它宣布“人们生来并且始终是自由的,在权利上是平等的”(第1条)。“一切政治结合的目的都在于保护自然的、不可剥夺的人权。这些权利是自由、财产权、安全和反抗压迫(第2条)。”“自由交流思想和意见是最宝贵的人权之一,除了在法律规定的情况下滥用自由应负责外,都可以自由地发表言论、著作和出版(第11条)。”“除非在法律规定的情况下并且按照法律已经规定的程序之外,任何人都不受控告、逮捕或者拘留(第7条)。”[①]法国自1789年颁布《人权宣言》以来,社会动荡、政治迭变,宪法几经变动,至今已有11部宪法(不包括4部宪法修正案)。它们分别是1791年、1793年、1795年、1799年(该宪法于1802年、1804年、1815年三次修正)、1824年、1830年、1848年、1850年(1870年修订)、1875年、1940年、1950年宪法。在宪法实践的81年中(1789—1871),它实行过多种多样的政治体制,这是在任何其他民族的历史上看不到的。[②] 但历次宪法,除1875年宪法外,均将《人权宣言》作为宪法的基础,规定自由权为最核心的公民权。自1848年《法兰西共和国宪法》明定人民权利至上和以自由权为核心的基本权利为立国之本。该法第3条规定,“法兰西共和国承认一切法律均须遵从人民权利,人民权利在国家未成立之前,业已俱存,且较国家为高。”“法兰西共和国以自由、平等、

---

① 何勤华主编:《外国法制史》(第3版),法律出版社2003年版,第235页。

② 同上书,第246页。

博爱三种主义为立国之根本。”第6条规定：“人民应对共和国履行义务，共和国也应对人民履行义务。”第8条规定：“法兰西共和国保护(甲)人民之身体自由；(乙)人民之家宅自由；(丙)人民之信教自由；(丁)人民之财产自由；(戊)人民之工作自由；(已)人民之教育普及；(庚)人民之博爱事业。”[1]1787年《美国联邦宪法》是世界上第一部成文宪法，它以自然平等思想和汉密尔顿、麦迪逊宪政理论为基础勾画了美国社会的基本制度框架。美国宪法序言的目标在于“树立正义，奠定国内治安、筹设公共国防，增进全民之福利及谋求今后人民永久享受自由之幸福”。美国人强调自然法(the natural law)是一切法律的基础——每个人以人类的一员的资格享有所谓的自然权利，即“天赋人权”[2]，为此，他们高度重视自然权利，将其列举到宪法文件之内，成为1787年《美国联邦宪法》的前10条修正案，称之为《权利法案》(Bill of Rights)。《权利法案》确立了以公民自由权为核心的人权理论，主要有宗教信仰自由、言论自由、出版自由、和平及对共和国政府请愿的自由权利(第1条)；公民有自备带武器权(第2条)；民房不受占住权(第3条)；个人有保障其人身、住所、文件和财物安全不受侵犯的权利(第4条)；非经正常法律审判程序，不得剥夺任何人的生命、自由或财产，国家征用人民私人财产应进行合理补偿，不得收为公有(第5条)。自由权包括人身权、财产权的自由和政治自由两部分。联合国1966年通过的《公民权利和政治权利国际公约》，基本上是以法国宪法和美国宪法所确认的公民“自由权”而扩充的第一代人权。该公约从第6条至第27条分别规定了生命权、

---

① 何勤华、李秀清主编：《民国法学论文精萃——宪政法律篇》，法律出版社2002年版，第926页。

② 何勤华主编：《美国法律发展史》，上海人民出版社1998年版，第62页。

禁止酷刑、禁止奴隶制度、保护自由与安全、被拘捕受到人道与尊严待遇的权利、禁止债务原因而被监禁、迁徙自由、保护外国人免受任意驱逐、民事和刑事审判中的程序保障权、对溯及既往刑法的禁止、法律人格的承认、隐私权、思想自由、宗教和信仰自由、意见、表达和信息自由、禁止战争宣传和鼓吹暴力、集会自由、结社和工会自由、婚姻和家庭、儿童权利、政治权利、平等权利、对少数人的保护。不难看出,其主要部分为发展权和自由权。因此,有关公民自由权的宪政权利泛称为第一代人权。这些权利在 18 世纪末和 19 世纪的大革命中将大多数民族国家规定到其宪法之中。其与属于“第二代人权”并代表了“通过国家”实现社会自由概念的经济、社会和文化权利不同。据此,公民权利——从历史阶段的角度来看——是保障个人自由不受国家的侵犯,而政治权利则是保障“参与国家管理”的民主自由。[①]

第二代人权:经济、社会及文化权利

第二代人权是指只能通过社会来保障的权利以及完全为集体所规定的权利,第二代人权相对于第一代人权是由个体实现的权利(个体权利)和不靠社会来保障的国家不作为、不干涉的权利(权力)而言,是一种社会权利和积极权利。其特征在于必须由社会(国家)加以积极保障才能实现。“所谓社会权利主要是指为国家实现和发展意义上的社会保障权利,它包括享受安全权利、工

① 参见〔奥〕曼弗雷德 · 诺瓦克:《民权公约评注》(上),毕小青、孙世彦译,夏勇审校,生活 · 读书 · 新知三联书店 2003 年版,第 2 页。

作权利、休息和闲暇的权利、受教育的权利、达到参与国家管理生活权利和参与文化生活的权利。”[①]第二代人权肇始于1919年德国《魏玛宪法》。《魏玛宪法》共分两编：第一编规定联邦组织的职权；第二编规定人民的基本权利和义务。第二编人民的基本权利和义务，不仅广泛地规定了公民的自由权，例如，公民有言论、迁徙、通信、请愿、结社、集会、学术研究和宗教信仰等自由，而且规定了公民的社会和经济权利，例如工作权、休息权、失业救济和受教育权利。《日本宪法》第25条规定，所有国民均享有维持健康的文化性的最低限度生活的权利，“国家必须在一切政治方面努力提高与增进社会福利、社会保障以及公共卫生”。学理上，将这种人为了像正常人一样可能活动的权利，称之为生存权。生存权是一种社会权，不能靠公民个体加以实现。自由权是一种与“警察国家”或自由国家相对而言的基本人权；社会权利是与福利国家或积极国家相对而言的基本人权。因此，“自由权是本国公民要求国家不作为的权利，而社会权利主要是指社会上对经济上的弱者进行保护与帮助时要求国家作为的权利，两者均以对国家的参与为主轴，但其与法律规定的实质内容是相异的”。[②] 社会权除了生存权外，还有劳动权和劳动基本权（即劳动者的团结权、劳动团体的交涉权）、受教育权、社会保障权，等等。另外，对于弱者的保护，例如，家庭中的妇女、儿童的特殊权利，也属于第二代人权。因为，第一代人权的“自由权”是与平等权相对立的，此种平等为“权利能力”上的形式平等，国家对公民采取一视同仁的对待，而对弱者权利的保护则要求国家积极采取措施来实现，是要

---

① 杨海坤主编：《宪法基本权利新论》，北京大学出版社2004年版，第3页。

② 〔日〕大须贺明：《生存权论》，林浩译、吴新平校，法律出版社2001年版，第12页。

求社会意义上的实质平等。第二代人权是以第一代人权为基础的，是对第一代人权的补充和扬弃，而不是对第一代人权的全盘否定。如此一来，这种性质的社会权意义上的平等权，就被附加到实现形式平等的愿望之上，成了补充原自由权意义上的平等权保障的基本权利。在这种平等的保障之中，形式性平等是处于主要性地位，实质性平等是处于从属性地位的，所以作为社会权的平等不常是国家保障的方向，其通常被限制在狭小的范围内。[①]因此，第一代人权是普通性的权利，而第二代人权是特殊性的权利，例如生存权、劳动权、社会保障权、受教育权、家庭中的妇女、儿童的特殊权利均是对弱者的特殊保护，其追求的是社会性的实质正义（平等）。1996 年联合国在通过《公民权利和政治权利国际公约》的同时也通过了《经济、社会及文化权利国际公约》。两个公约在序言中同样作出了两个确认：确认这些权利是源于人所固有的尊严；确认按照世界人权宣言，只有在创造了使人可以享有其经济、社会及文化权利，正如享有其公民和政治权利一样的条件的情况下，才能实现自由人类享有免于恐惧和匮乏的自由的理想。《经济、社会及文化权利国际公约》第 6 条为工作权，第 7 条为工作条件权，第 8 条为工会权，第 9 条为获得保障权，第 10 条为家庭中妇女和儿童的特殊保护，第 11 条和第 12 条为生存权，第 13 条和第 14 条为受教育权，第 15 条为文化权利。第二次世界大战之后，西方各国宪法均录入第二代人权。法国 1946 年第四共和国宪法于序言中宣称："对于全体人民尤其对于孩童、母亲及缺乏劳力者，国家应保障其健康、物质上的享用、休息和闲暇，凡因

---

① 〔日〕大须贺明：《生存权论》，林浩译、吴新平校，法律出版社 2001 年版，第 36 页。

年龄、身体或精神状态、经济状况不能劳动者,有向国家获得适当公益方式的权利。”日本1946年《宪法》第25条规定:“全体国民都享有健康和文化的最低限度的生活的权利。国家必须在生活的一切方面为提高和增进社会福利、社会保障以及公共卫生而努力。”1947年《意大利宪法》第32条规定:“共和国保障作为个人基本权利和社会利益的健康权,并保障贫穷者获得免费医疗。非依法律有关规定,任何人不得被强迫接受卫生治疗。法律在任何情况下都不得侵犯为尊重人身所设定的各种限制。”同时,第34条规定了受教育权,第35—37条规定了劳动权,第38条规定了社会保障权,第39条规定了工会权。与第一代人权强调的是公民免受国家干涉的自由权相反,第二代人权强调的是公民有权要求国家提供保护和帮助。第二代人权的主体大部分为公民,生存权、劳动权、工作条件权、社会保障权、受教育权都是以个体的公民人格为基础的,因此,和自由权一样属于个体权利,而工会权以及联合国1966年《经济、社会及文化权利国际公约》所指的自决权和1986年联合国通过的《发展权利宣言》中的发展权分别是集体和个体权利与集体权利的集合。

第三代人权:环境权

第一代人权为公民的个体权利,第二代人权是以公民个体权利为基础的社会权利,而第三代人权属于“团结(团体)权利”,例如,人民自由权、发展权、环境权、和平权。从个体权利到集体权利一直到团体权利是一种人权的发展趋势,也是宪法中基本权利的价值走向。“从个人权利到集体权利的过渡是有其客观性的,因此人们才会提出第三代人权。目前,法律承认人权范围包括只有个人(与其他个人分离)才能享有的权利(如生命权、身体完整的权利、隐私权、人身自由权、法律人格权或国籍权);只能与其他人共同行使的权利(如集会自由、结社自由和工会自由、少数群体成员的选举和被选举的权利);个人或法人都可享有的权利(如财产权、工会权利、宗教社团自由和政党参加选举的权利);只能通过社会来保障的权利(特别是在性质上属于'第三代人权'的社会经济权利)以及完全为集体所规定的权利(特别是对少数人的传统保护以及属于'第二代人权'的团结权利)、人民自决权、发展权、环境权和平等权等。"[①]1966 年通过的联合国《公民权利和政治权利国际公约》和《经济、社会及文化权利国际公约》均在第 1 条规定:"一、所有人民都有自决权,他们凭这种权利自由决定他们的政治地位,并自由谋求他们的经济、社会和文化的发展。二、所有人民得为他们自己的目的自由处置他们的天然财富和资源,而不损害根据基于互利原则的国际经济合作和国际法而产生的任何义务。在任何情况下不得剥夺一个人民自己的生存手段。三、本公约缔约各国,包括那些负责管理非自治领土和托管领土的国家,应在符合联合国宪章规定的条件下,促进自决权的实现,并尊重这种权利。"人民自决权是一种民族自决权,其核心内容是尊重人民自由选择自己政府的权利,将被武力剥夺的权利还给人民。民族自决权在宪法上表现为"人民主权原则"。所有天然财富和资源均为人民共同财产,人民可以为自己的目的而自由处置。此项"自决权"的内容是发展权、环境权的基础。《联合国宪

---

① 夏勇主编:《民权公约评注》(上),生活·读书·新知三联书店 2003 年版,第 14—15 页。

章》第55条要求联合国促进:(1) 较高水准的生活、经济和社会发展以及国家的发展;(2) 国际间经济、社会、卫生及有关问题之解决;国际间文化及教育合作;(3) 对人权与基本自由的普遍尊重。1986年联合国大会通过《发展权利宣言》,1993年世界人权大会在《维也纳宣言和行动纲领》中规定“发展权是一种普遍的,不可分割的人权,也是基本人权的一个组成部分”。1992年世界环境与发展大会强调发展与环境的联系,《里约环境与发展宣言》中指出:“必须履行发展的权利,以使公正合理地满足当代和世世代代的经济发展与环境需要。”发展权作为一项新的人权尚未宪法化。但基于自由权和发展权而发展起来的环境权则被欧美等国家的宪法确认为基本权利。环境权作为一种基本人权是一个概括性的概念,《斯德哥尔摩人类环境宣言》宣告的人类有权在一种能够过着尊严和福利的生活环境中,享有自由、平等和充足的生活条件的基本权利,并且负有保证和改善这一代和世世代代的环境的庄严责任。1970年3月,国际社会科学评议会发表的《东京宣言》明确提出“我们请求:把每个人享有其健康和福利等要素不受侵害的环境的权利和当代传给后代的遗产应是一种富有自然美的自然资源,作为一种基本人权,在法律体系中确定下来”,从而明确提出环境权的概念。“环境权包括国家环境权、法人环境权和公民环境权三个部分,它们相辅相成,构成了环境权的统一整体。”[①]环境权的概念应为“环境法律关系的主体享有适宜健康和良好生活环境及合理利用环境管理的基本权利。”“权利主体为全体人民,它不仅包括公民、法人及其他组织,国家以及全人类,还包括尚未出生的各国后代人。”“整个地球生物圈均是环境

① 蔡守秋:《环境权初探》,载 www.riel.whu.edu.cn,2005年6月15日访问。

权利的客体。”[①]环境权是一项新型人权。因为环境权具有人权的本质属性，是个体权利和集体权利的统一。“确立和实现环境权是为了达到保护人类生存环境的目的，正因为环境是每个人生存所不可缺少的物质条件，而环境污染和破坏则正威胁着这种物质条件，才产生了当代人和后代人对环境权的要求；环境污染和破坏的后果将影响这一代人和后代人的生存质量，环境权保护的结果体现为环境质量的改善和人与自然关系的协调，即通常所称的环境效益，环境效益也是这一代人和后一代人可以共享的。任何人在当今社会都不可能脱离环境条件独善其身，也不可能以任何方式独享环境利益。因此，环境权具有强烈的整体性，是通过个人权利形式体现的真正公共权利或人类权利。但环境权的整体性又包含着个体性，其核心是人的生存权，是人成其为人或继续作为人生存的权利，这是人的首要权利，是每个人都应平等享有的权利，这一权利不能受到限制或者剥夺。”[②]1960 年美国掀起了一场环境保护问题的讨论，在这场争论中，密执安大学的萨克斯教授提出了“环境公共财产”论和“环境公共信托”说。他认为：空气、水、湖泊等人类生活所需的要素，如果受到严重污染和破坏，以致威胁到人类的正常生活的情况下，不应成为“自由财产”而应成为所有权的客体，环境资源基于其自然属性和对人类社会的重要性来说，它应完全是全体国民的“公共财产”，任何人不能任意对其占有、支配和损害。为了保护和支配这种“共同财产”，共有人委托国家来管理，国家对环境的管理是受共有人的委托行使管理权，因而不能滥用委托权。因此“公共财产”和“公共委

① 陈泉生：《环境权之辨析》，载 www.riel.whu.edu.cn，2005 年 6 月 15 日访问。

② 吕忠梅：《超越与保守——可持续发展视野下的环境法创新》，法律出版社 2003 年版，第 245—246 页。

托"成为环境权的理论依据。环境权不仅仅是公民个体权利，同时也是国家、区域（自然保护区、生态公园）的社会权利，同时它又是集个体权利和集体权利为一体的团体权利。它是基于第一代人权和第二代人权基础而产生的，是第三代人权。第一代人权和第二代人权所依据的自决权"所有人民得为他自己的目的自由处置他们的天然财富和资源，而不得损害根据基于互利原则的国际经济合作和国际法而产生的任何义务。在任何情况下都不得剥夺一个人自己的生存手段"。此是环境权的客体天然财富和资源属于全体人民，并由人民将"公共财产"委托国家进行管理的理论来源。第二代人权中的生存权常常被解释为环境权的宪法基础，例如在日本以《日本宪法》第25条生存权条款来解释环境权。该解释认为："人类的生存和生活，是直接建立在衣食住行等物质与文化要素的基础上，而只能有了良好和健康的环境，这样的基础才能够维持。因此之故，对健全而舒适的各种环境的保护，就成为生存权的重要的基础性的内容。"①但环境权作为以生存权为核心的第二代人权似乎不妥，因为环境权不仅仅是基于人类"生存"，而且基于第三代权利的"自决权"和"发展权"，特别是发展权，是一个"抬高"性的动态权利，它要求生活质量、工作质量的标准不断提升，而总括出了一些原有的第一代人权和第二代人权的一些权能的内容。发展权中的"可持续发展"是动态的概念，包含了人的需要层次和生活质量的提高，而对环境提出更高的要求。"环境权不同于生存权。(1) 生存权涉及的财产是作为生存权的客体以及因经济条件没有生活能力的人有向国家获得必要的物

① 〔日〕大须贺明：《生存权论》，林浩译、吴新平校，法律出版社2001年版，第195页。

质帮助的权利；而环境权涉及的财产则是作为环境权行使的对象和财产受到环境侵害时有权要求法律之救济；(2) 生存权所涉及的劳动是作为实现生存权的一般手段而规定的；而环境权涉及的劳动是作为权利主体有要求在安全和清洁的环境中劳动的权利而规定的；(3) 生存权涉及的发展是强调经济的发展，因为只有发展经济才能使人民有丰富生活的享受，经济若不发展，社会就会陷入贫困之中，甚至出现更严重的危机。因为只有在环境资源的承载力内发展经济才能使人类得以永恒发展。环境资源被破坏殆尽，人类社会就会失去生存的基础难以发展。此外，和环境权的内容也有不同之处，比如生存权的内容还包括社会保障权和和平权等，而环境权的内容还包括观赏权、环境管理权、环境监督权等。”①生存与发展侧重于当前的生存与发展，环境权则是侧重于今后的生存与发展。因此，环境权是一种与生存权有所交叉的第三代人权。

环境权作为基本人权的观念已为欧洲人权会议所接受。“从20世纪70年代初，欧洲人权会议便组织了80人的专家委员会，致力于将‘人类免受环境危害的在这个星球上维持生存下去的权利’作为新的人权原则进行国际法编纂。1971年，欧洲人权会议将个人在洁净的空气中生存的权利作为一项主题进行讨论，继而在1973年维也纳欧洲部长会议上制定了《欧洲自然资源人权草案》，首要地将环境权作为新的人权并认为应将其作为《世界人权宣言》的补充。”②欧洲学者 R. R. 丘吉尔通过研读国际人权公约，发现了所谓环境权来源于人权的线索。根据丘吉尔的发现，包括

① 陈泉生：《环境法原理》，法律出版社1997年版，第111页。
② 吕忠梅：《环境法新视野》，中国政法大学出版社2007年版，第109页。

公民权和政治权的环境权的公约有:《公民权利和政治权利国际公约》(1966)、《欧洲人权公约》(1950)、《美洲人权公约》(1969)以及《非洲人权和人民权利宪章》(1981);与经济、社会和文化方面的环境权有关的公约包括:《经济、社会和文化权利国际公约》(1966)、《欧洲社会宪章》(1961)和《美洲人权公约补充议定书》(1988)。从这些人权公约中可以析出各种环境权的权能,而从《非洲人权和人民权利宪章》(1981)中也找到一些所谓的"第三代人权"(第一代人权是法兰西革命时代给出的个人权利,第二代人权是资本主义进入高度垄断的时候所出现的普遍的社会权利),即发展权、和平权和"一个普遍的令人满意的环境的权利"。[①] 第三代人权的环境权的宪法化是比较迅速的。环境权尤其是公民环境权的宪法化,首先应该明确公民环境权的内容。联合国人权委员会特殊报告委员会起草的最后报告——《人权和环境原则宣言(草案)》,从实体意义和程序意义上规定了环境权的内容。实体权利包括:(1) 免受环境污染恶化和对环境造成的负面影响、威胁生命、健康、生活、福利及可持续发展的行为的危害;(2) 保护和保全空气、土壤、水、海洋层、植物种群、以有权参与为主维持生物多样性和生态环境所必要的基础过程和领域;(3) 拥有关于环境危害不可达到的最高健康标准;(4) 拥有足以维持其福利、安全和健康的食物及饮用水;(5) 有权拥有安全而又健康的工作环境;(6) 在一个安全健康和生态健全的生态环境中获得足够的住房、土地使用权和生活条件;(7) 有权平等地从对自然和自然资源维持和可持续利用中获得收益;(8) 土著人有权对其土地、区域的自然资源保持既有状态并维持他们持续发展的方

① 周训芳:《环境权论》,法律出版社 2003 年版,第 86—87 页。

式。程序权利包括:(1) 所有人有权获得与环境有关的信息;(2) 所有人有权持有、发展和传播有关环境的观点和信念;(3) 所有人有权获得环境和人权方面的教育;(4) 所有人有权获得自由并有意义地参与可能对环境和发展造成影响的计划和决策经过的过程;(5) 为了使用环境或者为了保护环境不受人们损害的权利,所有人有权自由平等地与他人结社;(6) 所有人有权由于遭受环境伤害或此类威胁,在行政或司法程序中获得有效的救济和赔偿。环境权除了最基本的清洁空气和水的权利及享受具有生物多样性的良好的先天环境的权利外,还包括传统民法加以保护的相关日照权、采光权、通风权、安静权等。环境权作为一个由人权本质不断优化发展而来的所呈现出开放而非封闭的特征,正是在其自身的不断发展变化过程中,通过不断吸纳新的人权要素而使其得以不断完善丰富。随着社会经济的发展和人们物质文化生活的提高,环境权作为一项概括性权利,在新的社会环境下要对它作出新的解释,如优美环境享受权,包括眺望权、景观权、亲水权、达滨权、嫌烟权、自决性环境权、享受自然权等,从而使环境权的内容得以充实和丰富。此外,为了实现上述权利,公民应当有享受一些广泛的程序性权利。[①] 关于环境权宪法化,目前国际上有三种模式:第一种是以第一代人权模式宪法化,以自由权为核心的第一代人权实质上是一种民事权利,其特征是:(1) 主体为公民(自然人);(2) 权利和义务相互对立,公民享有环境权,又享有环境义务;(3) 权利的可救济性,即可通过环境侵权进行权利救济。例如《法国环境宪章》第 1 条规定"人人都必须有在

① 参见徐显明主编:《人权研究》(第 2 卷),山东人民出版社 2002 年版,第 397 页。

平衡和健康的环境中生活的权利”；第2条规定“人人都有义务保护和促进自然环境”。《马里宪法》（1992）第15条规定：“每个人都有拥有一个健康的环境的权利。国家和各国人民都有保护、净化环境以提高生活质量的义务。”美国《伊利诺伊州宪法》第11条规定：“每个人都享有对于有利健康的环境的权利，每个人都可以按照立法以法律规定的管理规则和管理的适当的法律程序对任何一方，不论其是政府还是个人，执行这项权利。”《韩国宪法》第35条规定：（1）全体国民均享有在健康、舒适的环境中生活的权利，国家和国民应努力保护环境。（2）环境权的内容和行使由法律规定。（3）国家应通过住宅开发等政策努力使全体国民享有舒适的居住条件。其他采取此种环境权宪法化的还有《智利宪法》（1992）、《俄罗斯宪法》（1993）、《吉尔吉斯斯坦宪法》（1993）、《阿塞拜疆宪法》（1995）、《乌克兰宪法》（1996）。第二种以第二代人权模式宪法化，第二代人权是一种社会权，不靠自己加以救济，而是依靠国家加以保障的救济方式。其主要内容是：（1）宪法仅规定公民享有抽象的环境权，不规定公民的环境义务；（2）规定国家保护环境的法定义务；（3）宪法既不规定也不授权法律规定直接的环境权救济方式。《挪威宪法》（1995）规定：“每一个人有权获得一种有益于健康的和有益于自然条件的生产力和多样性得到保护的环境。自然资源的利用应建立在全面的长期的考虑的基础上，由此未来世代人的这一权利也应该受到保护。为了维护前款规定的公民权利，公民享有被告知自然环境状况和任何已经计划或着手的对自然的侵蚀所产生的后果的权利。国家将制定具体的规定来实施这些原则。”该条款不仅规定了当代人的环境权，也规定了后代人的环境权及国家对后代人的环境义务。因此，对于这种未具体化的“权利”，权利主体无法通过法律手段加以直接救济,《菲律宾宪法》规定:“国家保障和促进人民根据自然规律及和谐的要求,享有平衡的健康的环境的权利。”1994年修正的《联邦德国基本法》(20a条)规定:“国家的义务在宪法制定的范围内通过法律和符合法律的司法权和执行权保护后代生命的自然基础。”因此,宪法中规定的公民的权利不能通过公民的环境权直接行使,但国家又通过法律特殊规定或者在已有法律框架内的司法权和执行权加以特殊保护后代生命的自然基础。现今,此种国家(社会)加以救济的方式为公益诉讼方式,由法律或者司法权程序赋予国家特定区域(团体)或者授权公民代表“社会公益”来保护“世代”或“超地域”的环境权。采取此种模式的还有:《白俄罗斯宪法》(1995)、《巴西宪法》(1990)、《保加利亚宪法》(1991)、《哥伦比亚宪法》(1991)、《匈牙利宪法》(1994)、《蒙古宪法》(1990)、《西班牙宪法》(1978),等等。第三种是以第三代人权模式宪法化的,作为第三代人权的环境权,其特征在于:(1)以第一代人权中的自由权和第二代人权中的社会权为基础;(2)环境权不仅包括了公民(个人)环境权,还包括了社会(国家)环境权,因此,“环境权不仅是个体权利,同时也是集体权利,是一种个体权利和集体权利相结合的第三代团体人权(权利)。因此,可以通过公民、团体、国家等各种救济手段来保障环境权的实现”。[1] 环境权既是一种积极的权利,又是一种消极的权利。“自从柏林在著名的《两种自由概念》中提出‘消极自由’、‘积极自由’两分法后,公法学界基本上接受了这种划分法,将权利分为‘消极权利’、‘积极权利’。其中的消极权利,是

① 李求轶:《湿地法律保护的理论与实践》,载《2004年中国法学会环境资源法学研究会年会论文集》(第3辑),第755页。

指要求国家权力做出相应不作为的权利，自由权即属于这一类型；而积极权利则指要求国家权力做出相应作为的权利，参政权和社会权即然。”[①]正是由于环境权是一种基于“共同财产”基础上的“公共信托”，使环境权具有个体权利和集体权利的属性，是一种团体权利。“正是由于这种整体性与个体性的统一，使得环境权的行使，既可以是集体行为，也可以是个人行为，而对这一权利的救济，既需要采取公法手段，也需要采取私法手段。”[②]环境权作为第三代人权和其他人权一样，存在三种形态：即应有权利、法定权利、实有权利，“三种形态关系不是平行关系，而是层次关系，三者的内容在很大部分上是重叠的。随着人类文明的继续向前发展，它们之间的外延将进一步接近，彼此重叠的部分将日益扩大，但永远存在矛盾，应有权利将永远大于法定权利；法定权利将永远大于实有权利”。[③] 作为第三代人权的环境权宪法化，并从应有权利、法定权利走向实有权利的国家则为数不多。第三代人权是一种连带权利。其不仅是个体权利和集体权利，而且是团体或者人类权利；不仅是当代公民的权利，而且是世世代代公民的权利。其不仅涉及公民的自由权，而且涉及公民的生存权和发展权。就“公共信托”的本质来看，环境权体现了发展权和连带权利的特征。发展权反映了人类生活一体化的时代特征。“人类生活的一体化内含文化的多元性与个体的多样性受到侵犯的危险。发展权基于社会连带考虑，以社会可能招致的各种危险作为自己的内容：一方面，个体有依照自

---

① 上海市法学会编：《宪治征程——纪念现行宪法实施二十周年》，中国法制出版社 2002 年版，第 425 页。

② 吕忠梅：《超越与保守——可持续发展视野下的环境法创新》，法律出版社 2003 年版，第 246 页。

③ 徐显明主编：《人权研究》（第 3 卷），山东人民出版社 2003 年版，第 162 页。

己意愿充分开发自己的潜能，自由发展个性的权利；另一方面，个体有适应社会的发展而同步发展的权利。”[①]环境权的连带性决定了环境权的概括性和多元性。环境权不仅仅是公民环境权，而且是国家环境权、法人环境权。因此，其救济手段，即可以是公法救济，也可以是私法救济，即可以是私益诉讼，也可以是公益诉讼。我们期望着环境权入宪的第三代人权模式的出现，并从法定权利转化为实有权利。

① 徐显明主编：《人权研究》（第3卷），山东人民出版社2003年版，第175页。

宪法基本权利实现机制的比较法研究*

一、宪法基本权利的体系及特点

宪法的结构可分为两大部分:国家组织机构(国家权力)和私人权利。这种分类源于康德的权利科学。“在康德那里,权利现象的分类是多样化的。从理论体系角度看,康德把权利划分为自然权利与实在法定权利;从人们交往的法律上的行动权限角度,康德又把权利划分为天赋的权利与获得的权利。不过,在《法的形而上学原理》一书中,康德更多地注意以私人权利与公共权利的区分来展开他的权利理论。‘全部的权利原则,将在私人权利和公共权利这两个次一级的分类中加以说明’。”[①]在此,私人权利即公民基本权利,公共权利即国家权力。公民基本权利的类型化和综合化,形成公民基本权利的静态体系。公民基本权利是宪法中确定的公民不可或缺的根本权利。“公民基本权利分类由个人

---

* 本文原载于2006年《第三届中国宪法学基本范畴与方法研讨会论文集》。

① 公丕祥:《权利现象的逻辑》,山东人民出版社2002年版,第58页。

权利、政治权利、社会权利三部分组成：所谓个人权利是指自我肯定和保存意义上的古典基本权利，是以人性论与天赋权利为思想基础的独立于国家秩序之外的人的自然权利，包括生命、自由、安全和追求幸福的权利；所谓政治权利是指自我表现意义上的体现公民参与的政治权利，是公民处于国家政治秩序之内的参与公共事务的决策与处理之权利，其基本内容为选举权、被选举权、创制权、复决权与罢免权等；所谓社会权利主要是指为自我实现和发展意义上的社会经济权利，这是20世纪宪法逐步确定并发展起来的基本权利，它包括社会安全的权利、工作的权利、休息和休假的权利、受教育的权利、达到合理生活水准的权利或参与文化生活的权利，这是一种具有积极的受益意义的权利，需要国家干预和帮助方能实现。”[①]这种分类方法与人权的三代权利相比，相当于第一代和第二代人权。“联合国教科文组织前法律顾问卡雷尔·瓦萨克(Karol Vasak)提出‘三代人权’理论。第一代人权形成于美国和法国大革命时期，主要是指公民权利和政治权利；第二代人权形成于俄国革命时期，主要是指经济、社会及文化权利；第三代人权是对全球相互依存现象的回应，主要包括和平权、环境权和发展权。瓦萨克根据公民与国家的不同关系样态将第一代人权定性为连带的权利(the solidarity rights)。”[②]因此，人权宪法化，是公民基本权利的扩张，它不仅有助于宪法中公民基本权利体系的健全，而且也有助于人权的宪法保障，宪法裁判将促进已入宪的人权(公民基本权利)的实现。这是国家职能不断扩张，从警察国家走向福祉国家的必然。这种国家职能的肥大化势必

① 杨海坤主编：《宪法基本权利新论》，北京大学出版社2004年版，第3页。

② 徐显明主编：《人权研究》(第2卷)，山东人民出版社2002年版，第171页。

引起公民基本权利的扩大,从而使基本权利体系也呈现出张弛的动态。

第一代人权为公民的个体权利,第二代人权是以公民个体权利为基础的社会权利,而第三代人权属于"团结(团体)权利",例如,人民自由权、发展权、环境权、和平权。从个体权利到集体权利一直到团体权利是一种人权的发展趋势,也是宪法中基本权利的价值走向。

第一代人权以"自由权"为核心,它不仅指人身自由(免受奴役性的拘束以及苦役的自由、公正程序保障的自由、被疑者的权利、拷问以及残虐刑罚的禁止、刑事被告人的权利)、受益权(请愿权、受裁判保护权利、国家赔偿请求权、刑事补偿请求权)①,而且也包括内心的自由(思想自由、良心自由、学问自由)、表现的自由(集会自由、结社自由)、经济的自由(财产权、职业选择自由、居住和迁徙自由)。②

第二代人权以"社会权"为核心。它是指通过社会来保障权利以及完全为集体规定的权利。第二代人权相对于第一代人权是由个体实现的权利(个体权利)和不靠社会来保障的国家不作为、不干涉的权利而言的,是一种社会权利和保障权利。社会权除了生存权外,还有劳动权和劳动基本权——是要求社会意义上的实质平等。在亚洲国家和地区中,作为基本权利,宪法只规定自由权利,不规定社会权的有马来西亚、新加坡等;规定了自由权,而对社会权设定了没有法律强制力的"国家政策公平原则"乃至"国家政策的指导原则",例如印度、巴基斯坦、斯里兰卡、菲律

---

① 参见〔日〕安藤高行编:《宪法Ⅱ 基本的人权》,法律文化社 2001 年版,第Ⅸ—Ⅻ页。

② 参见〔日〕长谷川正安:《宪法判例和体系》,劲草书房 1974 年版,第 5 页。

宾、尼泊尔、泰国等;而将自由权与社会权不加区别地规定在宪法中的有日本、韩国、中国台湾地区、印度尼西亚、蒙古等。此种对社会权的宪法规定不同处置是与社会权的权利救济机制相联系的。宪法中不规定社会权或者将社会权视为政策或原则,则基本权利不能通过宪法救济加以实现,而只能通过国家制度内部本身加以调节。在日本、韩国等国,社会权与自由权一样,是可以通过宪法裁判等宪法保障程序加以实现的。

第三代人权则属于"团结(团体)权利",例如,人民自决权、发展权、环境权、和平权。从个体权利到集体权利一直到团体权利,是一种人权的发展趋势,也是宪法中基本权利的价值走向。"从个人权利到集体权利的过渡是有其客观性的,因此人们才会提出第三代人权。目前,法律承认人权范围包括只有个人(与其他人分离)才能享有的权利(如生命权、身体完整的权利、隐私权、人身自由权、法律人格权或国籍权),只能与其他人共同行使的权利(如集会自由、结社自由和工会自由、少数群体成员的选举和被选举的权利),个人或法人都可享有的权利(如财产权、工会权利、宗教社团自由和政党参加选举的权利),只能通过社会来保障的权利(特别是在性质上属于'第三代人权'的社会经济权利)以及完全为集体所规定的权利(特别是对少数人的传统保护以及属于'第二代人权'的团结权利)、人民自决权、发展权、环境权和平等权等。"[①]第三代人权性质上属于团体权。因此,其宪法救济程序或实现机制应有别于第一代人权和第二代人权,应构建一种特殊的权利保障机制。

---

① 〔奥〕曼弗雷德·诺瓦克:《民权公约评注》(上),毕小青、孙世彦译,夏勇审校,生活·读书·新知三联书店 2003 年版,第 14—15 页。

我国正从传统“人治”走向“法治”社会，在宪法基本权利的演变过程中，我国《宪法》在指导思想上从否定人权到肯定人权。“我国前三部宪法将‘国家机构’置于‘公民基本权利和义务’之前。1982 年《宪法》则将这一位置作了调整，将‘公民基本权利和义务’放在‘国家机构’之前。这不仅是简单的位置变动，更是立宪思想上的一大变化。它理顺了国家权力和公民权利之间的关系。它将国家权力的合法基础置于公民权利的基础之上。‘主张放在前面是突出国家权力属于人民，先有公民的权利，才有国家的权力。这种写法符合近年世界宪法的发展趋势。’”“2004 年 3 月 14 日第十届全国人大第二次会议通过的宪法修正案，将‘国家尊重和保障人权’写入了宪法。这是社会主义人权发展的重大突破，是中国人权发展的重要里程碑；这是新中国宪法基本权利方面取得的最重大的进步。”[①]然而，由于中国目前尚处于社会主义初级阶段，政治和经济发展不平衡，仍属于发展中国家行列。因此，“通过我国现行宪法公民基本权利与国际人权公约之间的对比，我们会发现，目前我国宪法关于公民基本权利的规定落后于世界潮流，内容不够全面。与两个国际人权公约相比较，我国现行宪法没有规定或者规定得不全面或不够明确的公民基本权利多达二十余项：(1) 自决权（自由决定自己的政治地位并自由谋求自己的经济、社会和文化的发展）；(2) 享受公正和良好的工作条件权（特别是安全卫生条件、晋升机会同等和带薪休假权）；(3) 组织和参加工会权；(4) 罢工权；(5) 社会保障权；(6) 获得相当的生活水准权；(7) 免于饥饿权；(8) 达到最高的体制和心

① 公丕祥主编：《法制现代化研究》，南京师范大学出版社 2006 年版，第 10—11 页。

理健康标准权；(9) 受教育权（特别是初等教育一律免费，中等教育和高等教育逐渐免费）；(10) 享受科学进步及其应用所产生的利益权；(11) 科学、文学或艺术作品所产生的精神上和物质上的利益受保护权；(12) 生命权；(13) 免受酷刑或残忍的、不人道的或侮辱性的待遇或刑罚权；(14) 不被强迫奴役权；(15) 不被强迫或强制劳动权；(16) 人身安全权；(17) 被拘捕人在合理时间内受审判或被释放权；(18) 被剥夺自由的人的人道待遇权；(19) 不因无力还债而被监禁权；(20) 自由迁徙和选择住所权；(21) 在法庭和裁决面前一律平等权；(22) 无罪推定权；(23) 受刑事指控时最低限度司法保障权（包括迅速告知被指控的性质和原因、有相当时间和便利准备辩护并与自己选择的律师联络、受审时间不被无故拖延、出庭受审并进行辩护、诘问证人、免费获得程序援助、不被强迫认罪等）；(24) 上诉权；(25) 私生活不受非法干涉权；(26) 思想、良心自由权；(27) 直接或通过代表参与公共事务权；(28) 平等参加本国公务权。对于国际条约中的这些基本人权，凡我国不持保留意见的，在修宪时应该自觉考虑与之衔接和协调，将它们载入宪法，明确规定为我国公民的基本权利”①。

二、宪法基本权利实现机制

宪法是一切法律之母，是国家的根本法，具有最高的法律效力。宪法中公民基本权利的实现是宪法效力的体现。“徒法不足以自行”，纸面之法无实现机制就会成为具文。宪法公民基本权

① 杨海坤主编：《宪法基本权利新论》，北京大学出版社 2004 年版，第 5 页。

利的实现机制,无非是通过三种方式:一是宪法本身的实现机制。这就是宪法中的公民基本权利对第三人有约束力。二是宪法对下位法的矫正,使下位法与宪法中的基本权利保持一致。这就是违宪审查制度。三是宪法通过下位法来实现基本权利的权能。例如,通过民法对具体人格权的保护的诉讼方式,落实宪法中公民的人格权;通过行政诉讼方式间接地促使行政机关履行保护公民基本权利的法律义务;等等。

不同时代的基本权利,即不同代别的人权,由于其自身的权利特点,其宪法实现的保障机制和方式也是各不相同的。

第一代人权是以"自决权"为核心的基本权利,因此,它是一种国家消极不作为的宪政倾向,而对于国家积极作为的侵害,它一般通过基本权的直接效力或对第三人的效力加以实现。第二代人权是以"社会权"为基础的基本权利群,因此,它是一种国家积极作为的权利,对于国家消极不作为的侵害,它一般通过行政控告或行政诉讼救济程序进行。第三代人权称为"团体权",它既是个体权利,又是集体权利。例如"环境权",根据不同情况,既可以通过私益诉讼,也可以通过公益诉讼加以解决。它可能是民事诉讼、行政诉讼,甚至是刑事诉讼。

不管是何种诉讼方式,诉权是现代法治社会中第一制度性的人权(也应称为公民基本权利)。"人权的道德应然性往往缺少对应性的实然性保障,即便这种道德应然性转化成法律上的应然性也不可能获得完全的实然性内涵。从法律制度上来看,相对于政府的保障责任而言,唯一可以从平等性和穷尽性来保障法律上人权的实然性的只有诉权,也就是法律制度应当保证公民个人可以享有自由地陈述保障人权要求的权利。这种权利相对于其他法律上的人权而言是基础性的,也是绝对的。如果一种法律制度不能绝对地保障公民提出保障人权要求的权利，那么，法律上所确定的人权也就不具有实然性的价值，法律上的人权应然性也就无法得到实然性的支撑，法律在保障人权中的作用就不可能超越道德对人权的保护水平。所以说，诉权是现代法治社会中第一制度性的人权。"[①]

(一) 公民基本权利对第三人的效力

"宪法基本权利是个人作为人的固有特征的主张(Claims)或资格(Entitlement)。它是每一个公民相对于国家机构、公共机构、社会团体和组织的权利。它是受国家强制力保证实施的法律权利，而非道德权利或自然权利。公民为了享有或行使宪法权利，可以基于宪法要求国家不得实施或者应当实施某些对基本权利的影响、限制、克减或剥夺等行为。"[②]这种公民对基本权利的侵害要求国家不作为或者作为的请求权，即宪法意义上的直接诉权。它形成"'人权的第三者效力'，也称'宪法权利的私人间效力'，是指宪法中规定的基本权利在私人以及私人团体之间的效力。即当一个公民的宪法权利遭到来自公权力以外的私人或私人团体(相对于国家公权力的第三者)的侵害，此公民可以通过行使'诉权'的方式得到司法上的救济"。[③] 在宪法理论中，关于基本权利对第三人的效力，主要有三种学说：(1) 无效力说；(2) 直接效力说；(3) 间接效力说。关于基本权利对第三人的效力，最高源于德国联邦宪法法院的判例。"1957 年，联邦劳工法院在著名的'单身条款'案中指出，以契约规定'维持单身'条款违反基本

---

① 莫纪宏:《现代宪法的逻辑基础》，法律出版社 2001 年版，第 304—305 页。

② 周伟:《宪法基本权利:原理·规范·应用》，法律出版社 2006 年版，第 1 页。

③ 张庆福主编，莫纪宏、沈开举主编:《宪政论丛》(第 3 卷)，法律出版社 2003 年版，第 564 页。

法保障的婚姻及家庭制度、人性尊严以及人格发展权等，应属无效。其法理学基础就是采纳了基本权利对第三人直接效力的学说。1958 年德国联邦宪法法院在‘路特案’（Lueth）中进一步指出，通过民法上的公序良俗概括条款，可以实现基本权利及其效力在民事关系中的实践，提出基本权利通过有关法理的适用，对第三人间接效力的观点。此后，德国联邦宪法法院均坚持基本权利对第三人间接效力的观点。”①关于中国宪法对第三人的效力，周伟教授持肯定观点，理由是：“一是《宪法》直接拘束个人的行为，这是指《宪法》要求个人不得侵犯任何《宪法》规定的国家利益和社会公共利益。例如，《宪法》第 9 条第 2 款规定‘禁止任何组织或者个人用任何手段侵占或者破坏自然资源’；第 10 条第 4 款规定‘任何组织或者个人不得侵占、买卖或者以其他形式非法转让土地’；第 12 条第 2 款规定‘禁止任何组织或者个人用任何手段侵占或者破坏国家的和集体的财产’。在《宪法》的这些条款中，直接拘束的对象，包括了国家权力以外的个人、组织，显然调整的是国家与个人之间的关系，要求个人不得侵犯国家的、公共的利益。”“二是宪法基本权利直接约束第三人的行为，要求国家机关以外的个人，不得侵犯《宪法》确认公民享有的某些基本权利。例如，《宪法》第 36 条第 2 款规定：‘任何国家机关、社会团体和个人不得强制公民信仰宗教或者不信仰宗教，不得歧视信仰宗教的公民和不信仰宗教的公民。’第 3 款规定：‘国家保护正常的宗教活动。任何人不得利用宗教进行破坏社会秩序、损害公民身体健康、妨碍国家教育制度的活动。’第 40 条规定：‘中华人民共

① 周伟：《宪法基本权利司法救济研究》，中国人民公安大学出版社 2003 年版，第 39 页。

和国公民的通信自由和通信秘密受法律的保护。除因国家安全或者追查刑事犯罪的需要，由公安机关或者检察机关依照法律规定的程序对通信进行检查外，任何组织或者个人不得以任何理由侵犯公民的通信自由和通信秘密。’第41条第2款规定：‘对于公民的申诉、控告或者检举，有关国家机关必须查清事实，负责处理。任何人不得压制和打击报复。’”“在上面提到的3个宪法基本权利条款中，《宪法》在确认公民享有这些基本权利的同时，都直接提到了禁止任何个人侵犯他人享有的这3种基本权利。可见，从《宪法》规定的字面解释，至少这3个《宪法》条款的规定，完全没有被排除直接拘束国家权力以外的个人的行为的范围。”[①]笔者认为，我国宪法并没有明确规定宪法对第三人的效力。因为宪法中并没有明文规定宪法基本权利的司法救济方式，同时，我国也无直接受理宪法诉讼的宪法法院或者宪法法庭。在我国现有的司法体制下，是通过宪法司法化或者宪法私法化两种途径对宪法基本权利加以间接保障的。

（二）宪法诉讼

狭义上的宪法诉讼是指违宪审查诉讼，它是间接保护公民基本权利的法律方式。由于各国司法体制不同，宪法裁判主要有美国模式和德国模式。美国模式是通过联邦最高法院行使违宪审查来进行宪法裁判的；欧洲模式以德国为样板，是通过诉至专门性的宪法法院（作为例外的有，法国成立宪法委员会替代宪法法院职能）来行使宪法裁判职能的。违宪审查的目的在于维护宪法的权威和最高效力，防止下位法解构上位法，从而保障宪法中公

① 周伟：《宪法基本权利司法救济研究》，中国人民公安大学出版社2003年版，第40—41页。

民基本权利的实现。因此,违宪审查是有效地保障人权的不可或缺的前提条件。宪法诉讼适用程序不同于普通(民事、刑事、行政)诉讼程序。宪法诉讼适用特别的宪法诉讼程序法。在采取德国模式的国家,宪法法院不仅仅受理违宪审查案件,也对公权力侵犯具体基本权利时提起的宪法诉愿进行裁决。“根据《联邦宪法法院法》第 90 条第 1 项的规定,任何人(jedermann)都有权向联邦宪法法院提起宪法诉愿案。这也就是说,任何人当其基本权利或在《联邦基本法》第 33 条、第 38 条、第 101 条、第 103 条和第 104 条所规定的权利受到公权力的侵害时,均可提起宪法诉愿案,成为该案的当事人。”①因此,广义上的宪法诉讼还包括对公民基本权利进行裁决的法律救济。

(三)间接性救济方式

宪法的基本权利一般都具有抽象性、原则性。它往往通过下位法加以具体化和现实化。宪法通过具体部门法来间接实现公民基本权利的保护,是宪法的间接保护方式,它和违宪审查制度共同从反面和正面间接地维护宪法的权威,形成宪法的“母法”效力。这种保护方式是世界各国的通例。但在英美法系国家,由于采取普通程序,宪法与部门法对其基本权利的保护并无特殊程序规定,似乎无特别区分宪法与民法、行政法、刑法等部门法保护的必要性。而在大陆法系国家,宪法程序与普通民事、行政、刑事程序不同,因此,区别“母法”的直接保护和“子法”的间接保护不仅仅是法律体系上衔接的需要,而且也是基本权利保护方式“对号入座”的司法安排。我国没有英美法系的违宪审查制度,也没有大陆法系的宪法法院制度。因此,在目前体制下,对基本权利的

---

① 刘兆兴:《德国联邦宪法法院总论》,法律出版社 1998 年版,第 92 页。

保护就特别要依赖部门法的救济方式。我国司法对基本权利的保护是通过宪法私法化和宪法司法化来实现的，更确切地说，是通过民事、行政、刑事程序加以实现的。

齐玉苓受教育权案就是中国宪法私法化的第一步。"1990年，齐玉苓通过了统招考试，并被山东济宁商校录取为财会专业委培生，但其录取通知书被中学同学陈晓琪及其父盗用，济宁商校、腾州市教委以及原所在中学腾州八中负有部分责任。陈冒名上学读完了商校，以后又冒名在银行工作；齐则一直未收到录取通知书而不知事情真相，因而失去了委培上学的机会，只能在一家工厂工作，并后来改上技校。十年后，齐玉苓偶然发现其中原委，因而在法院状告陈晓琪等侵犯了其姓名权和受教育权。山东枣庄市中级人民法院判决被告侵犯了原告姓名权并赔偿原告的精神损失，但认为原告已放弃了受教育权。上诉后山东省高级人民法院向最高人民法院请示由姓名权纠纷引发的受教育权问题。最高人民法院的批示回复：'经研究，我们认为，根据本案事实，陈晓琪等以侵犯姓名权的手段，侵犯了齐玉苓根据宪法规定所享有的受教育的基本权利，并造成了具体的损害后果，应承担相应的民事责任。'山东省高级人民法院据此判决，被告陈晓琪及其父亲陈克政必须赔偿原告因受教育权被侵犯而蒙受的直接与间接损失，其他被告——包括本案所涉及的商校、中学和市教委——负连带责任。"[①]在此，人民法院受案依据是《民法通则》和《民事诉讼法》，判决也是被告承担民事责任。它实际上是宪法中的基本权利通过私法(民法)的救济方式加以保障的实例。它没有适用特殊的宪法诉讼程序，也没有直接适用宪法规定，因此，它是一种

① 张千帆：《宪法学导论——原理与应用》，法律出版社 2004 年版，第 166 页。

间接保护方式。

“宪法司法化”的典型案例是称为“中国乙肝歧视第一案”的行政诉讼。是宪法“平等权”司法（公法）化，通过行政程序对公民平等就业权加以保护。安徽青年张杰（化名）2003 年从当地某大学环境专业毕业，并于 6 月 30 日参加了安徽省国家公务员考试，报考的是芜湖县委办公室经济管理人员，笔试和面试的成绩在近百名竞争者中排在第一位，然而在随后的体检中却被检查出感染了乙肝病毒；9 月 25 日，芜湖市人事局正式宣布张杰体检不合格不被录取。2004 年 1 月 10 日，张杰正式向芜湖市人事局所在的新芜区人民法院提起行政诉讼，状告人事部门“歧视乙肝患者”。不管该案结果如何，张杰只能申请法院撤销芜湖人事局不录取的决定，是对宪法中的平等权加以现实化。但它适用的是行政诉讼程序，并不直接引用宪法的基本权利规定作为判决依据。这就是狭义上的“宪法司法化”，它有别于纯粹通过私法程序的“宪法私法化”。

中国社会处于经济、政治转型期，宪法对公民基本权利的保护采取的是渐进性的“旧瓶装新酒”，因此，形式上并不重要，而关键在于赋予宪法基本权利具有诉权之性质，促使其以字面上的权利上升为现实权利。另外，对类似“环境权”的第三代人权的诉讼方式，应在借鉴世界的经验和理念、扬弃第一代和第二代人权保护方式上加以创新。

西法东渐一隅:从“私犯”看“私诉”*

前言

中华法系本质上属于刑法法系。在中国近代法之前,从《法经》到封建法集大成者《唐律》,再到《宋刑统》《大元通制》、明清律例,都毫无例外地以威吓刑罚为治国根本手段,在此,法并无公私法之划分和公诉与私诉之区别。公法事无巨细地渗入社会生活的各个领域,同时加入“三纲五常”之伦理规范。中国社会是一个单元社会,国家与社会重叠,严格意义上的私法并不存在。但从宋元开始,中国一些著名的思想家在经典论著中也闪现过私法的思想火花。清末制定民律、商律,颁布诉讼律,结束“诸法合体,以刑为主”的中华法系传统,由此开始了西法东渐的漫漫历程。笔者拟从“私犯”之中西法文化比较的角度,在程序法上以公私之对立后私诉移植入中国为线索来探讨中华法系的解体和西法东渐的历史进程。

---

* 本文原载于《2006 年上海市法学会比较法研究会成立大会论文集》。

中国“西法东渐”的法律移植模式不同于日本的“脱亚入欧”的法律移植模式，它是一条以“中西体用”（中学为体，西学为用）的实用主义法律移植路径。这个过程强调的是法系的量变，而不是突变剧变性的质变，它追求的是一种中式的和谐社会，即既迎合时代潮流，移植先进的西法，又固守本土资源，传承中华法系之传统，形成了延续百年的西法东渐之历史长河。

一、从“私犯”看“私禁”

私法的源头罗马法将所有侵犯他人或社会利益的行为统称为“不法行为”，不法行为（广义上的犯罪）又分为公犯（delictum publicum）、私犯（delictum privatum）。对于公犯，由国家处以刑罚（Poena Publica）；对于私犯，则是相对于个人而接受刑罚。“私犯的概念，有关诉讼和刑罚所具有的，私人和债的特点，这些都是原始制度的残余，根据这种原始制度，犯罪是产生债的真正的和唯一的渊源。但在古典法和优士丁尼法中，这个范围解体了。盖尤斯和优士丁尼的《法学阶梯》都只列举了四种形式的私犯：盗窃、抢劫、损害、侵辱。”“产生于私犯的诉讼区分为罚金之诉、损害赔偿之诉和混合之诉。”①因此，在古罗马法中侵权法（私法）与犯罪法（刑法）并无严格区分。“对私犯的制裁最初是为了取代报复行为而出现的，因而它说到底仍保留着惩罚的特点，尽管表现为不同程度。正是由于这一原因，甚至根据优士丁尼法还可以针对盗

---

① 〔意〕彼德罗·彭梵得：《罗马法教科书》，黄风译，中国政法大学出版社 2005 年版，第 307 页。

窃提出三种不同的诉讼，一种是刑事诉讼，另一种是关于私犯的诉讼，据以要求向受害人支付一笔罚金，还有一种是要求返还被窃物的对物之诉（in rem）或者要求返还物的价款的对人之诉（in personam）。与关于侵权的诉讼相对应的是最后两个救济手段，而不是关于私犯的诉讼。”[①]在罗马法中，“私犯”虽是犯罪，但并非对国家犯罪，非由国家公诉，而可以私诉，并由私人受益，这是近代民法的侵权诉讼的萌芽。难怪英国著名法制史学家梅因（maine）曾说“古代社会的刑罚不是‘犯罪法’、而是‘不法行为法’，而用英国的术语则是‘侵权行为法’。原始法律中，‘侵权行为’被大量地扩大了”。[②] 在汉语系的日本法中，至今仍将私法中的“侵权行为”称为“不法行为”，可见，民法法系的罗马法传统之根深蒂固。

明朝的著名思想家刘基（刘伯温）在所著《郁离子》之《刑赦》篇中写道：“郁离子曰：‘刑，威令也，其法至于杀，而生人之道存焉。赦，德令也，其意在乎生，而杀人之道存焉。’《书》曰：‘刑期于无刑。’又曰：‘眚灾肆赦，此先王之心也。’是故制刑，期于使民畏，刑有必行，民知犯之之必死也，则死者鲜矣。赦者所以矜愚蠢，宥过误。知罪不避，而辄原焉，是启侥幸之心而教人犯也；至于祸稔恶积，不得已而诛之，是以恩为阱也。然则赦令卒不可行与？曰法有二：有古今之通禁，有一代之私禁。古今之通禁，恶逆也，杀人伤人及盗之类也。而释勿治，是代之为贼也。一代之私禁，茶、盐、钱、币之类也，民无以为生而官不能恤，于是乎有犯，虽

① 〔英〕巴里·尼古拉斯：《罗马法概论》，黄风译，法律出版社 2000 年版，第 218 页。

② 〔英〕梅因：《古代法》第十章，转引自江平、米健：《罗马法基础》，中国政法大学出版社 1987 年版，第 279 页。

难以为常，原情而贷之可也。”[①]在此，他将法律分为两类：有古今的通禁，是阻止作恶，如杀人、伤人及盗窃等类，如果赦免不治罪，就无异于替他作盗贼。所谓一代私禁，是指对茶、盐、钱、币等类，国民无法维持生活，官吏又不能救济他们，于是有的违犯了禁令，虽然不能一概赦免，但只要根据实际情况还是可以宽恕和赦免的。因此，中国古代的公禁（通禁）、私禁是以是否“民生”物品为标准而言。私禁也是犯罪，使用的自然是刑罚手段，但可以根据情况予以宽恕或赦免，但不存在着对私人的救济手段。因为，在中华法系中，即使是民生之计的茶、盐、钱、币也是官营或者国有的。对其进行救济，使用刑罚手段即可，无须有对私人的救济。据此，中华法系的国家法纯粹是一种公法。“‘公’的价值意义中最主要的和最核心的是把国家、君主、社会与个人贯通为一体，并形成一种普通的国家和社会公共理性。”[②]表现在司法上就是实体法与程序法合为一体，由行政长官担任法官，进行升堂讯问审理。

这种私禁在清末发展为《大清律例》中的走私罪、私铸铜钱罪、私盐罪和私茶罪。《兵律・关律》中的“私出外境及违禁下海”条规定：“凡将马牛、军需、铁货、铜钱、缎匹、绸绢、丝绵私出外境货卖及下海者，杖一百；挑担驮载之人，减一等。物货船车并入官，于内以十分为率，三分付告人充赏，若将人口、军器出境及下海者，绞（监候）。因而走泄事情者，斩（监候）。其该拘束官司及守把之人，通同夹带，或知而故纵者，与犯人同罪；失觉察者，（官）减三等，罪止杖一百，军兵又减一等。”《刑律・诈伪》中规定：“凡私铸铜钱者，绞，匠人，罪同；为从及知情买使者，各减一等。告捕

① 伊力主编：《刘伯温智谋全书》（上册），中州古籍出版社 1999 年版，第 179 页。

② 刘泽华、张荣明：《公私观念与中国社会》，中国人民大学出版社 2003 年版，第 5 页。

者,官给赏银五十两。里长知而不首者,杖一百;不知者,不坐。若将时用铜钱剪错薄小,取铜以求利者,杖一百。若(以铜铁水银)伪造金银者,杖一百,徒三年。若带有军器者,加一等(流二千里)。盐徒诬指平人者,加三等(流三千里)。拒捕者,斩(监候)。盐货车船头匹并入官。引领牙人及窝藏(盐犯)寄顿(盐货)者,杖九十,徒二年半。(受雇)挑担驮载者,杖八十,徒二年。"《兵律·宫卫》规定:"凡犯私茶者,同私盐法论罪。"以上"私禁"法条实际上是一种破坏国家经济秩序的犯罪。

刘基之私禁(私犯)与公禁(公犯)之区分以及国家治理策略,虽有"私禁"涉及私人利益,与"公禁"不同,其虽与罗马法以私益、公益为标准划分公法与私法不可同日而语,但其带有"私法"的思想火花是确定无疑的。

二、从"公诉"到"私诉"

"在中国古代,不仅实体法与程序法不分,而且在程序法中,也是民事诉讼与刑事诉讼合在一起的。而这一传统,已经远远落后于世界法律发展的潮流了。对此,沈家本强调:'泰西各国诉讼之法,均系另辑专书,复析为民事刑事二项。凡关于钱债房屋地亩契约及索取赔偿者,隶诸民事裁判;关于叛逆伪造货币官印谋杀抢劫盗窃诈欺恐吓取财及他项,应遵刑律定拟者,隶诸刑事裁判。'"[①]私诉从公诉中分立标志着市民与国家的逐渐分离,也是中国司法近代化

① 何勤华:《西法东渐与中国司法的近代化》,载《人大法律评论》2001年第2期。

的过程。这个过程就是“西法东渐”的历程。

中国的私诉的历程经历了私法(民法、商法)的产生以及私法的程序法《民事诉讼法》的诞生。由此在国家法领域形成了公诉与私诉之分立。19世纪,清廷聘请日本法学家冈田朝太郎、松冈义正、小河滋次郎、志田钾太郎等人到修订法律馆,协助沈家本、伍廷芳等人起草《大清新刑律》《大清刑事诉讼律》《大清民律草案》等法典。

1906年出台了《大清刑事民事诉讼法草案》,《大清刑事民事诉讼法草案》在名称上首次将刑事诉讼与民事诉讼分立。其基本体例如下:第一章为总纲,主要规定了刑事诉讼和民事诉讼共同适用的制度、两种诉讼的区别、诉讼时限、公堂、各类惩罚等,共计4节。第二章为刑事规则,主要规定了逮捕、拘传、搜查、传唤、关提、拘留、取保、审讯、裁判、执行各刑及开释等刑事诉讼程序,共计7节。第三章为民事规则,主要规定了传票、诉讼标的500元以下和500元以上的案件的诉讼、审讯、拘提图匿被告、判案后查封产物、判案后监禁被告、查封在逃被告产物、减成偿债及破产物、和解、各票及讼费等民事诉讼程序,共计11节。第四章为刑事、民事通用规则,主要是关于律师(弁护士)、陪审员、证人、上控(上诉)的规定,共计4节。第五章为中外交涉案件,规定涉外案件应当依照当时的条约审讯。另附《颁行例》3条。草案在体例上虽采用“刑民合一”,但已经注意到两者在性质和功能上的区别,“关于钱财、房屋、地亩、契约及索取赔偿者,隶诸民事裁判;关于叛逆、伪造官币、官印、谋杀、故杀、抢劫、盗窃、欺诈、恐吓取财及他项应遵刑律拟定者,隶诸刑事裁判”。同时,引入英美司法风格和制度,如法庭审理交叉询问制、陪审制度和律师制度。另外,还保留大量传统用语,如钱债(第2条)、违例论(第19条)、公堂(第

21 条)、两造(第 50 条)、具结取约(第 121 条)、中人(第 187 条),等等。在移植外国法过程中,清末洋务派首领张之洞没有对西法(罗马法)传统有清醒正确的认识,他"在反对《大清刑事民事诉讼法草案》的奏折中,就认为西方是先有实体法,后有程序法,以此抨击诉讼法超前于实体法"。而实际上,大陆法系的源头罗马法就是实体法与程序法并存于法典中,而英美法更注重程序正义,从程序法中发展出实体法。该草案后来因争议而成为废案。

1911 年,沈家本主持拟定了《刑事民事诉讼暂行章程》草案。该草案共 6 编 390 条,分别为:第一编:"总则"8 章,分别为审判衙门、当事人、法庭及讯问到案人、日期及期间、送达、证据、裁判、书状;第二编:"民事案件"5 章,分别为管辖、多数当事人、诉讼费用、地方审判厅第一审程序、初级审判厅之程序;第三编:"刑事案件"10 章,分别为管辖,司法警察官吏,被告人之讯问、传唤、句摄及羁押,检证、搜索、扣押及保管,证人,侦查处分,预审处分,急速处分,第一审程序、大理院特别案件之诉讼程序;第四编:"上诉及再审"5 章,分别为上诉通则、控告、上告、抗告、再审;第五编:"私诉"两章,分别为私诉第一审程序、上诉及再审;第六编:"裁判之执行"9 章,分别为民事强制执行通则、金钱债权对于动产之强制执行、金钱债权对于债权及其他财产权之强制执行、金钱债权对于不动产及船舶之强制执行、金钱以外债权之强制执行、假扣押及假处分、刑事裁判执行通则、刑之执行、疑义及异议之声明。与《大清刑事民事诉讼法草案》相比,《刑事民事诉讼暂行章程》草案明确地将刑事诉讼、民事诉讼程序区分开来。特别是该法专设第五编("私诉"两章,分别为第一审、上诉及再审),是专门关于民事诉讼的程序规定,使"公诉"和"私诉"在程序安排上得以彻底分离。这标志着程序法上已严格区别公法和私法。

在《大清刑事民事诉讼法草案》成为废案时，修订法律馆开始起草单独的民事、刑事诉讼律。《大清民事诉讼律草案》由修订法律馆聘请日本法律顾问松冈义正主持起草，在3年时间完成草案，基本内容和体例、用语都以1890年《日本民事诉讼法》为蓝本。它的起草，不仅改变了诉讼法依附于实体法的传统，改变了民事诉讼附庸于刑事诉讼的法统，同时也再次宣告了中华法系“诸法合体，民刑不分”的解体。

之后，北洋政府以及民国的近代刑事和民事诉讼立法，基本上沿着清末《大清民事诉讼律草案》之脉络，并在西法与中华法系法统的理念相互抗争下，不断得以进化，从而形成立法上、司法上、法律意识（法律文化）上的“西法东渐”的法律移植格局。

关于“律师自治”的比较法研究*

“律师自治”是有关调整律师诸方面的事务都由律师自身加以处置的制度。但律师本身并不具有此种职能，因此，就由律师构成的团体，具体地说是由律师会（律师协会）行使自治机能的。

“律师自治是律师职业所必须的。在此种意义上，新宪法理念下的基本人权的拥护是律师自治确保的关键。自由、平等、独立的理念与和平主义是律师自治的中核性理念。”①

律师自治的内容包括五个方面：(1) 律师协会施行律师考试；(2) 律师协会施行律师实务研修；(3) 律师资格的授予和登录由律师协会负责；(4) 对律师的监督和惩戒由律师协会负责；(5) 设立强制加入的律师协会。

一、律师自治的根源

律师自治的根据首先来源于公正裁判的近代法治国家的要

---

* 本文原载于《全国外国法制史研究会 2007 年年会论文集》。

① 日本律师协会编：《21 世纪弁護士論》，有斐阁 2000 年版，第 148 页。

求，此称为律师自治的政策性根据。为了促进公正裁判，各国毫无例外地在各种诉讼制度中规定了律师参与制度，在刑事诉讼中作为辩护人出现，在民事和其他类型诉讼中，作为代理人出现。为了促进司法公正，律师必须具有一定的法律水准。律师资质保证制度的确立就是确保律师的质量水准，具体上是由国家授予律师资格和行使监督权，这原本就是国家行政作用的范畴。但国家为了保证律师发挥独立的司法职能，就把此种权力让渡给律师协会，这样就更合于律师自治的本来目的。

“在近代国家中，随着法律以及有关审判诸制度的完备与技术化，以诉讼当事人的辩护（代理）为业的律师的作用增大，其成为作为公正审判所不可缺少的措施，因此国家就有意建立了律师制度。在此场合，国家最关心的是律师的资质要保持一定水准以上。因此，有关律师法制，就是朝着良备律师的资质保证的目的而进行。作为律师法制目标的资质保证具体要求有‘资格的授予’和‘监督权的行使’这两种手段。但此两种机能，原来就属于国家行政作用的范围内。因此，国家将该行政作用委付给律师协会。此可理解为，此是为了审判公正之要求，国家作出让与的产物。因为，如果律师受法务大臣的监督，就可以想象律师在特殊的刑事案件中，就不能充分开展辩护活动，就会疏远公正审判的要求。而且，如果律师受法院监督，则在诉讼中就会对法官察言观色，此也有误于审判。因此，无论是受法务大臣监督，还是受法院监督，审判的公正都将会没有保证。在此，国家就把律师的监督权委付给律师协会，从审判公正的国家目的上看，可认为是更合目的。”①

① 第二东京律师协会编：《弁護士自治の研究》，日本评论社 1976 年版，第 4 页。

律师自治的另一根据由来于律师的职业使命。这是律师本质的根据。律师的职业使命是什么。不同时代、不同国家有不同的理解。没有脱离历史的、国家的要素的普遍的答案。“律师像”在英美法系国家和大陆法系国家是不同的，而且自由主义国家和社会主义国家也是不同的。因此，应避免律师自治是伴随着律师概念必然性的立论。例如，从日本律师史上看，从明治初年的无资格代言人时代，经过明治九年(1876年)的代言人规则、明治十三年(1880年)代言人规则、明治二十六年(1893年)律师法、昭和八年律师法的各个时代，逐渐地演化为“律师的使命在于拥护基本的人权”，此在现在律师法第一条加以规定。

虽然抽象的“律师像”尚有疑问，但在第二次世界大战后采取西欧式民主国家，律师使命大体上形成普遍的概念。此就是现行律师法第一条的说明“拥护基本人权，实现社会正义”。在此种“律师像”前提下，律师自治就是律师职业所必然伴随的根据。

律师的使命是拥护基本人权，因为侵害基本人权的是国家权力，因此律师是作为国家权力的批评者而行动的。具体地说，在刑事案件中，律师则作为保护被告人的人权而行动的，在行政案件中也当然如此。在私人的民事案件中，律师的人权拥护针对国家权力似乎并不明显，但在为了依赖者利益而行动上，也是期待着自体性社会正义的实现。

如此，律师既然作为国家权力的批评者而出现，那么，若将其置于国家机关监督之下，就自然无法实施监督，因此，从国家机关监督中走向自由就是为了保全和实现律师的使命。

只有认清基本人权的拥护是律师的使命，所以就不同时间、不同场所,律师自治都是律师职业本身的必然事物。[1]

律师自治除了政策性根据和律师职业使命的根据外,还有制度上的根据。近代民主主义国家,采取权力分立之原则。在司法作用中,国家的法务行政机关有诉追权者的法务省(司法部)、检察厅和保护被诉追者的权利的律师团体——律师协会以及担当裁判权(包括司法行政)的法院。此三者在作用分担和职权行使上处于相互不羁的独立地位。此也是民主的司法运营机制所期待的。为实现此三个法律机关相互抑制机能制度上的保障就是律师协会的自治。[2]

律师自治是与律师职业自由相适应的,律师是无行政隶属身份的自由行业,不是国家行政工作者,也不是社会法律服务者。2001年11月颁布的《德国律师职业条例》规定了律师职业自由原则,该法第1条规定:"(1)律师自由、自决和不受管制地从事其职业,但法律或职业条例为其特别设定义务的除外。(2)律师的自由权利确保公民享受权利。律师的活动服务于法治国家的实现。(3)律师作为在一切法律事务中皆独立的咨询人和代理人,应当保护其委托人免遭权利损失,以架构权利、避免冲突和调解纠纷的方式伴随委托人,保护委托人免遭法院和行政机关错误裁判或决定的损害,确保委托人免受违宪行为以及国家越权行为的侵害。"[3]自由职业是律师实行律师自治的前提和基础。中国著名法学家北京大学教授陈兴良认为:"律师职业定位为自由职业,表

---

① 参见第二东京律师协会编:《弁護士自治の研究》,日本评论社1976年版,第5—6页。

② 参见第一东京律师协会编:《弁護士自治権に関する研究》,ぎょろせい1985年版,第45页。

③ 邵建东编(译):《德国法学教育的改革与律师职业》,中国政法大学出版社2004年版,第147页。

明律师职业具有不被官方干预的相对独立性,有利于提高律师职业的威信与地位,充分发挥律师在法治建设中的作用。在一个市民社会,官方权力的行使必然受到来自社会的制约。由于一般民众并不精通法律,需要通过律师介入个案的诉讼或者非诉活动,起到对官方权力的制约作用,从而保障当事人合法权益不受侵犯。而律师这一职能的实现,必然以职业的相对独立性为前提。如果律师职业不是自由职业,而是官方职业,受到行政权力的限制,成为权力的附庸,俗称之为御用律师,那么律师就无法取信于当事人,遑论对官方权力的制约。由于律师必须依法履行职责,因而他所具有的相对独立性不仅不会成为社会的离心因素,恰恰相反,通过律师的业务活动,求得社会公正,更有助于社会的稳定。”①

中国著名法学家杜钢建、李轩教授在《中国律师的当代命运》一书序言中写道:“考察现代法治社会,各国律师无不肩负着维护法律正义、舒缓社会矛盾、平衡司法体制和解悬无辜沉冤的重大使命。设若没有律师,法治大厦势将倾倒;设若没有律师,民主社会顿失灵魂;设若没有律师,司法专权横行无忌;设若没有律师,人间正义何以伸张!”②此正道出世界各国律师的共同使命和司法作用。

中国关于律师自治是否必要,以及律师自治的内容、程度都与不同时期我国对律师性质的认识有关。我国对律师定位从国家法律工作者到社会法律服务者的转变,这种过程是从身份(国家机关工作人员身份)到契约(相对独立并服务于社会的自由职

---

① 王丽、李贵方主编:《走有中国特色的律师之路》,法律出版社 1997 年版,第 50—51 页。

② 杜钢建、李轩:《中国律师的当代命运》,改革出版社 1997 年版,序第 1 页。

业者）的角色转换。但由于我国包括司法体制在内的政治体制改革相对滞后，因此，律师自治的载体律师协会在内部合意、管理职能等方面都远远达不到自治功能的预期。

律师是法治的主体，而不是政治御用的工具。“政治只是人们用来获取他们想要得到的工具，决定与其他工具一起使用或者代替其他工具使用，无异于木匠作出决定：用斧子而不是用锯。工具就其本质来讲缺乏个性或自主性。”[①]律师纯粹为政治而存在，就会丧失自身特有的自主性、独立性，同时，也会导致法律职业理想的变异。

二、律师自治是否违宪

关于律师自治的是否违宪，在此介绍一下日本截然不同的两种观点。

（一）违宪论

1. 律师协会的资格审查、律师登录以及惩戒，其性质上相当于行政事务，但不将其处于行政权的内阁监督之下，所以是违宪的。而像承担行政事务的律师协会，从立法、司法、行政三权中独立，不受任何监督，所以也是违宪的。

2. 律师法的法律形式制定侵害了法官法，所以是违宪的。

3. 律师职业的强制加入侵害了结社自由、职业选择自由以及思想、良心的自由，所以是违宪的。

---

① 〔美〕安索尼·T. 克罗曼：《迷失的律师——法律职业理想的衰落》，周战超、石新中译，法律出版社 2002 年版，第 32 页。

4. 对律师的惩戒权，超过一般的惩戒限度，所以事实上等于设置了特别法院，此是违宪的。

（二）合宪论

1. 从宪法的基本人权保障的构造上看，宪法作为律师的组织原理，当然应采用律师自治，即如果不从国家机关中独立出来，律师就不能完成基本人权的保护，宪法包含着存在保障律师自治的取向。

2. 宪法基本原理的国民主权本身是律师自治的根据。

（1）在律师协会的资格审查、惩戒委员会中，法官、检察官与其他有学识经验者作为委员参加。他们作为代表司法行政监督立场的参与方以及代表国民立场的参与方之监督、管理。

（2）律师法规定，无论何人都可对律师提出惩戒的事由，请求惩戒。此种国民诉追主义是国家受国民监督的体现。

（3）律师自治具有高度的管理性，宪法上作为立法政策应加以确认。即律师与法官、检察官同时担当着司法的重大一翼，鉴于其保护基本人权、实现社会正义的使命、职责，职务上的公共性极强，所以要求其具有相当的独立性。而且律师的集团——律师协会具有充分的自治能力。①

在我国，宪法确立了中国共产党领导的基本原则，同时，又确立了依法治国的治国根本原则。另外，宪法修正案还增加了尊重和保障人权的条款。尽管我国的“律师自治”在现有的框架上如何运作和改革目前尚无最终定案，现仍采取司法行政与律师协会“两结合”的方式，但“摸着石头过河”似的改革似乎没有既定的

---

① 参见第一东京律师协会编：《弁護士自治権に関する研究》，ぎょうせい1985年版，第46—47页。

目标,但是,律师作为一种司法机制中的特定职业,它有着世界上共同的普遍规律,它是民主、自由、法治的社会中不可或缺的生力军。我国实行律师自治并不违宪。权力必须受制约,无制约的权力就会走向腐败,这是千古不变的道理。在建设社会主义市场经济过程中,我们为了确保党的先进性,铲除腐败,除了运用原有体制框架下的司法机关(公安机关、检察机关、审判机关)之外,我们还特别启动了党的监督机关——纪律检查委员会,在新的历史条件下发挥着准司法机关的作用。然而,如果一个机关可以监督别人,而自身又不受监督,同时享有特权,那么,不久的将来,它也将逐步沦落为腐败的滥用权力的机关。在我国20世纪50年代受法律虚无主义思想的支配,一直将律师视为体制外的成分和"为坏人辩护"的政治异己,几乎所有律师在"反右"运动中均受到非人的迫害,最后导致新中国律师制度的停顿。到了20世纪80年代初,我国才恢复了律师制度。律师践行着辩护和其他社会职能,形成了与司法三机关分工和制约的局面。律师制约司法机关不是靠国家权力制约,而是靠自己的职能来捍卫当事人的合法权益(人权)。在日本称律师为"在野法曹",从某种意义上讲,此种称谓反映了司法机制中律师不可或缺的地位和作用。律师自治的落实与健全,有利于社会主义民主和法治建设,这和中国共产党的宗旨和目的是一致的,因此,它有利于党的正确领导。

三、律师自治的根本职能

律师自治的根本性职能有两种:(1)对律师的监督和惩戒由律师协会负责。(2)是否强制加入律师协会。这两种职能是区别律师自治与否和自治程度的关键性因素。现对其进行比较研究。

(一)对律师的监督和惩戒由律师协会负责

无论怎样解释"律师自治"的概念,对律师的监督权是否赋予律师阶层问题是"律师自治"的中心问题。"对律师拥有惩戒权是律师协会自治的本质性构成要素。"①以下首先介绍一下美国对律师的监督机制。

1. 律师资格的授予

律师资格的授予按各州进行,其最终的权能在于州的最高法院(哥伦比亚地区属于哥伦比亚特别行政区高级法院)。但在实际上,是由法院从律师中任命的委员构成的律师考试委员会(Board of Bar Examiners 或者 Board of Law Bar Examiners)决定的。这些委员会具有相当程度的独立地位,表现在委员会具有全国性,致力于资格授予要件和程序的平均化和优化。在此方面,联邦政府律师协会则是任意加入团体或者登记加入团体。在后者,也有的叫进一步形式化(例如证书的登录),也只能向本级委员会的最高法院提出入会者的名簿(例如弗吉尼亚)。律师考试委员会程序以进行受验者的法学素质考试和道德调查来决定是否合格。但关于道德调查,有的州要求由该州的律师之推荐。

2. 纲纪的维持以及惩戒

如前所述,州律师协会毫无例外地以律师的纲纪之维持、提倡为目的,并通过纲纪委员会来完成其目的。关于此方面,令人注目的是,ABA 通过 5 年的检讨,在 1969 年 12 月以代议员会所

① 第二东京律师协会编:《弁護士自治の研究》,日本评论社 1976 年版,第 120 页。

采纳的律师伦理纲领(Code of Professional Responsibility),现在几乎被全部州作为公式化的伦理基准所采用(1971 年末,40 个州正式采用,在其余 10 个州中,7 个州的州律师协会作出决议推荐州最高法院采用)。此种新的纲领全面修改了 1908 年 ABA 所采用的律师伦理规范(Canons of Professional Ethics),它由 9 个基本性规范(Canons)和比这些规范更具体的伦理心得(Ethical Consideration)以及惩戒准则(Disciplinary Rules)构成。

伦理心得就各规范一般地规定了律师应为或者不应为的行为的指导方针。惩戒规范明确地规定了如果抵触该规范就会受到惩戒的最低基准。而且 ABA 除了律师伦理纲领之外,也适用只适用于法官的法官伦理规范(Canons of Judicial Ethics)。此种规范由序言和 35 条构成,就在法庭上的行为、法律实务中的禁止和社会生活中的行为准则的广泛事项作出规定。律师团体的 ABA 制定法官伦理规范,深刻地反映了美国的法官一元制度。惩戒律师的权限也与律师资格授予一样,形式上属于州最高法院(哥伦比亚地区属于哥伦比亚特别行政区最高法院)。然而,关于惩戒程序,规定了足以与刑事诉讼法相提并论的详细规定,在这个过程中,以律师为成员的委员会行使实质上的权限。关于程序的细节,各州多少有些差异。[①]

在日本,律师自治也是一个渐进的认识过程和发展过程。“从代言人规则依赖的我国的律师制度上看,在战前由国家机关统制的体系和由日本国宪法所产生的国家机关统制的彻底性排除的体系之间,存在着‘国民的基本人权拥护和社会正义的实现

① 参见第二东京律师协会编:《弁護士自治の研究》,日本评论社 1976 年版,第 193—195 页。

的律师的重要使命'。的宪法要求。为了贯彻这种使命,律师必须从国家的权力上独立出来,这是我国历史和战前司法制度实质上看所必须的。因此,排除国家机关权力的介入的高度自治,应是我国律师所公认的。可以说,我国律师自治就在对战前律师制度的存在进行反省的基础上,通过日本国宪法所发生的历史产物。这种规律对于律师自治的意义和根据才是合理性的,也是律师自治历史的意义。"①

"1946 年 9 月,司法省成立了律师法修改准备委员会,专事律师法修改案的研究和制作。为了充分反映律师的呼声,这一委员会的半数人员由律师参加,委员长也由律师担任。于是在当年的 12 月,由该委员会提交的修改草案中,律师自治原则被隆重推出,并在律师监督问题上作了以下的具体提议:(1) 由日本全国的律师协会设立日本律师联合会,所有的律师协会和日本律师联合会均为法人,原来由司法省备案的律师名册移交日本律师联合会管理,并由其负责律师注册的具体事项;(2) 废除司法大臣对律师协会的监督权;(3) 废除对律师的惩戒裁判制度,赋予日本律师联合会和律师协会对律师的惩戒权限。

针对这一草案,裁判所、法务省和律师之间展开了激烈的论争。对律师方面提出的监督权限的问题,来自裁判所、法务省的反对意见认为:要么保持由法务大臣行使监督权的原状,要么将该监督权交由裁判所掌管。

在这关系到律师自己今后命运的紧要关头,律师开始了积极活动,要求通过议会立法的形式实现对律师法的修改。律师出身占多数的众议院司法委员会接受了这一要求,并由众议院法制局

① 日本律师协会编:《21 世纪弁護士論》,有斐阁 2000 年版,第 146 页。

将前述草案进一步条文化，然后递交国会审议。

1949 年 5 月 30 日晚 10 时许，众议院以 1/3 多数票通过了律师法的修正案，现行的律师法由此诞生。律师长期以来渴望实现的自治原则也终于由这部划时代意义的法律而正式登场。律师从此彻底摆脱了旧体制下的矮裁判官、检察官一等的地位，实现了自我管理的梦想。"①

(二) 是否强制加入律师协会

在美国，律师团体由联邦级、州级以及地方(市或郡)级的不同级别组织构成。一个律师可加入各州级的律师团体(不过，这些团体相当数量是任意加入团体，所以，也可以不加入任何团体)。在此，从所谓律师自治的观点上看，最重要的是州级的团体。正因为如此，在美国，律师资格的授予属于各州的权限，各个律师的业务范围，原则上在自己所在的州中进行。现在全部 50 个州和哥伦比亚(Colombia)地区有一个(成为例外的两个)全美律师协会。其中，哥伦比亚地区和 30 个州[但若除去阿肯色州(Arkansas)，只有 29 个州]中，是全员强制加入的综合制，其余的州则是任意加入制。全国的律师团体最著名的是 ABA，除此之外，还有以司法运营改善为目的的团体、受雇于联邦政府或者以联邦机关为活动场所的律师构成的团体、黑人律师团体、妇女律师团体等。它们都属于私人的任意加入制的团体。

在地方的律师团体，达到 1 700 个，它们主要以市或者县为单位构成。像芝加哥律师协会拥有超过 10 000 个会员，开展着活跃的活动。②

---

① 裘索：《日本国律师制度》，上海社会科学院出版社 1999 年版，第 11 页。

② 参见第二东京律师协会编：《弁護士自治の研究》，日本评论社 1976 年版，第 188—189 页。

日本的律师协会采取二级体制。根据昭和二十四年(1949年)6月公布、同年9月1日施行的《律师法》设立、登记的律师协会,除冲绳外,全国共有51个。法律方针应是与地方法院的数量相对应。但除东京根据旧法已经存在3个律师协会作为特别例外之外,律师协会的数量等于全国的地方法院加上2个特别律师协会的数量。

根据《日本律师法》第48条的规定,“律师以及律师协会是日本律师联合会的当然会员”。因此,地方律师协会成为日本律师联合会的会员,另外,它还包括加入地方律师协会的全体律师。因此,日本律师联合会是由个人会员和团体会员构成的双重复合的组织。现在作为日本律师联合会的团体会员的各地方律师协会,除了东京3个,北海道4个之外,每个府县所在地,即以地方法院相对应只存在1个地方律师协会。因此,在现行《日本律师法》下,日本律师协会和日本律师联合会均为强制加入的自治团体。

在历史上,日本律师协会(日本律师联合会的前身)曾经是任意加入团体。“明治二十六年(1951年)的《日本律师法》,沿袭了免许代言人时代的在每一个地方法院设立律师协会,所属律师要全部加入地方律师协会的传统,但并不存在全国性的律师团体。为了形成律师职业阶层,在全国设立形成统一团体是一个要素,并且只有专门职业的共同意识、社会活动和自律活动才能形成。但由于各地律师协会的分立,使这种客观要求成为困难。

因此,在律师阶层中职业意识自觉地不断提高的情况下,渴望组建全国性的律师团体的呼声也不断加强。终于,在明治二十九年(1896年)6月,由当时有代表性的律师鸠山和夫、菊池武夫、磯部四郎、岸本辰雄、冈村辉彦、植村保平召集并作为创立委员,于翌年[明治三十年(1897 年)]2 月 15 日,在日本东京神田的锦辉馆召开了日本律师协会的创立总会。明确日本律师协会是任意性律师团体,创立当初维持会员 150 名,普通会员 546 名,达到接近全国律师数量的半数左右,因此,它名副其实是全国性的团体。"①

与现在的全国性律师团体日本律师联合会是强制加入的公法人,其结果反而是整个团体的统一意见形成和诸种活动的开展都伴随着非常困难和制约的情况相比较,任意性的团体具有自己的活力。"日本律师协会的活动是每周召开评议员会,主要讨论和审议有关司法制度改善的事项,其经过和结论都刊载于录书上。会员中成为众议员的人数也比较多,某种程度上对政府还存在相当压力,因此,它在社会上是强有力的团体。同时,它还通过经常对司法制度和裁判的批评,催促律师的职业性动力,在司法部内其发言权也非常大。像这样日本律师协会之所以成为有影响的团体,具有强大的发言权。是因为该团体是任意性团体,具有可以自由地发表自己的主张的优点。"②

世界上采取律师团体任意加入的国家除美国外,还有法国、英国等国家。"在法国没有法定的律师全国性组织,但现在有作为任意团体的下列组织:全国律师协会(Association Nationale des Avocats, ANA);全国律师联盟(Union Nationale des Avocats);青年律师联盟[Union des Jeunes Avocats (UJA)];律师协会会长会议(Conférence des Batonniers)。"③在英国,"大律师(barrister 指具

① 〔日〕大野正男编:《弁護士の团体》,日本评论社 1979 年版,第 57—58 页。

② 同上书,第 58 页。

③ 第二东京律师协会编:《诸外国の弁護士制度》,日本评论社 1976 年版,第 165 页。

有在高级法院法庭上进行辩论资格的律师)必须附属于四大律师学院(Inns of court)的某一个,与此相对的事务律师(Solicitor)则是加入律师协会,但现在并非是强制加入。其规定律师协会的会员具有三分之二以上通过就可以强制加入。但直至现在并未采取此项措施,尽管如此,律师协会对非加入者在后进的培养、惩戒等方面也是要加以调控的"①。

我国律师事务所蜕变于原作为国家工作机关(隶属于司法局)的法律顾问处。律师事务所原按行政区域设立,称为××市律师事务所、××区律师事务所。律师制度改革后,律师事务所不再以区域相对应设立,律师脱离了国家工作人员编制后可以自由流动,但其管理体制仍然沿用原来的按区域和行政级别设立的体制,我国的律师协会是在承接这种司法行政管理体制某些职能后而设立的,根据目前的《律师法》,形成了全国级中华全国律师协会,省级(省、自治区、直辖市)和地区级(地级市或地区)的律师协会。

四、律师协会的会内合意

设立律师协会的目的是实行律师自治,如果律师协会机制上并未形成会内合意,徒有其表的律师协会将有可能异化为"行政管理"甚至被某些人利用成为滥用权力的工具。这绝不是危言耸听!现介绍一下日本律师联合会对会内合意研讨形成的意见。

---

① 〔日〕三ケ月章、田中英夫:《各国弁護士制度の研究》,有信堂 1971 年版,第 28 页。

（一）在律师自治中会内合意形式的意义

律师应实现的社会职能是以基本的人权保护以及维护社会公平和正义的实现为目标而在广泛领域进行活动。律师协会要实现社会职能也应与此完全相同，这些活动，由律师自治（准确地说，是律师协会自治）最大限度地加以保障。而且，律师自治只有在会内是通过民主的、公正妥当的合意形成才能得到实现。

（二）会内合意的重要性

律师协会的意思决定，根据法律以及协会会则、规则，由意思拟制机关作出，但此是所谓形式上的合意，并非就是会员多数意见的"总意"。但可认为是接近"总意"的合意形成，只是履践以上程序是不充分的，在内容上必须有反映会员多数意见的合意形式，所谓的实质上的合意形成是多数会员的参加，并通过自由的讨论、少数意见的尊重以及出色的领导出现等加以实现的。只有这样的合意，才能实质上保障律师自治和律师以及律师协会的活动。

（三）合意形成的范围

律师以及律师协会为实现人权保护、维护社会公平和正义的实现的职责，其必要的合意应是广泛的。但律师协会是强制加入团体，所以就与思想、信仰相关联的事物，承认对律师的绝对拘束力也是不适当的。

对律师合意应有如下正确见解：

（1）律师自治是为履行律师的人权保护、社会正义的实现的职责而进行的活动，并排除其他方面的"干预"，因此律师协会所进行的社会活动受到高度评价，此与律师自治在理论上并无关系。

（2）为实现律师、律师协会的人权保护、社会正义的实现的职责所必需的合意可广泛地作出，根据合意的活动应积极地作出，但在合意形成上要考虑少数者的意见。

（3）若要反驳对律师活动的会外的不正当攻击，则在会内充分地论议是可加以纠正的。在此以当事人的理解为前提是充实律师自治所必要的。

（4）对具体的辩护行动则是限制在纲纪、惩戒等的司法性程序内进行的，不应是由大众论议性的合意形式，此也不是律师协会原本的方式。[①]

我国目前采取律师协会强制加入制度。律师和律师协会具有天然的身份关系。对此，会内合意与日本律师制度处于同样的重要地位。然而，我国律师制度之中的会内合意并未形成制度。我国目前尽管大部分省市实现律师协会会长由专职律师担任，但律师协会选举机制是否民主、公正却是面临的严重问题。律师协会是自治机关，不同于党派选举，那种以指定担任或者主席团推选方式产生，以及按律师事务所规模大小来确定代表、理事、常务理事乃至会长均与律师自治本意的会内合意不相吻合。当然，我国律师体制改革目前还处于司法行政机关和律师协会"两结合"时期，就有关律师的监督和惩戒权，律师协会只享有其较轻微的处分权，而大部分监督和惩戒权仍然属于行政权范畴，而非律师自治权范畴。但即使就律师协会已享有的部分监督和惩戒权职能部分来看，其运作的程序和方式也是不尽如人意的。因为，律师协会的惩戒权相当于裁判权，所以，对这种权力的行使应该慎之又慎。

---

① 参见第一东京律师协会编：《弁護士自治権に関する研究》，ぎょうせい1985年版，第52—53页。

律师的自由与强制*

序言

“律师自由”是法治国家的原则和必然要求。律师自由的核心是“律师自治”，即律师协会的自治。律师协会自治有其固有的涵义和内容。其精义在于律师实行行业自律，而非他律，即由律师自由选举产生的体现全体律师意志和利益的律师协会实行行业自治。律师自治与律师强制不是绝对水火不相容的，相反，二者统一于律师自由原则这一法治原则中。律师管制和律师强制非同一概念，律师管制是律师自治的天敌和对立面。取消或削弱律师管制，调和律师自治与律师强制的关系，形成互动和衡平的关系，是《律师法》作为社会关系调节器的首要功能。笔者试图通过对“律师自由”原则的比较和分析，论证我国目前司法改革包括“律师自由”原则的确立，从而为诱发律师制度改革提供理论依据和实践操作经验。

---

* 本文原载于《2004 年第四届“中国律师论坛”论文集》。

一、法治准则:律师自由

新中国成立以后,我国经历了由“法制”到“法治”的观念和制度变迁,并在1999年修改宪法时,确立了“建设社会主义法治国家,实现依法治国”的治国方略。亚里士多德认为“法治包括两重意义:已成立的法律获得普遍的服从,而大家所服从的法律又应该是良好的法律”,即“法律至上原则”和“良法原则”。“法治”之涵义在《牛津法律指南》中说的是“一个如此重要,但未被定义,也不能随便就能定义的概念”。其是相对于“人治”来确定内涵的,“人治”是“人的统治”,“法治”是“法的统治”;“人治”是“意志的体现”,而“法治”是“规律的反映”。“良法”源于自然法,自然法是最高之法。为了确定“法治”的内容,1959年国际法学家会议在《德里宣言》中把“法治”确定为三个原则:(1) 立法机关的职能就在于创设和维护使得每个人获得“人类尊严”的各种条件;(2) 法治原则不仅要求为制止行政权的滥用提供法律保障,而且要使政府有效地维护法律秩序,借以保障人们具有充分的社会生活条件;(3) 司法独立和律师自由是实施法治原则不可缺少的条件。法律是社会关系的调节器,法治的根本在于“分权制衡”。洛克认为,“法律的目的不是废除或限制自由,而是保护和扩大自由”。为了保护和扩大自由和保卫人权,就要实行“分权”,以权力制约权力和以权利制约权力。司法是人权的最后保障和救济手段,因此,司法独立是法治不可或缺的要素。司法的体制不是“神笼”,而是“人为的机制”,因此,其程序设计和功能发挥有赖于外部积极的促成要素。律师的参与有助于维护“社会正义”,并且是一种有效制约权力的工具。因为,律师并非国家机构的正式公职人员,但法律却赋予其重要的社会职责。《德国律师法》规定,“律师是独立的司法人员”。加拿大法律规定,“出庭律师属于司法协助人员”。法国《关于改革司法上的一些专门职业的法律》中规定:“律师是以使诉讼程序与司法活动得以完满地进行的法律工作者之一。”《日本律师法》开宗明义地规定:“律师以维护基本人权、实现社会正义为使命,律师必须根据上述使命,诚实地履行职责,为维护社会秩序以及改善法律制度而努力。”1990 年 9 月 7 日联合国第八届预防犯罪和罪犯待遇大会通过的《关于律师作用的基本原则》指出:律师的作用是“为一切需要诉讼的人提供法律服务以及与政府和其他机构合作,进一步推进正义和公共利益的目标”。其目的在于“充分保护人人享有的人权和基本自由,无论是经济、社会和文化权利或是公民权利和政治权利”。因此,律师的独立和自由是律师能抗衡权力和捍卫人权的物质基础和制度保障。律师自由是与司法独立一起共同构成“法治”不可缺少的一项基本原则。联合国《关于律师作用的基本原则》第 14 条规定:“律师在保护其委托人的权利和促进维护正义的事业中,应努力维护受到本国法律与国际法承认的律师自由,并在任何时候都根据法律和公认的准则以及律师职业道德,自由和勤奋地采取行动。”司法独立和律师自由是统一的,“实现法律的目的,光靠裁判所的努力,显然是不够的。无论如何,它是需要律师协助的,特别是在诉讼外的事件中,有助于实现法律目的的法律工作者,只能是律师,律师的使命绝不只有为了实现法律。它在法律不完备或者法律内容上存在不利于国民的时候,律师还应该提出该法无效的主张”[①]。在非诉讼事务中，律师具有按照“契约自由”原则，进行造法的功能，反映了法治文明的核心内涵——意思自治。因此，律师不仅仅是在实现既有的法律，也是在创造未有的法律。

律师自由具有内在的涵义，它不是指律师是一种自由职业，也不是指律师毫无限制地享有自由权，而是特指“律师自治”。所谓律师自治是指调整律师诸种方面关系均委托给律师自身的制度。“律师自治”并非指律师个体自由，而是特指构成律师的团体——律师协会自治。[②] “律师自由”的政策根据来源于“审判之适正”的近代国家之要求。国家为了保证“审判之适正”，就在审判制度的周边领域有意地安排了律师制度，国家最关心的是确保律师的资质达到一定的水准，因此，国家为了维护法制，并保证达成律师资质之目的而对其进行制度安排。作为维护法治目标的资质保证具体措施有“资格之授予”和“监督权之行使”两种主要手段。因为，此两种权能本不属于国家行政作用范围，但如果将此两种权能划归法务大臣（司法部），则不能达到律师“在野法曹”来促进“审判之适正”之目的。因此，国家就将此种监督权授予律师协会。[③]

律师自由的本质源自于律师的职业使命。律师的职业使命在不同国家、不同时代是不同的，因此，不可能超越时空作出普遍性的“律师像”的解答。“律师像”不仅在英美法系和大陆法系是不同的，而且在自由资本主义的主要国家之间也是不同的，但到了近代社会，律师的使命都自然而然地归属到“维护基本人权”。因此，律师是作为国家权力的“批判者”而行动的，在刑事案件中，

① 〔日〕河合弘之：《律师职业》，康树华译，法律出版社 1987 年版，第 89 页。
② 参见第二东京律师会编：《律师自治的研究》，日本评论社 1976 年版，第 1 页。
③ 同上书，第 4 页。

律师是为了保护被告人的人权而行动的；在行政案件中，律师是为了保护当事人的人权而行动的。尽管在民事案件中，律师捍卫人权不是针对国家权力，而是为了依赖者的利益而行动的，但目的是实现社会正义。因此，作为国家权力"批判者"身份而出现的律师，只有这样才能完成律师使命——维护基本人权。[①]

关于律师自治的内容，"可以归结为以下五个方面：(一) 由律师协会实施律师资格考试；(二) 由律师协会实施律师实务培训；(三) 由律师协会进行执照资格授予和登录；(四) 律师协会行使对律师的监督和惩戒；(五) 规定律师必须强制加入律师协会"[②]。"综观西方各法治发达国家，律师行业普遍实行自治管理，即由优秀的执业律师组成的律师协会(或称律师公会、律师联合会)对律师进行自我服务，自我约束。这种做法，一方面体现了律师群体的高度自治性，另一方面也体现了行业管理上的优越性。"[③]我国的律师行业原属于司法行政机关，作为国家公务员序列的律师必须服从行政权力的调度安排，在此种没有确实可靠的制度保障下的律师，无法达到"律师自由"的功效。自 20 世纪 90 年代起，我国开始了律师制度改革，律师身份从国家编制的政府官员走向脱离公职的自由职业者，经济上由国家公务员转为自收自支模式。接着允许成立非国办的合作律师事务所和合伙律师事务所，律师从"所有制约束"走向"非所有制限制"，律师协会作为一个组织已获得相对独立和自主的地位。然而，由于我国的制度变迁和社会转型是渐进性的，主管部门司法部已从已往的日常

---

① 参见第二东京律师会编：《律师自治的研究》，日本评论社 1976 年版，第 5—6 页。

② 第二东京律师协会编：《律师自治的研究》，日本评论社 1996 年版，第 8—9 页。

③ 杜建钢、李轩：《中国律师的当代使命》，改革出版社 1997 年版，第 232 页。

行政管理走向宏观管理，但地方司法行政机关并没有把全部律师管理权力回归给律师协会。1993 年 12 月，司法部《关于深化律师工作的基本方案》，确立了司法行政机关与律师协会的“两结合”管理模式，此与国外的律师自治模式不能相提并论。透视我国律师管理体制框架和《律师法》体例结构，“我们发现，中国的律师管理体制仍然是属于典型的行政管理模式，律师自治尚未获得相应的制度支持”。① 随着司法改革如火如荼地开展，我国的律师自治的步伐显然慢了。当 2004 年的宪法修正案把“维护人权”条款写入宪法大纲之后，或许会使人们更加紧迫地对律师使命和律师存在进行深刻的历史反思，律师自由的现代价值和意义将日益凸显。

二、法治水准：律师强制

律师强制是指律师规范采取的是非任意性和授权性的强制规范。强制规范是一种刚性规范，从而不能任由律师自由加以规范。“律师强制”和“律师管制”不是同一法域的概念。“律师管制”是指行政机关对律师职业和执业的直接管理，此种管理是基于行政权力的内部性管理，是非法治性的治理。“律师强制”则指通过法律的强制性规范达到强化对律师的硬约束之法治目的，它和法治水准是相联系的。《律师法》中哪些是强制性规范和强制程度如何取决于一个国家的法治水平，即取决于“法律统治”和“良法之治”。各国和地区律师法为了使律师具有实现法律和创

① 杜建钢、李轩：《中国律师的当代使命》，改革出版社 1997 年版，第 233 页。

造法律的能力，都毫无例外地对律师实行较高的“门槛准入”的强制性规定。

第一，是不能（不符合条件）的，不得从事律师之强制规定。1974 年《英国律师法》在第六章专章规定“不符合条件的人不得从事律师职业”。第 20 条规定：“（1）不符合条件的人，不得从事律师职业，违反规定的处以两年以下有期徒刑，或处以罚金，或并处徒刑和罚金；（2）在以律师身份提起或办理诉讼、讼事、诉案事项或程序时，可以构成蔑视法庭罪，并按蔑视法庭进行处罚；（3）除了其他任何处罚、罚金和任何民事处分之外，律师协会经检察官同意，可向高等法院或任何郡法院对他提起诉讼，让其交纳 50 英镑的罚款，并负担全部诉讼费用，罚款上交国库。”该条同时规定“不符合条件的人不得冒充律师”。第 21 条规定“不符合条件的人不得制作某些文件”。第 23 条规定“不符合条件的人不得制作与遗嘱登记或遗产管理委任书有关的文书”。第 24 条规定“对法人团体的处罚”。第 25 条规定“不符合条件的人担任律师不得收取律师费用”。[①] 1993 年《日本律师法》第 6 条规定（律师的资格事由）：“下列所示各项人员，不受前条的限制，不具有成为律师的资格：（1）被处拘留以上处罚。（2）受到弹劾裁判所的罢免或者被裁判的。（3）根据惩戒处分，是律师或者外国法律事务律师而受到除名的；是辩理士而被禁止从业的；是公认会计士而被撤销资格注册的；是税理士而被禁止从业的；或是公务员而被免职的。自受到该处分后未满 3 年的。（4）无行为能力或准无行为能力的。（5）破产者而未被复权的。”[②]《中华人民共和国律师

① 〔英〕赫恩等：《英国律师制度和律师法》，陈庚生等译，中国政法大学出版社 1992 年版，第 282—284 页。

② 裘索：《日本国律师制度》，上海社会科学出版社 1999 年版，第 281 页。

法》(以下简称《律师法》)第7条规定:"有下列情形之一的,不予颁发律师执业证书:(一)无民事行为能力或者限制民事行为能力的;(二)受过刑事处罚的,但过失犯罪的除外;(三)被开除公职或者被吊销律师执业证书的。"尽管我国律师法有不能领取律师执业证的强制规定,但却没有像1974年《英国律师法》中对"违反不符合条件的人不得从事律师职业"的具体刑罚和其他处罚规定,从而导致"律师资格"和"律师执业证"只能是约束律师职业形式上的证明文件。实际上,我国不仅是《中华人民共和国行政诉讼法》《中华人民共和国民事诉讼法》《中华人民共和国刑事诉讼法》均允许非律师公民实行有偿或者无偿代理,同时,在诸多非诉讼事务领域,例如,工商登记代理、税务代理、房地产登记代理等诸多领域允许非律师准入。甚至在个别领域,例如商标代理至今对律师设定准入禁止。与律师职业并驾齐驱的有"法律服务"人员,法律服务所成为变相的律师服务机构。法律服务人员凭借地方司法行政机关开具的"法律服务证书"之绿卡,畅通诉讼和非诉讼领域。因此,"中国式的律师"实际上应分为两大部分,一部分是持有"执业证"的"正牌律师",另一部分是持有"法律服务证"的"杂牌律师",《律师法》中的强制性准入规范,竟然成为"非强制性"法律具文。

第二,是律师登录规定。1993年《日本律师法》第8条规定"成为律师,必须在日本律师联合会的登记名册上登记"。并在第9-19条规定了有关登记的规则程序。[①] 我国台湾地区"律师法"第7条规定:"律师应向地方法院及其直接之上级高等法院或分

① 参见裘索:《日本国律师制度》,上海社会科学出版社1999年版,第282—284页。

院申请登录。”[①]《律师法》第6条规定:“申请律师执业,应当向设区的市级或者直辖市的区人民政府司法行政部门提出申请,并提交下列材料:(一)国家统一司法考试合格证书;(二)律师协会出具的申请人实习考核合格的材料;(三)申请人的身份证明;(四)律师事务所出具的同意接收申请人的证明。申请兼职律师执业的,还应当提交所在单位同意申请人兼职从事律师职业的证明。受理申请的部门应当自受理之日起二十日内予以审查,并将审查意见和全部申请材料报送省、自治区、直辖市人民政府司法行政部门。省、自治区、直辖市人民政府司法行政部门应当自收到报送材料之日起十日内予以审核,作出是否准予执业的决定。准予执业的,向申请人颁发律师执业证书;不准予执业的,向申请人书面说明理由。”在我国律师登记机关为省级司法行政机关,而在日本为律师联合会,我国台湾地区为高等法院。通常登记(登录)机关不同,但登录都是律师执业的前奏性强制程序。但其他国家并没有法律规定律师事务所(执业单位)必须进行登记(登录)的强制性规定。同时,各国和地区都没有规定“律师事务所”要经过年检,而我国却在《律师法》没有强制性规定的情况下,类同企业行政管理进行所谓的律师事务所年检,可见,我国律师管理已经错位地将“神圣的律师职业”视同以营利为目的的工商企业。同时,超出行政管理的范围,以管理为名附加条件,致使“律师登录”演变为怪胎——年检制度。在我国已对企业放宽了一年一度年检制时,我国《律师法》难道还要继续采用具有“中国特色”的年检登记制度吗?现《律师法》虽已修改,但仍然只是将“年检”形式上量检为年度考核而已。

---

① 石毅主编:《中外律师制度综观》,群众出版社2000年版,第132页。

第三，律师的惩戒强制规范。几乎所有国家都在律师法专门就律师违法行为进行惩戒规范之规定。因为"如果说从业资格制度是从进入律师队伍的入口处把关，以保证律师有能力和品行履行自己的职责义务的话，那么惩戒制度则是以惩罚的方式监督促使律师履行自己的职责义务，从律师队伍中清除一部分不适合做律师的人，进而保护公众利益、社会利益和律师自己的利益"。[①]律师违法行为是对律师进行惩戒的依据。根据美国律师协会的有关规定："律师违法行为一般分为四类：第一类是违反对当事人义务的行为。比如对当事人的财产造成危害，泄露当事人的秘密，违反'利益冲突'原则，等等。第二类是违反社会义务的行为。例如律师的犯罪行为、欺诈、诈骗等不诚实行为及渎职罪等。第三类是违反法律义务的行为。比如虚伪陈述、欺诈、违法代理，滥用法律程序，对涉及有关法律事务的特定人不适当地互相通报，等等。第四类是违反其职业义务的行为。比如为了获取利益而故意违反职业义务；严重危害当事人、公众及法制，以及对之造成威胁等。违反职业义务行为的认定，主要依据其职业道德规范。因而根据职业道德规范的有关规定看，这类行为主要是捏造或误导关于律师或律师服务的情况，不适当传递业务领域里的情况，诱惑拉拢当事人，不合理或不适当地收费，从事未接受委托的法律事务，错误地撤销代理，不报告职业上的渎职行为等。"[②]英国律师惩戒制度"不是为了惩戒违法律师，而是为了保卫社会和维护律师协会、维护律师的公共形象"。惩戒的种类有：取消律师资格、暂停执业（6 个月至 3 年时间）、谴责、不公开谴责、留用察看，

---

① 青锋编著：《美国律师制度》，中国法制出版社 1995 年版，第 84 页。

② 同上书，第 87—89 页。

其他惩戒和补充措施包括赔偿、冻结费用、限定从业、监督财产、要求律师进行律师资格考试或职业资格考试，州高等法院或惩戒机构认为与律师惩戒目的相一致的其他措施。英国律师惩戒程序的特色是由高等法院或者律师纪律法庭处理对律师的控告。纪律法庭不是一个行政机关，而是一个准司法的法庭。“纪律法庭的管辖权包括三方面：按照律师法第 47 条规定，有权审理下述三方面的诉讼请求：(1) 下述违纪行为所提出的诉讼请求；普通法上的违纪渎职罪行；《律师法》上所规定的某种罪行，如在申请开始执业时制作虚假报告，或者不遵守律师行为规则；(2) 由以前被开除的律师提出的要求恢复其律师负担的请求；(3) 按照《律师法》第 43 条关于由律师协会提出请求的规定，提出的限制雇佣被认为有过欺诈或犯罪行为的律师执业的诉讼请求。”①《英国律师法》还规定了律师助手的惩戒规定。此外也规定了不服纪律法庭处理的上诉程序，从而使律师事务所在遭受不公处罚时有获得救济的手段。德国对律师惩戒的规定也是由纪律法庭负责。在 1949 年《日本律师法》颁布之前，由高等检察厅提出要求对律师惩戒。1949 年《日本律师法》认为律师惩戒制度是“律师自治”的核心内容，因此，改由律师协会和律师联合会来行使对律师的惩戒权。《日本律师法》第 56 条规定：“律师因犯有违反本法或者律师协会、律师联合会会则，损害所属律师协会的秩序或信用等职责内外的一切丧失律师应有的品德的不法行为时，须受到惩戒。”②第 57 条规定对律师奖惩分警告、退会命令、两年不得执业、除名四种。受到律师协会惩戒的律师，可以根据《行政不服审查

① 〔英〕赫恩等：《英国律师制度与律师法》，陈庚生等译，中国政法大学出版社 1992 年版，第 358 页。

② 裘索：《日本国律师制度》，上海社会科学出版社 1999 年版，第 130—131 页。

法》,向日本律师联合会提出复审请求,对日本律师联合会裁决不服,可以向东京高等裁判所提出撤销惩戒的诉讼。日本律师惩戒制度的特征在于:(1)实行律师协会和律师联合会管辖的“律师自治”的惩戒;(2)惩戒委员会是律师协会的内部机构,在是否作出惩戒的内容上,律师协会也必须受到该机构判断的约束。律师协会无权对此进行实质审查。委员会除了8名律师外,还包括裁判官和检察官各2名及学者3名,共计15名人员组成。[①] 我国《律师法》在第六章规定了“法律责任”,但我国律师责任属于双重性质。《律师法》第47、48、49条规定了律师的惩戒,第50条规定了律师事务所的惩戒责任。对律师和律师事务所双轨惩戒似有过份苛刻之处。因为律师事务所是律师的组织,而律师又是独立执业,律师事务所并非自然人,其并无意识遵守律师执业纪律和职业道德,而对其进行处罚也难以遏制律师的违纪行为。另外,我国对律师的惩戒机关,也实行“双轨制”,几乎全部惩戒措施都由司法行政部门行使。但《律师法》第43条规定,“律师协会是社会团体法人,是律师的自律性组织”。第46条规定:“律师协会应当履行下列职责……(四)组织律师业务培训和职业道德、执业纪律教育,对律师执业活动进行考核……”因此,律师协会作为自律性组织,只是没有西方律师协会的高度自治权,但也有着相对小范围和轻度的惩戒权。律师协会和司法行政机关的惩戒权是此消彼长的关系。我国应在借鉴其他国家惩戒制度的基础上,将《律师法》从义务法改为赋权法,《律师法》的调整对象不仅限于律师,而对那些违反《律师法》的非律师行为,也应予以惩戒。

① 参见郑溶、郑志华:《论律师自治的法理和政治学基础》,载北大法律网。

三、自由与强制的互动与衡平

“律师自由”和“律师强制”是相对的概念，相互对立又统一。律师自由程度愈高，律师强制性就愈低。在律师法的调整空间中，哪些应由“律师自由”原则来赋权，哪些应由“律师强制”规范来限权和管制，这是一个国家律师法的体例结构和价值取向问题。我国律师法只规定律师自治（自律），但律师协会的宗旨并未明确。在现代法治社会中，律师协会是律师自由的载体，并体现律师制度的宗旨和目标，律师的使命是保卫社会，维护人权，促进司法公正。而律师协会的宗旨，正如美国律师协会（American Bar Association，以下简称为ABA）的宗旨：“（1）促进美国司法体制之改革；（2）不计其经济和社会条件，促进人民接近法律专业与司法体系之机会；（3）扮演一个领导者的角色，配合社会之需要修正法律；（4）增进社会大众对法律、法律程序及法律专业的了解；（5）达成最高水准的专业知识、能力与道德；（6）成为全国法律专业人士的代表；（7）提供经费、计划与服务以成员素质的成长与成员的生活品质；（8）促进全球法治国原则的建立；（9）促进少数族群、妇女全面而平等的参与法律职业；（10）维持、确保法律专业的理想系为一般大众代言及服务；（11）维持自由社会中法律专业及司法独立的基本原则。”律师协会在中国司法体制改革中，应确立“律师自由”的内涵，而不应当是沿袭司法行政部门的直接管理和刚性行政性管制。律师协会不是司法行政机关的翻版，它应是切实体现“律师自由”原则而作出的司法制度安排。而“律师强制”则不应仅是用来削弱律师自治程度和范围的砝码,“律师强制”是在充分遵守“律师自由”基础上的内部制度巧妙契合,“律师强制”也是为了促成律师使命而创设的,律师准入和退出以及惩戒制度都是律师强制的内容,也是为了促进“律师自由”所必需的制度。同时,“律师强制”在充分“律师自治”的条件下也是“律师自治”的补充。自治是体现一个人、一个社会、团体组织的主体性价值的题中之意,也是揭示民主社会而非管制社会的最为显著的特征。“律师群体作为一个具有高度知识学识的群体,关于律师的准入、培训、惩戒等活动的自由、自律,对于维持该团体的职业自豪感,协会的标准的纯粹性至为重要。”①

“律师自由”源于律师共同体的自治和独立。“法律职业共同体所依赖的是一门与权力斗争、利益竞争紧密联系的学科。法律以及法律家自身时常会受社会政治、舆论、道德、财富、地位等诸方面的侵扰而危机四伏。所以,维系并确保法律共同体自治事实上就是法律自治、法治社会的必须要求和必然要件。就司法运作而言,律师应致力于制衡法官、检察官,以防裁判权、追诉权侵权或者滥用,借以维护当事人及公民的利益。”②

“律师自由”的体现和制度保障的主要内容,就是国家对律师职业的优待和宽容。其主要体现在:(1)对律师的组织和运作不加管制。以往律师为国家律师编制人员,因此其在编制、工资、纪律等方面均受制于行政权力的隶属管理,从律师组织上看,我国从原有的法律顾问处(律师事务所)均为国家的律师事务所又称国办所,直至20世纪90年代,才引入合作制律师事务所和合伙制

---

① 郑溶、郑志华:《论律师自治的法理和政治学基础》,载北大法律网。

② 同上注。

律师事务所。在制度变迁中,渗透所有制和律师性质等意识形态的支配。而在“律师自由”的原则下,除非为了保证社会安全和律师群体的信用,不必要对律师组织形式加以类型化,甚至冒限制民事权利能力之不韪,强制规定合伙所设立须为3人以上(按通常理解合伙为2人以上的组织体)。从律师管理上看,关于律师组织内部管理及律师间的利益分配应由律师按照“契约自由”原则加以自律,而现有诸多管理规范恰恰是对律师利益分配、律师所内部业务和人事管理进行直接规制,诸如此类的业务准则和文书示范文本也是此种管制型理念的反映。(2)对律师司法程序的法律特权。其中最主要的是执业和言论豁免权,律师自由既然作为让律师去制约法官、检察官和行政官,防止权力不当行使及滥用,就必须有使律师在充分的制度保障下获得制约的资本。在法律团体中,律师地位相对较弱。因此,为了保障其在执业过程中免受伤害,应赋予律师所执业豁免权,律师执业行为或职务行为尤其是律师参加诉讼活动的职务行为不受国家法律的制裁。也就是说,律师职务行为不受法律追究。律师执业豁免权是世界各国的通例。《英格兰和威尔士出庭律师行为准则》规定,“律师在法庭上的发言必须真实和准确,在正常情况下,律师对其在法庭辩论中的言论享有豁免权”。日本法律规定,“律师在法庭上的言论不受法律追究”。卢森堡法律规定,“为了维护正义的必要,律师可以自由地从事他的职业”。我国律师立法,例如在1991年《律师暂行条例》和1994年《律师法》(征求意见稿)都有关于律师执业豁免的规定。但在反对意见的干扰下,此条最后被删掉了。但是律师执业豁免和言论豁免在一个标榜人民当家作主的“法治”和“人权”的国度内,将不只是遥远的理想。

“律师自由”和“律师强制”必须遵守一个度的界定，此是自由与强制的衡平问题。一部好的律师法应大体上是一部律师的赋权法，而不是一部只规定律师使命和纪律的强行法。我国目前的律师法，多是禁止性、义务性规范而无多少体现律师自由和保障律师职业和执业权利的规范。因此，律师法自然有待完善。

宪法诉讼与律师职业*

宪法源于自然法，为人类精神和理性的体现，是高级法；宪法是一切法律的源头，为民法、刑法、行政法等部门法制定的依据，是根本法；宪法规定国家组织结构和公民的基本权利，涵括着国家最基本的社会关系，是基本法；宪法是成文法国家宪政的前提和基础，为“法治”的灵魂，是“法治法”。

现代法治是“法律至上”和“良法之治”的有机结合。宪政是宪法的实践，是静态的宪法走向动态的“法治”的运行程序。宪法所规定的公民的基本权利在法律权利体系中处于最高地位，具有最高的法律效力。其表现为“消极权利”和“积极权利”。“消极权利”是指要求国家或者其他人作出或不作出某种行为，以保障权利人能充分实施其基本权利；“积极权利”是指国家有义务积极地采取措施来保障公民基本权利的最终实现和不受侵害。公民的自由、财产、人格等价值从应有权利（自然法）走向法定权利（基本权利）就使公民权利具有国家强制力。由此，宪法诉讼应运而生，此就是宪法基本权利的司法救济。

---

* 本文原载于2004年《宪法与律师职业国际研究会暨全国律协宪法与人权委员会成立大会论文集》。

从比较法的观点上看，近代以来的法律体系划分为英美法系和大陆法系。英美法系没有公法和私法的划分，只有普通法和衡平法之演进。英国为典型的不成文宪法的国家，在英国，公民的基本权利包括所有自由权、参政权和社会权以及其他宪法权利和民事权利。对公民基本权利的保护，英国普通法在长期发展中，通过发布强制令（mandamus）、调查令（certiorari）、禁令（prohibition）、禁制令（injunction）、宣告令（declaration）等普通救济手段，给予切实有效的法律救济。“政府行使权力的所有行为，即所有影响他人法律权利、义务和自由的行为都必须说明它的严格的法律依据。受到影响的人都可以诉诸法院。如果法律依据不充分，法院得撤销此行为。”[①]美国和英国一样，对公民基本权利的救济也是通过普通法来实现的，但美国主要是通过对规范性文件的审查方式，即联邦最高法院对国会制定的法律的合宪性予以审查，并宣布侵害个人基本权利的法律违宪，使其在法律上归于无效的方式。在议会、总统、法院“三权分立”的国家权力分配框架基础上，1803 年马歇尔大法官通过“马伯里诉麦迪逊案”（*Marbury v. Madison*），确立了联邦最高法院对联邦政府的立法行为进行审查，即违宪审查制。“联邦最高法院在适用宪法上的基本权利进行违宪审查的过程中，也形成了受理个人权利在受到侵害时，通过普通法院的司法程序给予救济的规则。这就是个人寻求宪法基本权利的司法救济，只有根据因联邦政府和各州政府制定的法律限制个人权利，违反宪法基本权利的理由，才具备提出违宪诉

---

① 〔英〕威廉·韦德：《行政法》，徐炳等译，中国大百科全书出版社 1997 年版，第 25 页。

讼的主体资格。"①

大陆法系国家由于有公法和私法的严格划分,因此,宪法上的公民基本权利不通过普通程序(民事诉讼、行政诉讼、刑事诉讼)和普通法院予以保护。大陆法系国家的宪法诉讼有如下模式。

(一)德国模式

根据《联邦基本法》第1—20条的规定,属于下列基本权利(人权)的,当事人均可提起宪法诉讼。具体为:人的尊严,行动自由和人身自由;法律面前平等;信仰、良心和宗教自由;言论自由;婚姻、家庭和非婚生子女受保护、受教育权;集会自由、结社自由、通信、邮政和电话秘密;迁徙自由、选择职业的自由;兵役义务及劳务义务;住宅不受侵犯;财产权和继承权;庇护权、撤销国籍及引渡给外国的限制;请愿权;请求法院审理的权利;对于不当限制基本权利的保护。同时对属于《联邦宪法法院法》第90条第1项规定的"每个人都可以主张其基本权利或者在基本法第20条第4项、第33条、第38条、第101条、第104条中所规定的权利,遭到公权力侵害时,向联邦宪法法院提起宪法诉愿的基本权利,具体为:反对破坏宪法程序的权利,平等的公民权,包括担任公职的平等机会;选举权;禁止审理特别法庭和禁止剥夺受普通法院审理的权利;违反依法听审、违反禁止溯及新刑法的规定和违反'一事不再审'的原则,违反剥夺自由权的法律保障原则"。② 因此,在德国,不仅公民的基本权利的范围和内容由基本法作出具体的列举性规定,而且,确立了与普通法院完全不同的专门审理宪法争议

---

① 周伟:《宪法基本权利司法救济研究》,中国人民公安大学出版社2003年版,第109页。

② 刘兆兴:《德国联邦宪法法院总论》,法律出版社1998年版,第318—319页。

的宪法法院，负责审理侵害公民基本权利方面的案件。

（二）法国模式

法国没有宪法法院，而设立宪法委员会专门负责审理有关基本权利方面的争议，根据《法国宪法》第七章的规定，宪法委员会在维护宪法程序承担的职责包括监督共和国总统的选举，裁决国民议会议员和参议院议员选举的合法性，监督公民投票的合法性；在法律颁布之前，审查其合宪性。因此，宪法委员会只具有事前违宪审查权，而根据行政法院管辖规定，侵害基本权利的具体案件，由最高行政法院管辖。最高行政法院在司法实践中，形成法律的一般原则是可以作为判断合法性的依据的惯例。同时，宪法委员会在实践中也可以宪法序言（人权宣言）作为判决依据。

根据大陆法系传统，宪法和行政法为公法，民法和商法为私法，两者泾渭分明，截然有别。然而，现实社会生活并不如此，近代社会以来，不仅存在“私法公法化”和“公法私法化”的边缘化现象，而且，存在宪法“二元化”现象，即宪法的调整对象国家和公民两极分别代表了公权和私权领域。对于公权侵害私权的争议，由司法加以审查，即宪法公法化的问题；而对私权（基本权利）之间的争议则通过赋予或承认私人（第三人）间基本权的法律效力来加以解决，即宪法私法化问题。

宪法司法化，主要是宪法对公权与私权之间关系的调和。现代社会，人权（基本权利）的价值日益重要，私权优于公权成为传统的通说。对公权侵害私权的行为，大体上可分为立法权、司法权、行政权三类公权侵害私权行为。对司法权、行政权侵害私权行为，可以通过否定公权效力以及国家赔偿或行政补偿方式加以实现，但对立法侵害私权的规范极少。立法作为的积极侵害行为，可以通过违宪审查加以规制；而立法不作为的消极侵害行为，即宪法中载明的基本权利，不通过制定或修改其他部门法（民法、刑法等）加以落实，导致宪法上的基本权利成为“纸上的权利”，因此，宪法上的基本权利的实施则可以通过宪法私法化加以解决。

宪法私法化在不同同家有不同实践。

（一）德国模式

《德国联邦基本法》第1条规定“人类尊严不可侵犯，尊重及保障此种尊严，是全体国家权力之义务”。1956年又增补了第3款，“下列基本权利，视为‘直接适用法律’，直接构成立法、行政和司法权力”。上述规定都是针对公权而言，同时《德国联邦基本法》第9条第3款规定了“结社自由”，“每个人和所有职业都有结社的权利，此项权利应被保障，以提高工作效率和保障经济发展。限制或破坏该项权利的协议一律无效；为此采取的措施属于非法”。此项规定不仅对公权，而且对公权以外的侵害同时具有实体上的拘束力。德国行政法学家尼帕戴（Hans Carl Nipperdey）1962年发表了《基本权利及私法》认为：除了《联邦德国基本法》第9条明文规定外，还有一些基本权利条款也具有对第三者的效力，也是一种客观的、可直接适用的宪法规范。①

（二）美国模式

在美国立宪之初，宪法的使命是为了限制公权而创设的，在除了《宪法修正案》第13条关于禁止蓄奴或强制性奴役的规定不仅针对政府，也包括私人之外，再也没有任何关于禁止私人侵犯宪法权利的规定。在美国的司法实践上，涉及“对第三者效力”或者严格按美国“国家行为”意义上的宪法条文，主要是《宪法修正

---

① 参见陈云生：《宪法监督司法化》，北京大学出版社2004年版，第306—307页。

案》中的第1条和第14条。第1条规定:“国会不得制定下列事项的法律:确立国教或禁止信仰自由;剥夺言论自由或出版自由;或剥夺公民和平集会及向政府请愿申冤的权利。”第14条第1款规定:“所有在合众国出生或归化合众国并受其管辖的人都是合众国公民和他所居住的州的公民。任何一州,都不得制定或实施限制合众国公民的特权或者豁免权的任何法律;不经正当法律程序,不得剥夺任何人的生命、自由和财产;在州管辖范围内,也不得拒绝给予任何人以平等法律保护。”在“国家权力”的理论框架内,这两条宪法修正案在当代被联邦最高法院演绎成为保护私人宪法自由和权利的重要宪法依据。[①]

在西方国家,宪法正是通过宪法司法化和宪法私法化两种途径来维护公民的基本权利的,从而使基本权利从法定权利走向实有权利,此就是宪法诉讼问题,从宪法到宪政就是建立起一个动态的宪法基本权利保障机制,从而维护宪法的权威和“法治”的内涵(法律至上和良法之治)。因此,有了宪法并不等于就是宪政,宪法同样存在是否符合“法治”精神的“良法”和“恶法”。确立起“良法制宪”理念和宪法动态保障机制,是维护宪法秩序的必然要求。

律师职业是司法体制资源配置的产物。从广义上讲,律师以维护社会正义、保障法律正确实施为职业使命。在公权与私权的对弈中,私权可谓处于“弱者”的被动地位,因此,国家在司法体制之内,配置了一系列与司法权相对抗的律师辩护权和代理权,以求得实质上的法律和基本权利保护之衡平,在宪法司法化的过程中,律师可以通过“违宪审查”的宪法诉讼来维护国家的宪政程

---

① 参见陈云生:《宪法监督司法化》,北京大学出版社2004年版,第339页。

序;在宪法私法化过程中,律师可通过“对第三人效力”的宪法诉讼来保障宪法上的公民基本权利。因此,律师职业不仅仅宏观上具有“护宪”的作用,而且在微观上也具有“维权(基本权)”的职能。认为律师职业纯粹是一种(营利)企业(服务业),企图以产业化来规制律师职业,可能是一种幼稚和无知的见解。关于律师职业与宪法诉讼具体制度和程序,笔者将另行呈文详论。

通古斯法族的兴起*

一、法系与法族

“法系”划分可分为“无机法系”和“有机法系”。“无机法系”典型论者是法国比较法学家勒内·达维德。“我们可以把法归类成‘系’就像宗教方面(基督教、伊斯兰教、印度教等)、语言学方面(罗曼语、斯拉夫语、闪米特语、尼罗河领域语等)或自然科学方面(哺乳动物、爬行动物、鸟类、两栖类等)一样,可以忽略次要的区别不去管它,而确认‘系’的存在。法归类成系,简化为少数类型,可以便于对当代世界各国法的介绍和理解。但关于怎样进行归类,从而应该承认哪些不同的法系,并无统一意见。有些人根据法的概念结构或赋予各种法源的重要性来归类。另一些人则认为这些技术方面的区别是次要的,他们把下列本质性的考虑放在第一位:打算借助法建立的社会形态,或者给予作为社会秩序因素的法的地位。这些争论使人们费了不少笔墨,但并无多大意

* 本文原载于《全国外国法制史研究会 2009 年年会论文集》。

义。‘法系’的概念没有与之相对应的生物学上的实在性。”[①]

“有机法系”是以“进化论”为理论基础而形成的“法系论”。美国著名比较法学家约翰·H.威格摩尔(John Henry Wingmore)把法系作为生命组织体。“作为政治体系的一个组成部分,法系就是这样的组织体,并且是一个有生命的组织体。法系在自我成长的过程中也促使其组成部分——法律制度合理、协调地发展。这种过程与趾行哺乳类脊椎动物的发展、进化过程非常类似,趾行哺乳类脊椎动物由于其大脑的认知活动方式整体方式变化,其具体的某些器官也因此而发生了变化。法系就是如此自然生成又自然发展起来供法律科学家研究的。”[②]因此,法系也有生死存亡以及遗传、变异等生物进化问题。威格摩尔根据自己的经验认为:“世界上存在16个法系中:(a) 6个已经彻底消亡,它们是:埃及法系、美索不达米亚法系、希腊法系、希伯来法系、凯尔特法系和教会法系; (b) 5个法系经过融合得以存续,它们是:罗马法系、日耳曼法系、斯拉夫法系、海事法系和日本法系;(c) 3个基本上未经融合而生存了下来,它们是:中华法系、印度法系和伊斯兰法系;(d) 2个经历了大规模的融合更新和再造,几乎面目全非,它们是大陆法系和英美法系。”[③]

“有机法系论”发展到现在,将种族、语言、信仰等与特定文化相联系,发展到“法文化论”。在法文化背景下,法系内部又可分为若干个“法族”。例如,中华法系中有中国法族、日本法族、朝鲜法族、通古斯法族等,其特点正如它们的语言一样,与汉语存在某

---

① 〔法〕勒内·达维德:《当代主要法系》,漆竹生译,上海译文出版社1984年版,第24页。

② 〔美〕约翰·H.威格摩尔:《世界法系概览》(下),何勤华等译,上海人民出版社2004年版,第954页。

③ 同上书,第955—956页。

种程度的联系。同时,又具有自己的语言文字和宗教信仰、风俗习惯等。此种纵向的、历史的比较法方法论是与民族(种族)相联系的,因此,称为"法族比较法"。一个法族并不等同于一个国家,一个国家可以有多个法族,一个法族也可以分布在多个国家。主权国家立法(实定法)与"法族"并无必然的联系。前者是国家意志的产物,属于主观法的范畴,后者是自然的、历史的过程,属于客观法范畴。

二、人类学与比较法

"有机说"比较法与人类学密切相关。人类学有旧派和新派之分。它们之间的区别是否包括"文化"研究,根据人类学大师泰勒(E. B. Tylor)所下的定义,文化乃是"一团复合物(complex whple),包含知识、信仰、艺术、道德、法律、风俗以及其他凡人类因为社会的成员而获得的能力及习惯"。人类学研究包括静的方面,即人类躯体方面,也包括与躯体有极密关系的方面,即文化方面。克娄伯在其大著《人类学》的开篇曾设一个比喻,大意说:黑人的厚嘴唇与黑脸孔是遗传的,可以用生物学的原理来说明,但他们也会唱美国的歌,做浸礼会的教徒,雨天也懂得穿外套,这也是遗传吗?若不是,那便不得不求之于别种解释了。据他的下文,他所谓别种解释便是社会环境的解释即文化的解释。①

在文化进化论产生的背景下,首先是民族志的知识增大和比较法的确立,其次是恰如伟大的先史科学到来的时代那样,地理

① 参见林惠祥:《文化人类学》,商务印书馆 1991 年版,第 5 页。

学、古生物和考古学上的发现。文化进化论的特点是:(1) 采用比较法的方法。比较法方法确立了以实证方式确立的客观性科学,而且对特殊与普通的分类或者社会现象的分类。把进化按顺序想象它为欧美的文明社会,即文化上"西高东低",文明社会即由野蛮人、未开化人(民族)进化到文明社会,此是文明社会的唯一的类型论。(2) "残存"的概念。即"残存"概念超越了野蛮、未开化文明的不同,从而确立了各种各样特性之间的相依关系。充分认识到人类活动中野蛮、未开化人的社会习惯和宗教信仰的合理性。文化进化论的特点反映了"适者生存"的生物与遗传变异原理。

人类学中与比较法相关的是体质人类学和文化人类学即民族学。体质人类学——这便是"种族的解剖学"(racial anatomy),应用比较的方法研究各民族的体质特征,要寻出一定的标准,以审察各民族相互间的遗传的关系,而发现种族分合的陈迹,并据之以区分人类。所研究的特质特征,例如:头、面、眼、鼻、肤色、毛发、躯干、骨骼等的形状;又如心灵反应、遗传、适应等现象。文化人类学即民族学——威斯勒在《纳尔逊百科全书》中说的定义最好,可以采用。他说:"民族学便是'社会生活的自然史'(The Nistory of Socil Life)。换言之,便是关于各民族的文化的现状及其演化的研究。"详言之,便是探讨人类的生活状态、社会组织、伦理观念、宗教、魔术、语言、艺术等制度的起源、演进及传播。①

文化能力根植于族群的生物本性,所以,体质人类学的工作为文化人类学发展提供了必要的背景资料,人类文化学家首先要

① 参见林惠祥:《文化人类学》,商务印书馆 1991 年版,第 12 页。

否定人的理性与本性以及叙事的正统性。即世界并不必要区分为虔诚的和迷信的，丛林中有雕塑，沙漠中有绘画，没有中央集权，政治秩序也是可能的，没有法典化的法规，有原则的正义也是可能的。理性的规范并非古希腊为唯一的源泉，道德的阻化也并非是在英国完成。人类学家的思考源泉在于人的生物本性，而不是人类的普遍理性和真理。即通过非理性的撤除小地毯、弄翻茶座、引爆炸弹等艺术方式试图使世界保持不平衡，借以探索人的生物本性所体现的人类学上的文化。总之，正统的科学思维是科学与秩序，而人类学的思维则是颠覆科学与搅乱秩序。人类文化学强调对本族系予纵向研究即生物进化论的民族文化发展研究。因此，它强调对史前史和新近非西方文化的研究，此不同于达维德以西方法律文化为背景的，以大陆法系和英美法系为中心的横向扩张的所谓西方文明扩散论的比较法研究。

语言学从前也是人类学的一部分，现在已经独立了，但由于与人类学具有密切的关系，因此，也是人类学的研究对象。

人类学社会演进有两种思路：大多数人认为社会演进是单一的、直线的。例如，斯宾塞(Herbert Spencer，1820—1903)的《社会学原理》《叙述社会学》、摩尔根(C. H. Morgan)的《古代社会》、泰勒(E. B. Tylor)的《原始文化》《人类早期历史研究》《人类学》。但也有学者不持此种观点，例如德国的威廉·冯特臣(Wilhelm Wundt)，在其巨著《民族心理》(十卷册)中，详细论述了语言艺术、宗教政治、社会组织、法律等的发展。

社会演化论的方法最主要的是比较法，由各个时代各地方民族搜集许多事实来互相比较，其次应用“遗物”(sur—vivals)的概念以为凡是旧俗，都可以证明其以前一定盛行一时，成立一个普遍的阶段。“亨利·梅因爵士(Sir Henry Maine)是近代第一位从事比较法总论研究的学者，实际上正是他奠定了比较法总论研究的基础，而波斯特(Post)则紧随其后发展了这一领域有些部分的理论研究。在波斯特以后的一代研究学者中，达雷斯特(Dareste)、雷维洛特(Revillout)、柯勒(Kohler)等又大大丰富了这一领域的研究内容，但他们以及大多数现代研究者仅限于法系界定比较学领域，也就是说虽然他们对英美法系之外的其他法系进行了描述，但他们并没有将这些法系的起源和流变进行比较。而亨利·梅因爵士的著作则恰恰相反，虽然他研究的法系仅限于4种或5种(印度、希腊、罗马和凯尔特)，但其著作内容几乎都是纯粹的法系源流比较研究。"[①]梅因是历史学派法学家，又是比较法学家，其首创了"有机说"的历史比较法，日本著名法学家穗积陈重(Hozumi)教授称它为系谱比较法，即将有共同宗族关系的法律群作为一个比较单位对法律进行比较研究的方法。

关于"文化"的外延的界定，"C.威斯勒在《人与文化》一书中提出了普遍的文化模式。所谓普遍的文化模式，指各种文化模式虽各具特点，但是就其基本结构看却有着共同的东西。这一普遍的文化模式包括九个方面：第一，语言，包括言语、姿势、文化制度等。第二，物质的特质，如饮食习惯、住所、运输与旅行(用具)、服装、用具(器皿)、武器、职业与产业等。第三，艺术，如雕刻、绘画、音乐等。第四，神话与科学知识，如自然科学知识(数学、物理、化学)、社会科学知识(经济学、政治学、社会学)等。第五，宗教活动，如礼仪的形式、看待病人、处理死亡等。第六，家庭与社会制度，如婚姻形式、认定家属关系的方法、遗产(继承制度)、社会控

① 〔美〕约翰·H.威格摩尔：《世界法系概览》(下)，何勤华等译，上海人民出版社2004年版，第951页。

制、游戏与运动等。第七，财产的占有方式与交易方式，如不动产与动产、价值与交易的标准、贸易等。第八，政府，如政治的形式、司法程序等。第九，战争。威斯勒的文化模式概念也包含了主观文化和客观文化的内容。我国社会学家的文化模式定义基本上来自威斯勒，亦把文化模式定义为主观文化与客观文化的总和"①。从比较法角度探讨通古斯法族应考虑如下问题：

1. 通古斯法族与满族的身体特征关系；
2. 通古斯法族与满族宗教——萨满教的关系；
3. 通古斯法族与满族原始统治——渔猎经济的关系；
4. 通古斯法族与满族风俗习惯的关系；
5. 通古斯法族与满族形成与演化的关系；
6. 通古斯法族与满汉融合的关系；
7. 通古斯法族与八旗制度的关系。

三、通古斯法族的兴起

通古斯最早专指鄂温克部落，是一个专有的民族概念。此后，"通古斯"一词被引入语言学领域，演化成一个语族概念。苏联、日本、欧美以及中国的一些学者经过语言学谱系的研究，发现女真、满洲、鄂温克、鄂伦春、赫哲等民族的语言在语言结构、词汇构成、形态变化等诸多语言学领域均表现出相当大的一致性，于是便把这些民族使用的语言全部列入阿尔泰语系通古斯满语族，

---

① 鲍明：《满族文化模式：满族社会组织和观念体系研究》，辽宁民族出版社2005年版，第5页。

而把使用这些语言的所有民族和部落通称为通古斯人。“目前，通古斯满语民族主要包括：我国有满、鄂温克、鄂伦春、赫哲等族，前苏联境内的埃文基、埃文尼、非刀、涅基达尔、奥罗古、奥罗奇、乌德盖、乌尔奇等族。近年来，随着人类学和考古学的发展，学者们又发现了通古斯语族和通古斯种族的一致性，于是，通古斯一词又被引入了体质人类学领域，人们通过纵、横体质数据比较，发现各历史时期的通古斯满语诸族在体质上具有共同特征。”①

体质人类学，也称为生物人类学，善于研究作为生物有机体的人类，它的众多兴趣之一是人的演化。通古斯人具有基本相同的体质。通古斯族人最多的是满族，有1 000万人口，满族发源于中国东北地区，具体范围有待确定，从16世纪开始不断征服中国大陆（明朝）的周边国家而往西南迁移，自19世纪以来逐渐与汉族混居，并扩散至中国大陆。不过主体人口仍在中国东北。鄂温克族人主要居住在俄罗斯的鄂温克族自治区，有3万人左右。中国的鄂温克族主要分布在内蒙古，有3万人左右（2000年）。通古斯一般认为是公元前2000—公元前1000年形成，大约是肃慎时代。通古斯民族有吃猪肉的意思（因为他们养猪），是突回民族对他们的称呼。典型的满族人眼间距较近、直鼻、长方脸型的较多，肤色较浅，满族中的B型血较多，达到40%以上。现在的满族人口中，历史上由女真、蒙古、朝鲜、汉、呼尔哈、索伦等诸民族部落融合而成，并有一大部分的姓为汉族人。因此，1 000万满族人口中，实际上有很大一部分为满汉融合而形成的种族。在我国，满—通古斯语族民族主要分布于东北地区的东部，即黑龙江和吉林两省以及内蒙古呼伦贝尔市的广大地区。通古斯族群因外在

① 高凯军：《通古斯族系的兴起》，中华书局2000年版，第2—3页。

因素影响，分为北通古斯族群和南通古斯族群。通古斯人中的满族（锡伯人）被划分为南通古斯人，赫哲族是后来从女真人中分化出来的一支，其体质特征介于南北通古斯人之间，其他的通古斯人皆属北通古斯人。南北通古斯人虽然出自同一原始族群，但外表上还是有一定区别的，如南通古斯人（满—锡伯）具有长面、直鼻、眼距较近、眼裂较小和上眼无褶皱等特点，北通古斯人具有脸型较宽和皮肤颜色发蓝等特征。当然这些特征不是绝对的，因为南北通古斯人毕竟都属于一个原始的族群，并且他们之间都存在通婚的现象，所以各方的特征都存在于双方的族群中。

通古斯族的主体为满族，又称肃慎系民族，在不同历史时期称谓不同且不断发展变化。汉、三国时代称为挹娄；南北朝期间称为勿吉；隋、唐时期称为靺鞨；辽、宋、元、明时期称为女真。明代后期，建州女真崛起，统一女真各部，努尔哈赤于 1616 年称汗，建立“大金”（史称“后金”），1635 年，皇太极下诏改女真为“满洲”。“肃慎系民族语言属阿尔泰语系满—通古斯语族，其中以女真语言文字和满洲语言文字为主要代表。女真语、满语与肃慎、挹娄、勿吉、靺鞨等先人的语言有着渊源的传承关系，满语的语言大体与女真语相同，在词汇方面，满语与女真语有 60%—70% 相同。句法结构也大体相同，同时，女真语言文字、满语言文字又与汉语、蒙古语、契丹语有着密切的关系。女真语言文字在形成发展中，受到契丹语、汉语的影响，吸收了大量汉语、契丹语的词汇。女真人初无文字，金太祖阿骨打建立‘大金’政权后，命完颜希尹等参照汉文字和契丹字创制女真文字。希尹等‘乃依仿汉人楷字，因契丹字合本国语，制女真字’，满文则是努尔哈赤于 1599 年命巴克什额尔德尼及扎尔固齐·噶盖仿蒙古文字创制的。”[1]独立的语言、文字是通古斯法族形成的基础,同时,也说明通古斯法族满语的历史发展源流与汉族有着密切的联系,这是满族和汉族融合交汇的“亲和”因素。

“满—通古斯语族为阿尔泰语系三大语族之一,是横跨欧亚大陆的世界性民族,主要分布在中国的北方地区、俄罗斯的西伯利亚地区、蒙古国的巴尔虎地区和日本北海道的网走地区。在中国境内,满—通古斯语族包括满语、锡伯语、赫哲语、鄂温克语、鄂伦春语和历史上的女真语,主要分布在黑龙江、内蒙古自治区、新疆维吾尔自治区等省区。满—通古斯语族下分满语支和通古斯语支,满语支包括满语、女真语、锡伯语;通古斯语支包括鄂温克语、鄂伦春语、埃文基语、埃文语、涅基达尔语、赫哲语、那乃语、乌利奇语、奥罗克语、奥罗奇语、乌德盖语等。也有人认为赫哲语、那乃语属于满语支。满—通古斯语族除了与蒙古语族、突厥语族有着密切联系外,还与日本的阿伊努语、日本语、朝鲜语、美国和加拿大等地的爱斯基摩语、因纽特语、印第安语等有着千丝万缕的联系。在该族群中至今保存着人类早期文明的诸多形态和特征,并且该族群相互间的关系具有诸多的神秘性与扩散性以及历史来源的复杂性和文化习俗的丰富性。另一方面,该族群中的满族及其先人,在历史发展中曾多次崛起,从渤海国、大金国的建立到一统天下的清王朝,其继承了历史封建王朝的大量遗产,但又带有不同于前代的许多民族的文化特征。”[2]

满语因满清王朝的扩张,而逐渐被汉语融合。北京语的形成

---

① 赵阿平:《满族语言与历史文化》,民族出版社 2006 年版,第 1—2 页。
② 同上书,第 2—3 页。

过程就是实例。“1644 年，清军倾八旗主力入关，其中 58% 的兵力进驻京畿地区，顺治五年(1648 年)又将北京内城明代汉人尽徙于城南，内城住进了东北下来的大部分满蒙汉军旗人。清朝皇帝虽然下令汉人改兴满族习俗，但却鼓励满汉通婚，并且多设八旗官学、宗室觉罗学，提倡八旗子弟同时学习满汉双语文，这种宽松的文化政策十分有利于清初北京内城汉军汉语和满族满语的交叉融合。满汉词汇杂糅的句子屡见于皇帝和旗人知识分子的著作之中，满洲旗人当时描写语言使用的状况是‘入则讲满，出则讲汉’，而内城汉军及眷属的汉语中也夹有大量的满语词汇，仅从清代版本的《清文启蒙》满汉合璧的汉语词中，处处都有带着丰富满语特征的句子，就可窥见‘一斑’。经过一百多年的内城满汉语言的融合历程，至乾隆中后期，就出现了内城满语逐渐放弃不用，改说满式汉语(即后来所谓的旗人话)的发展趋势，随着清朝旗人‘国语骑射’的逐渐废弛，北京内外城界限的逐渐被打破，出现了内城旗人‘出旗为民’，外城汉人升官进城的交叉移民的杂居情况。语言上，也就开始了内城以满式汉语为主的满语和外城以明代官话为主的汉语频繁接触和融合的进程，从这个进程中，我们可以看到京腔儿(即后来的北京话)形成的渐变性过程。”①

满语还因民族杂居融合而与汉语融合。“早在嘉庆中、后期，汉族居民逐渐从盛京和山东迁来此地，特别是在咸丰、光绪两朝，大量的山东饥民不断涌入，拉林地区便逐渐由满族居住区变成汉满混居住地，满族单一的文化习俗在巨大的不可抗拒的民族融合浪潮和历史演化过程中，使满族固有的文化习俗被多元文化习俗

---

① 王钟翰等编:《满族历史与文化》，中央民族大学出版社 1996 年版，第 244—245 页。

所替代，他们不懂满文，操用汉满两种语言，直到拉宾铁路修成通车之后，满语最后被汉语所代替。他们讲汉语京腔味很浓，有些音变的满语语词已融汇于他们生产、生活的各个方面，更由于历史的原因，在京旗满语中还混入某些盛京和阿勒楚喀语腔成分，给研究辨别京旗满语和其他语韵带来一些困难。”①

通古斯族系信仰萨满教。宋人徐梦莘说“珊蛮者，女真语巫妪也”。这话一针见血地道出萨满教的实质。第一，出于通古斯语的“珊蛮”，即萨满，就是巫师。巫师是天神的使者、氏族的保护神。萨满教在万物有灵和灵魂不灭的观念的支配下，认为山川草木、飞禽走兽无处不有神，神灵是主宰一切的。这种多神教和人神之间的关系还是原始氏族社会和初民的原始思维的主要特征之一……第二，就是“巫妪”，实即以女萨满为主角，满—通古斯人的萨满教，以自然崇拜为核心，包括动植物崇拜、图腾崇拜和英雄祖先崇拜，而又明显地反映了渔猎时代母系氏族社会的遗迹，女萨满占了绝对的优势。② “萨满教是万神殿，多彩多姿的祭礼中供养着各种神灵。大致可分为自然神祇、图腾神祇、英雄祖先神祇。自然神祇有日、月、星辰、光、水、雷、电、雹、雪、风、雨、石、山、洞、海等自然物或自然现象，以火神为首神。自然神祇还有众多的动植物神祇，动物神祇有虎、豹、狼、水獭、蟒、蛇、鹰、雕、乌鸦、喜鹊等，在祭礼中的鹰神为众野神的首神；植物神灵常见的有柳、柞、榆、桦等树木，其中柳崇拜最为重要，带有浓重的图腾崇拜意味。”③萨满教的多神教特点使其宗教不易与政治相结合，它没有

① 波·少布：《黑龙江满族述略》，哈尔滨出版社2005年版，第140—141页。

② 参见富育光、孟慧英：《满族萨满教研究》，北京大学出版社1991年版，第2—3页。

③ 王宪刚：《满族与萨满教》，中央民族大学出版社2002年版，第6页。

集中的、统一的、圣祖般的偶像，例如，基督教中的耶稣，伊斯兰教中的真主，佛教中的“释迦牟尼”等。萨满教与原始社会渔猎经济相适应，决定了其不可能成为建立在农耕经济基础上的封建王朝意识形态，这也是通古斯法族缺乏竞争力而被汉法族所吸收融合的重要因素。萨满教没有形成像佛教的《藏经》、伊斯兰教的《古兰经》、基督教的《圣经》等的经典教义，也无明文规定宗教单一信仰，也不排除异教徒之间相互通婚，这也是通古斯法族极易融合的因素。

满族具有自己的生活风俗。例如，满洲的服饰、发式直接承袭了女真人喜尚皮表、适于射猎、编发为辫的基本习俗，同时又融汇了汉族、蒙古族等服饰的某些形式。其服饰、发式，如袍、褂、鞋、帽、发辫等具有浓郁的民族风情。“北方冬季严寒多雪，故女真人的服饰与前代一样，多以皮毛为主。仍土产桑蚕，‘贵贱以布之粗细为别，富人春夏多以纻丝绵绸为衫裳，亦间用细布。冬以貂鼠、青鼠、狐貂或羔皮为裘。或作纻丝绸绢，秋冬亦衣羊皮，或獐、鹿皮为衫，裤、袜皆以皮’。冬季，无论贵贱贫富皆衣皮服，衣、裤、帽、袜均用兽皮制成，以拒风寒。满族由于长期居住在高寒地带和由于射猎生活的需要，无论男女老幼，富贵贫贱都穿袍。满语称为‘衣介’，因为它是八旗人特有的一种服装，所以后世称其为‘旗袍’。袍的基本款式是圆口领、窄袖、左衽，衣摆四面开衩，有扣袢、束腰带。男袍下摆肥大，适体长至脚面。这些特点尤便于骑射，故也称‘箭衣’，往往在袍的窄袖口部加上一个半圆形的袖头，因其形像马蹄故称‘马蹄袖’。冬季骑射可暖手防冻，利于射箭，故也称‘箭袖’，满语称‘哇哈’。平时挽起，冬季打猎或作战时放下，覆盖手背以御寒。最初的旗袍两面开衩，便于骑射，本无贵贱等级之分。皇太极时期，长袍开衩变成了区分等级的标志。皇族宗室开四衩，官吏士庶开两衩，并以开衩之袍为官服、礼服。不开衩的袍为便服，俗称‘一裹圆’。妇女旗袍和男子大致相同，但更讲究装饰。领口、袖头、衣襟都绣上不同颜色的花边，有的多至几十道。还有一种女式旗袍叫‘大挽袖’，即把花纹绣在袖里，‘挽’出来之后，更显美观。满族男子的冠帽有礼帽和便帽之分。礼帽俗称‘大帽子’，为贵族官吏所戴，或平民出门会客时戴。秋冬戴礼帽，春夏戴凉帽。暖帽有檐，呈圆形，依天气冷暖和经济条件而分别镶以呢、绒及各类皮子，多黑色，中间装有红色帽纬，帽子最高部分装有顶珠和花翎，它是等级的标志。顶珠多为珠宝，颜色多为红、蓝、白、金等。凉帽也称‘草帽’，无檐，形如覆釜，用‘得勒苏’草或藤、竹或麦秸编制，外裹绫罗，以白色居多，与暖帽一样皆加以红缨一团为饰，与元代蒙古的瓦楞凉帽有渊源。初尚扁而大，后尚高而小。凡礼帽顶珠下装有短翎管，用以配饰羽翎。满族发饰最能显示其民族特色，男子半剃半留，编发作辫。‘半剃半留’即把前额和周围的头发剃去，只留颅后发，编成一个大辫，垂于脑后，富家子弟常于辫梢系上珍珠、宝石或金银坠角。满族发式沿袭了女真人的旧俗，不但跟汉族的‘总发为髻’大不相同，就是同北方其他骑射民族通行的编辫发式也有区别。满族入关后，在全国强制推行剃发，使之成为清代各族的共同发式，直至辛亥革命。女子发式，幼年时期与男孩一样，也是剃去四周的头发，仅留颅后发，成年待嫁蓄发，或梳单辫，或绾抓髻，谓之‘留头’。已婚女子把头发梳到头顶，平分成两把，结成横长式的发髻，余发在脑后绾成一个扁髻，呈燕尾状，谓之‘燕尾’，这就是最有代表性的‘两把头’。”①

满—通古斯语族民族受山地自然环境的制约,整体上看属于渔猎(游牧)经济。通古斯法族与其生成的基础游牧经济是密切相关的。游牧经济产生于一定的地理条件。通古斯族的居住地自古以来就是天然的优良牧场,这里的自然条件适合牧业经济。“辽阔的草原、丰盛的牧草和蒿类,以及多种盐土植物生长的肥沃土地,水源充足、长期地广人稀等条件,都为游牧经济发展准备了必要的条件。狩猎生产是水达达女真中,又一经济部门。他们驰骋在松花江南北大地,猎取生活资料,故史称‘混同江南北之地,其居民皆水达达之人,各仍旧俗,无市井城郭,逐水草为居,以射猎为业’。他们的狩猎产品,除供给各部自己生活需用外,还要向元朝政府纳税。因此元世祖六年(1269 年)二月,有‘水达达户减青鼠二,其租税被灾者免征’的记载。证明青鼠皮是水达达女真向元朝政府纳税的重要狩猎产品。水达达女真人还从事渔业生产,特别是居住在黑龙江、松花江的水达达女真人,多以鱼为食。因此,至顺元年(1331 年)九月的谕旨称:‘辽阳行省水达达路,自去夏霖雨,黑龙江、宋瓦江(即松花江)水溢,民无鱼为食。’因此可见,渔业生产在其民族经济生活中的地位更加重要。”②

游牧经济基础在战马时代具有军事上的优势,这也是通古斯族群征服了农耕经济基础的汉族的决定性因素。而当人类发展进入工业文明时代,游牧经济并不具扩张优势,这也是通古斯族群日益被汉族融合的原因。

通古斯满族系的政治王朝以“八旗”制度为根本保障。在八

---

① 张佳生:《中国满族通论》,辽宁民族出版社 2005 年版,第 199、200、203、204 页。

② 滕绍箴、滕瑶:《满族游牧经济》,经济管理出版社 2001 年版,第 1、5、6 页。

旗制度中，牛录（佐领）是基层组织单位，始建于1853年努尔哈赤起兵之时，旗（固山）在1583年之后未久亦始编建，在1587年已建有四旗，1615年努尔哈赤又续建四旗，是为八旗，遂为定制。以兵制建旗，八旗分别为镶黄旗、正黄旗、正白旗、正红旗、镶白旗、镶蓝旗、镶红旗、正蓝旗。旗（固山）是八旗中最高形式，下辖甲喇（参领）、牛录（佐领）。牛录为基层组织，甲喇承上启下，固山总统之。固山的对应汉语为"旗"。故称为"八旗"。牛录是八旗组织的基本单位，"凡出兵校猎不计人之多寡，各随族党屯寨而行。猎时，每人各取一矢，凡十人设长一领之，各分队伍，毋敢紊乱者，其长称为牛录额真"。所属九人听他的指挥，努尔哈赤把从战争中合并来的各部落的诸申、诺尔根，统一组织起来，规定每三百人编一牛录，每牛录置一牛录额真（汉译为佐领）。牛录额真之下置代子二人（即骁骑校）作为副手。每五牛录置"五牛录主"（即甲喇额真，汉译为"参领"）。每五个甲喇构成一个"固山"，即"旗"。[①] 八旗制度与通古斯法族虽无必然的联系，但其作为满清王朝的根本政治和军事制度，确实促进了满族在中国的统治地位，因此，其可以说是通古斯法族的重要历史遗产。

① 参见朱正义：《漫话满族风情》，辽宁民族出版社2002年版，第16页。

行走在“圣”与“俗”的历史之道上

——以宗教与法的命题为中心*

一、教会法系导论

教会法广义上是指整个基督教会及其各个教派在不同历史时期的规范和汇编。狭义的教会法仅指中世纪天主教法。教会法在公元10—公元15世纪达到繁荣时期，在15世纪之后走向萎缩时期。教会法的法源包括《旧约圣书》和《新约圣书》、教皇教令集、宗教会议决议，等等。教会法的主要内容包括以下几个方面：(1) 关于神职人员的规定。教会有着等级森严的教阶制度，不同教阶的神职人员享有不同的权利与义务。(2) 关于民事方面的规定。在财产权、契约、婚姻家庭方面的教会法规范是教会法的重要组成部分，并规定有一套较为完备的遗嘱继承制度。(3) 关于刑事方面的规定。教会法区分一般罪孽和刑事罪孽，后者成

---

* 本文原载于《全国外国法制史研究会2010年年会论文集》。

为教会法上的犯罪。(4)关于法院和诉讼等方面的规定。教会拥有独立的教会法院体系,有普通法院和特别法院,同时也有自己的教会诉讼程序(纠问式程序)。教会法因源远流长,而备受世人瞩目。因此,在探讨教会法时必须首先对宗教与法律关系加以分析并确立"圣"与"俗"之间的若干命题。

宗教与法律的关系,这是思想家亘古永恒的命题。常言道"不识庐山真面目,只缘身在此山中",一定时期的思想家或学识者作为世界(精神世界和物质世界)的具体分子,其特定的思维不仅仅与其个人的学识(教育和文化背景)相关联,而且也无时不受到物质世界的诱惑或者不良影响,因此,完全或完整的方法往往不是规律和真理,抽象的逻辑也只能是象牙塔中的学问而已。只有历史的归纳和演绎才是通向真理的不二之途。从历史上看,宗教与法律(实定法)是一种"圣"与"俗"的关系。"圣"意味着精神世界,"俗"意味着物质世界,又称世俗社会。从概念上看,"灵魂"与"身体"是峻别并分属于两个不同的世界。由于法律和宗教同是一种文化,同时教会规范与法律规范在"圣"与"俗"的世界中相遇和相交,也就形成肇始于中世纪的宏伟壮观的基督教教会法。从法文化角度进行比较法系类别分析,可以看出教会法在鼎盛时期已形成一个集属人法与属地法为一体的普遍的法律地位。因此,在法系比较分析中,教会法因其特有的标志,而作为一个独立法系来看待。

关于法文化,有各种各样的定义和解释。日本比较法学家、法社会学家千叶正士将法文化定义为"作为法而出现的一个社会所特有的文化统合"①,通过法调整人类的生活样式,从文化侧面

---

① 日本法哲学会编:《宗教与法》,有斐阁2003年版,第22页。

上来分析法与宗教的关系，并将宗教与法的关系归类为“圣”与“俗”的关系。“教会法早期是‘神法’，即自然法，在经历了自然法实定化后又通过 EDF 中的神学和教会法学的过程。”[①]13 世纪以后的教会法学就倾向于实定法 = 制定法中心主义。经过 11 世纪至 12 世纪初叶的格列高利改革，在这个时期，教会整备了自己的权力构造。这个时期，教会权力通过设立教皇首位权，并先于世俗权力，成功地进行了权力的中央集权化、官僚化。实定法 = 制定法中心主义，这样的教会权力构造是适合教会法学的存在方式。而且，世俗法学（罗马法学）也在君主权的法理基础上对应世俗权力的构造发生变化。并且，即使在此也可以说在中世纪习惯权利已处于被排斥倾向。在以上圣俗两权构造变化的基础上，到了近代才开始了圣俗的分离和“法的世俗化”。作为“法的世俗化”的直接前提是圣俗两权的分离。欧洲的圣俗两权的分离在理念上是在古代末期所主张的，而中世纪盛期，在政治上最终得以解决。即在上述的格列高利改革过程中，教会与国家围绕着圣职叙任权进行激烈的斗争（叙任权斗争）。这一斗争最终以沃尔姆斯宗教协约而结束。一方面是确认教皇的司教叙任权，另一方面又规定皇帝在对作为诸侯的司教选出上被授予俗权。这种妥协与政教协约的基础理论就是所谓政教两权分离论（temporalia 与 spiritualia）概念的分离。在欧洲继续出现教会的世俗支配和国家的教会支配或者皇帝（国王）神圣化的倾向。但绝不是两极的整合、合体，而是基本上维持着“二元主义”，并在这种框架下反复地对立与协作。“圣”与“俗”两权分离，就是在以上历史状况下才

① 日本法哲学会编：《宗教与法》，有斐阁 2003 年版，第 22 页。所谓“EDF 是在注解“Decretum Gratiani”题头上所看到的法分类（ius naturak-mos/les divina-lex humana）之时，而使用的“自然法—实定法”这种二分法。

可能出现的特殊的欧洲现象。以这种特殊的欧洲现象为前提,就使教会化的世俗化已经成为可能。[①] 关于教会法的世俗化是与教权和皇权的斗争与合作相联系的。此可以从基督教的演化史上加以观察。

基督教在罗马帝国时代,已从天主教创始时期的革命性演化为一个与世俗权力相互利用、又相互斗争的又一“世俗王国”,过分膨胀的教会权威(教皇)与世俗权威(国王)发生激烈的矛盾。同时,教会的金字塔式的等级制度以及特权导致的腐败堕落都预示着一场新的革命。有关皇权与教权关系的争论由来已久,早在6世纪,罗马主教格列高利一世就曾以奥古斯丁的《上帝之城》为依据,提出世俗政权必须服从教会,他本人也已拥有了一定的世俗权力。以后,罗马主教又提出“两把刀”理论,根据《路加福音》第22章第38节“他们说:‘主啊,请看! 这里有两把刀。’耶稣说:‘够了。’”这段经文,把“两把刀”解释为神权和政权(即教权与皇权)。一把司惩罚(指政权),一把司拯救(指教权)。这两把刀都属于彼得,而教皇是彼得的继承者,所以教权与皇权都属于教皇,教权高于皇权,教皇高于封建君主。随着教皇权势的扩大,教会上层人士对世俗统治者控制教会的做法日益不满,他们不仅设法摆脱封建主的控制,而且还力图使教权凌驾于皇权之上。一些不满于教会中各种污秽、腐败行为的教会改革派人士,也把这些弊端归结为世俗权力对教会的干预,主张强化教权,限制世俗皇权。[②]

而宗教改革却将人的世界过原于精神世界和世俗世界,从而

---

① 参见日本法哲学会编:《宗教与法》,有斐阁2003年版,第25—26页。

② 参见王美秀、段琦、文庸等:《基督教史》,江苏人民出版社2008年版,第84页。

确立“圣”与“俗”的分离。“路德把格列高利两把剑理论——精神权力和世俗权力、教会和国家彼此影响——换成了一套新的‘两个王国’的理论。他教导说，教会属于恩典与信的天上王国，它受《福音书》统治。而地上王国，即‘此世’之王国是罪与死的王国，它受法律的统治。路德认为他的这一教义是革命性的，他写道：关于《福音书》和法律的区别，在古代教父的书中不能找到什么线索。奥古斯丁(Augustine)知道一些这种区别并指了出来，杰罗米(Jerome)和别的人就不知道了。这样，路德的教义就把教会作为一个挥舞剑柄的实体——一个看得见的、团体式的、等级制的、政治和法律的共同体——的属性剥离了。取而代之的观念是：教会成为一个纯粹的精神共同体，它是和平、喜乐、恩典、救赎和荣耀的天上王国的一部分。”①

可以说新教教义是西方法治的概念范畴。首先，它确立在权力体系上“圣”(精神)与“俗”是两个对立的理论。而这个“圣”与“俗”对立是通过教皇与国王对立斗争而形成的西方法律传统。“在教皇权势发展达到顶峰时，‘教权’与‘王权’(皇权)是围绕着主教叙任权展开激烈斗争的。‘主教叙任权’是指授任主教与修院院长等高级神职的权力。罗马教会仿照中世纪初期世俗封建主分封其附庸的做法，在祝圣主教与修院院长时，授予权戒和权杖，象征他们拥有领地内的宗教权力；同时，授予世俗封建主权标，象征他们拥有领地内的世俗权力。但在皇权强盛时，封建君主强调‘皇权神授’，上帝不仅赐予他们世俗统治权，同时还赐给他们教会管理权，授任神职之权应属封建君主。”②

---

① 〔美〕哈罗德·J. 伯尔曼：《法律与革命(第 2 卷)——新教改革对西方传统的影响》，袁瑜瑶、苗文龙译，法律出版社 2008 年版，第 43 页。

② 王美秀、段琦、文庸等：《基督教史》，江苏人民出版社 2008 年版，第 84 页。

1049年，教皇利奥九世(Leo IX,1049—1054年在位)在罗马召开宗教会议，痛斥神职买卖和神职人员结婚。同年，他又在兰斯召开会议宣布："凡不经教士和信徒选举者，不得任教会领袖。"利奥九世去世后，继任的教皇维克多二世(VictorII,1055—1057年在位)继续坚持其前任的主张。1056年，皇帝亨利三世(Henry III)逝世，亨利四世(Henry IV,1084—1106年在位)年仅6岁，由皇后摄政，以克吕尼修道院为代表的改革派趁机发动教会摆脱皇权控制的运动，这就是中世纪著名的主教叙任权之争…… 1099年，帕斯卡二世(Paschal II,1099—1118年在位)继乌尔班二世为教皇，为争夺主教叙任权与皇帝亨利五世发生矛盾。1110年，亨利五世进军罗马，迫使教皇让步。1111年，双方达成协议：皇帝不再坚持主教叙任权，但教皇答应德国主教把政治、经济权益完全移交给皇帝，然后教皇为亨利五世加冕。这个协议遭到德国主教们的激烈反对，他们拒绝交出自己的政治、经济特权。教皇无奈，撕毁协议。亨利五世下令囚禁教皇和枢机主教，强迫教皇交出权杖和权戒，承认皇帝对教会选举产生的主教、修院院长有叙任权，并为亨利五世加冕。教皇的退让激起克吕尼改革派的反对。1112年3月，改革派挟持教皇召开拉特兰宗教会议，否认皇帝有主教叙任权，并于同年9月召开维也纳会议，宣布绝罚亨利五世。

"维也纳宗教会议绝罚亨利五世后，亨利五世再次出兵罗马，驱逐了教皇帕斯卡二世及继任者杰拉斯二世，另立新教皇卡立克斯特斯二世(Calixtus II,1119—1124年在位)。1122年，双方订立《沃尔姆斯宗教协定》达成妥协，规定德国主教及修道院院长由神甫自行选举，选举时，皇帝莅临监督；选举发生争议时，由皇帝和大主教等共同协商解决；皇帝交出象征宗教权力的权戒和权杖；教皇承认皇帝的世俗叙任权，即皇帝用权标(笏)触及受神职者表示授予世俗权力;神职人员必须先得到皇帝的承认,领受了世俗权力后,才能由教会举行祝圣典礼(其他地区则是先由教会祝圣,然后在6个月内领受皇帝的世俗权力)。于是,历时数十年的主教叙任权之争,暂时告一段落,教皇的权势已发展到足以与皇权对抗的地步。从此,确立了中世纪西欧的分权局面,这对近代西方分权制度的发展有深刻影响。"①

"宗教文化的特殊性首先在于,它虽然就其本质和内涵说,也具有人化的性质,同世俗文化没有什么两样,但是,就其表现形态看,则它便明显地区别于世俗文化;它不是以世俗的人为中心的文化,而是以一种作为信仰对象的神圣为中心的文化。宗教文化的另一个特点在于,虽然就宗教本身本说,它也是物质文化(如教堂、寺庙等)、制度文化(如宗教组织)和精神文化(如宗教观念或神学理论)的统一,但就其在整个社会文化大系统中的地位而言,它是享有大多数其他亚文化所没有的特殊地位。""人们常把物质文化理解为文化的表层结构,把制度文化理解为文化的中层结构,把精神文化理解为文化的深层结构";"从文化系统和文化结构的立场上看,宗教文化显然属于精神的范畴,处于文化的深层结构之中"。②

作为"圣"方面的教会法,与作为"俗"方面的国家法(世俗法),二者存在以下不同点:(1) 目的不同。就国家与国家法的具体目的来说,有各种各样的见解(共同善的实现、社会福利、正义与和平的保障等),此是有关人类生活在社会中的目的。与此相反,教会与教会法的最大目的与存在理由则在于包括来世的灵魂

---

① 王美秀、段琦、文庸等:《基督教史》,江苏人民出版社 2008 年版,第 84、87、88 页。

② 段德智:《宗教学》,人民出版社 2010 年版,第 232—233 页。

之救济(把人圣化并施予为此目的的基督教)。从像这样的超自身的目的出发,“灵魂的救济成为最高之法”(salas animarum supreme lex),这样的格言自古以来都成为教会法适用的指导理念。(2) 达到两者目的的制度不同。因为两个制度的目的不同,因此,所谓信仰是基于人类的完全的自由,并不得加以强制,所以,教罚的场合也不存在各种类的制裁乃至有刑罚(但没有死刑、自由刑等)。而且,教会的首要目的是把人与神相联结(圣化)并通过施加七种秘迹(sacrament)而进行的。(3) 适用范围不同。与国家法一般适用于一定的主权国家(其领土与国民)相反,教会法本质上适用于全世界的所有基督教徒。因此,作为教会的成员,可以说并不存在领土和国籍。从教会最初附加的“天主教”这种形容像是由来于希腊语(καθολικόS)的词语,具有“普遍”乃至“治疗”(καθ'όλου)的名义。(4) 政体不同。由接受教化的信徒所构成的教会也与由国民构成的国家一样,有必要加以统治。在由基督教所直接设立的教会中,存在教皇,这像王朝那样的国王。因此,并非与国家不同而由来于人类的意思,也不可称之为贵族制和民主制国民主权和共和政体(也没有三权分立与近代国家相同的形式)。而到了近代,世俗政权已胜于教会权力,而世俗政权又纷纷将教会法纳入国家法(实定法)的体系中,因此,教会法作为一个独立的体系逐渐消亡。但是教会法作为一种团体法和组织法(有社会之处就有法),却沿袭了中世纪教会法文化的基本因素。无论是西方的思想学家和政治家,还是中国的思想家和政治家,都有认为“宗教是人类精神的鸦片”之贬语,并试图取消宗教,但却都不能如愿以偿。例如蔡元培提出“以美育取代宗教”,胡适提出“以科学取代宗教”,冯友兰提出“以哲学代宗教”,梁漱溟“以道德代宗教”,均不能达到灭绝宗教之效果。而近代国家无论资本主义国家还是社会主义国家均肯定宗教(信仰)自由。而正如梁启超谈到宗教文化时所指出的,“宗教为之地间不可少之一物”,“中国人现代最大的病根就是没有信仰”,“信仰问题不可以不说”,而“信仰必须根于宗教”。[①] 因此,以“宗教”与“法律”作为“圣”与“俗”关系的两个方面,首先必须肯定各自的存在,同时二者共同作为法文化,也并不因教会法的表现形式发生变化,而由国家法取代教会法。因此,从法文化上看,教会法的演变并不意味着教会法系已埋入历史的坟墓。

“圣”与“俗”既有斗争的一面,又有相互影响和相互促进的一面。近代的学校和大学制度以及法学院(法学教育)均源于中世纪教会的修道院。“今天西方各国的教育制度,直接起源于中世纪的教会教育。诚然,在中世纪以前,欧洲也曾有过学校,如古希腊雅典时期和古罗马时期的教育,就是西方教育史上非常重要的一环。不过,古希腊罗马的这些学校,后来都随着日耳曼蛮族入侵罗马帝国而埋没在所谓‘黑暗时期’的混乱中了。另一方面,基督教会出于传教的需要,却又开始了宗教教育。实际上,基督教在尚未被欧洲人接受之前,大约在公元 2 世纪的时候,就已经在北非和小亚细亚一些地方创立了一种类似于学校的机构,称之为 Kapechumenat, 意思是‘问答’,也就是通过教徒与神父之间的问答来修习有关信仰的知识。这类机构后来就被称为‘问答学校’,可以说是基督教会最早的教育机构。到了公元 4 世纪 40 年代,基督教已在欧洲各国建立了教会。为了培养足够的神职人员,教会便建立起有相当规模的修道院。”[②]“修道院是中世纪基督

① 段德智:《宗教学》,人民出版社 2010 年版,第 237 页。
② 刘文荣:《西方文化史》,文汇出版社 2010 年版,第 102 页。

教会最重要的教育机构，也是后来西方近代大学的雏形之一。除了修道院，大约在公元 8 世纪时，当时的法兰克王国和英格兰王国还建立起一些从事世俗教育的‘教区学校’和‘行会学校’。不久，各国都予以仿效，于是‘教区学校’或‘行会学校’便和修道院同时存在，构成了中世纪教育的两大主干。”①因此，确立了“宗教教育”和“世俗教育”两者并存的格局。

修道院教育有宗教性科目（神学）和非宗教性科目。即所谓“自由七艺”，“自由七艺”就是文法、修辞、辩证、几何、算术、天文和音乐。大约到了公元 6 世纪初，修道院教育的范围除了宗教课程和“自由七艺”之外，又加入了历史、科学、法律和技艺等内容。“修道院是中世纪最重要的教育机构，也是当时的文化中心和西方文化发展中的重要一环。修道院教育对西方文化的贡献首先在于，它是西方近代教育体制的雏形，其影响至今仍在西方教育中有所体现，如社会化的职前教育，最初就是模仿修道院教育而形成的；其次是中世纪修道院保存了大量的古代典籍，如不少古希腊罗马的文学著作和学术著作，就是由于修士们在埋头抄写才免遭中世纪频繁的战火毁灭而留存至今。”②

“西欧真正的早期大学，是在阿拉伯人的影响下，由原先的修道院演变而来的。一般认为，意大利的萨莱诺大学和波隆纳大学以及法国的巴黎大学，是欧洲最古老的大学。”“如果说萨莱诺大学是以医学为主的话，那么位于意大利北部的波隆纳大学则偏重于法律研究。波隆纳城一向是意大利罗马法研究的重镇，在西罗马帝国灭亡后的数百年间一直保持着古罗马的遗风。中世纪初，

---

① 刘文荣：《西方文化史》，文汇出版社 2010 年版，第 102 页。

② 同上注，第 106 页。

那里也建起了修道院，但由于受当地风气的影响，修道院教学也以法学为主。除了研究罗马法，波隆纳修道院还侧重于教会法研究。大约在12世纪40年代，有个叫格雷蒂亚诺的修士在那里编纂了一部《教会法典》（亦称《格雷蒂亚诺法典》），此后不仅教会法和民法开始分科研究，而且也使波隆纳成了教会法研究中心，修道院附属的法学院名声遐迩，各国学者都前来留学，学生人数曾超过4 000，这在中世纪几乎是绝无仅有的。而波隆纳大学，就是由法学院演变而来的。"[①]因此，可以说基督教会法（学）文化对近代法（法学）产生具有启蒙和启示的作用。"圣"与"俗"也存在相互影响、相互促进的作用。

伯尔曼认为，在绝对化的"圣"与"俗"调整（宗教与法律）的关系上，近代科学模式是"世俗—理性"模式，此与马克斯·韦伯在经济上的理性资本主义精神的阐述具有异曲同工之妙。"当代社会科学用'世俗'和'理性'一类语词来概括现代法律的特征。所谓法律的世俗主义，是与对神法或为神圣信念所唤起的自然法之信仰的衰落联系在一起的。人们认为，现代国家的法律并不反映有关终极意义和生活目的的任何一种观念；相反，它的任务是有限的、物质化的、非人格的——去发挥某种功用，让人们依某种方式行事，如此而已。"[②]而在这种法律模式下，教会与教义则是真正的纯粹的"上帝"属于精神领域的事物，建立在形而上学的"二元"对立的概念和逻辑的基础上，是排斥了法律与宗教的共同要素的，而且是截断了法律与宗教的共同文化基础和遗传要素。伯尔曼认为，在"圣"与"俗"对立的基础上的宗教与法律的联系与

① 刘文荣：《西方文化史》，文汇出版社2010年版，第110、111页。

② 〔美〕伯尔曼：《法律与宗教》，梁治平译，中国政法大学出版社2003年版，第14—15页。

沟通主要有以下四个方面：首先，通过仪式，亦即象征着法律客观性的仪节程序；其次，经由传统，即由过去沿袭下来的语言和习俗，它们标志着法律的衍续性；再次，依靠权威，即对一些成文的或口头的法律渊源的依赖，这些渊源本身就是决定性的，它们标志着法律的约束力；最后，凭借普遍性，即主张法律包含了象征法律与绝对真理之间联系的普遍有效的概念或者洞见。这四种要素——仪式、传统、权威和普遍性——存在于所有法律体系，一如它们存在于所有宗教里面。它们提供了一种语境，任何一个社会（虽然有的社会在程度上不及其他社会）的法律规则都是在这一语境中被宣示，并且从中获得其合法性。[①] 这种仪式、传统、权威、普遍性都是法律文化的表现方式或者标志性特征，它是沟通"圣"与"俗"的形式。在法律与宗教的关系上，除了这些形式上的沟通和联系外，还有伯尔曼所未涉及的内容上的联系与沟通。此也是本文以法律文化论的角度探讨"圣"与"俗"的关系的目的所在。作为一种法律文化，教会法的观念和思想对世俗法上的近代国际法、公法、私法、刑事诉讼法、民法、民事诉讼法均产生了不同程度的影响。[②]

后现代的理论，特别是解构主义要求我们对近代社会所形成的"二元对立"的"圣"与"俗"的形而上学的概念和逻辑结构进行解构，并在拆解的基础上加以重构。本文拟从三个最具代表性的命题，即在"耶林命题""韦伯命题""杰斐逊命题"上，对法律与宗教的内在关系进行有益的探索。

---

① 参见〔美〕伯尔曼：《法律与宗教》，梁治平译，中国政法大学出版社2003年版，第20—21页。

② 参见屈文生译：《论教会法对于世俗法的影响》，载 http://qurstrans. bokee: com//6622432. html，2000年11月19日访问。

二、耶林命题:罗马曾经三次征服世界

耶林在研究罗马法时,通过经验的历史归纳,得出了一个著名的历史结论,即"罗马曾经三次征服世界。第一次用武力,第二次用宗教,第三次用法律。武力因罗马帝国的灭亡而消灭,宗教随着人民思想觉悟的提高、科学的发展而缩小了影响,唯有法律的征服世界是最为有效的征服"。这个结论中的"法律",不仅仅指国家实定法,更为广泛地指罗马法律(包括罗马世俗法和教会法)。作为一种法律文化,其不因罗马帝国的灭亡、基督教会的影响力缩小而消灭或灭亡。从欧洲文明的法治主义传统上看,罗马世俗法和教会法的法律精神和法律传统作为一种法律文化不仅没有在原罗马帝国领域中消失,而且成为整个欧洲甚至整个世界的法治文明的渊源和源泉。鉴于本文并不研究以罗马私法为内容的罗马世俗法,因此以下仅以罗马基督教会法作为一种法律文化来论述"耶林命题"。

耶林认为"第一次征服"的武力因罗马帝国的灭亡而消灭。广义的罗马帝国系一个泛指的封建王国的称号,是在罗马共和国(公元前509—公元前264年)之后,由渥大维建立了元首制,并从奥古斯都时代(公元前31—公元前14年)开始了罗马帝国时代(公元前27—公元305年)。公元305年狄奥多西一世(Theodosius)逝世后,罗马帝国分裂为西罗马帝国与东罗马帝国,西罗马帝国在公元405年灭亡后,东罗马帝国或称拜占庭帝国名正言顺地成为罗马帝国的正统,直至1453年为奥斯曼帝国所灭。之后,有由教皇加冕的查理曼帝国和神圣罗马帝国(962—1806)。此外,

拜占庭帝国灭亡后，一直与拜占庭关系良好的俄罗斯帝国自视为罗马帝国的继承者，首都莫斯科号称“第三罗马”，“沙皇”一词也是从恺撒而来的。从基督教的天主教、新教和东正教在欧洲的主要影响范围上看，上述泛指的罗马帝国称号与基督教会影响范围的一致性，就不难窥见罗马帝国与基督教会的密切关系。

且说，罗马帝国（东西罗马帝国）灭亡的原因，表面上看是罗马帝国的战争失利，而战争又取决于军队制度。“罗马军团是一种建立在农业文明基础上的步兵制组织，最早的罗马军团是罗马方阵（公元前4世纪），每个罗马军团重装和轻装步兵大约4 200人，骑兵300人，每个军团分成30个中队另2个百人队，每个百人队30—60人，当然这不是绝对的，诸兵种中队的编制也是有所不同的。按照士兵的年龄、训练程序、战斗经验，重装步兵分成三列，第一列是最年轻和没有什么战斗经验的士兵（枪兵），第二列是由成年的有一定战斗经验的士兵组成（主力兵），第三列是年长且战斗经验丰富的老兵，被称为后备兵。第一、二列各有10个中队，每个中队120人，第三列也是10个中队，但人数却只有60人。每列之间要保持一定的距离，以便于两列之间的退后或者前进，前两列是主要的战斗阵列，所以稍微的靠近点，第三列最远。另外还有1 200名轻步兵和300名骑兵，他们列于阵列的最前方或者两翼。罗马军团三列队法的最小战术单位是中队，第一线中队为一个小方阵，排成6列，每列20人，两人之间相隔是1.8米——近2米的距离，各中队间隔是36米。当阵列排开时，第二线各中队列于第一线各中队的空隙后面。这就是罗马军团著名的三列队法。恩格斯给予三列阵列法高度的评价，称其为刃兵器时代最完善的步兵战术，罗马军团的单位细分化使得其各个小单位都有高度的机动性，而且克服了地形的影响，能在起伏不平的地形上作战，轮流上前战斗的方法不仅充分发挥了每个士兵的作用，而且具有持续不断的战斗力，加上严明的纪律、便利的指挥系统和受到良好训练的士兵，这一切都使得罗马军团成为那个时代的典范。”①从近代帝国的战争胜利方来看，列队组织和设施无不与帝国军队体系相关。即使在中国，满族的“八旗制”军队建制以及精剽骑兵也为其以少胜多而为其战胜明朝奠定了军事基础。罗马帝国因战争侵略而得之领土，而战争又是靠军事组织和设施而取胜，因此，从罗马军团体系上，不难看出罗马帝国的兴盛。有谓之“成也萧何，败也萧何”，罗马帝国的衰亡原因固然很多，但战争失利以及帝国的政治体制都是其衰亡的直接原因。首先是因帝国版图扩大，军队由义务兵转向职业化，然而因兵力不足而借用雇佣军（例如十字军东征），同时，罗马帝国从中央集权逐渐走向封建割据，统一国家的统一军队指挥作战几乎是不可能。另外，由于是职业军队或者雇佣军队，造成军队拜金主义，所谓正如现代“妓女意识”的比喻一般，当国力衰减、国库不足时，军队的战斗力因“妓女意识”而大为下降。正如在《埃及艳后》影片中所看到的场面一样，安东尼的部属竟因“妓女意识”而“谁给钱为谁做事”，导致军队倒戈叛变风气日盛。而军力衰减、国库不足又与罗马帝国的奢侈相关。由此孟德斯鸠在《罗马盛衰原因论》中得出结论，“罗马的兴盛是因为设立共和制度、法律开明、统治者贤智、人民风俗朴质、品德良善，等等；而罗马的灭亡则是因为施行君主政体的统治和对外的掠夺以及民风败坏，等等”。孟德斯鸠对罗马帝国灭亡原因的分析，至少从某些侧面上揭示了罗马帝国解体的必然性。

---

① 载 http://baike.baidu.com/vieu/250931.htm，2010 年 11 月 19 日访问。

罗马第二次征服世界是用宗教。罗马帝国的宗教广义上称为基督教,现在所称基督教包括了天主教、新教和东正教。基督教从表面上看是从原罗马帝国统治的欧洲分裂为三个教派,其正宗天主教,影响力趋向减弱,但从三个教派的始祖均为耶稣、同样以《圣经》为教义、同样进行洗礼、祷告等各种仪式上看,其本质上仍是同一种宗教,而且随着欧洲殖民地的扩张,基督教也播撒到美洲、非洲和亚洲等地。据不完全统计,截至2004年止,基督教信徒有20亿人,其中天主教110000万人、东正教21600万人,边缘教会3170万人,新教各教派36700万人和英国国教会8400万人,独立教会(不隶属于任何教宗)41400万人。实际上主要是非洲科普特派。因此,纯粹从天主教分布的地域和人数以及与其他基督教派的对比上,都很难得出天主教日渐式微。但耶林认为,"宗教随着人民思想觉悟的提高、科学的发展而缩小了影响",该命题判断也是正确的,从罗马天主教的地位以及对世俗权力的渗透和控制上看,天主教对世界(世俗权力和市民社会)的征服日益趋向于消失。从基督教史上看,基督教产生于公元1世纪的罗马帝国控制下的犹太人居住的巴勒斯坦地区,它首先在地中海地区扩散,而后传播到欧洲。新航路的开辟和新大陆的发现使大批欧洲移民涌进美洲,基督教也随之扩散到美洲。经过不断地发展、演变、扩散,成为世界性宗教,与佛教、伊斯兰教并称世界三大宗教。

基督教渊源于古代犹太教,最早出现在犹太的下层人民中。古代的犹太民族是一个多灾多难的民族,其国家先后被古代的大亚述国、新巴比伦国、波斯等国占领过,公元前1世纪又被罗马帝国侵占。犹太人民起义反抗,又横遭镇压,或被屠戮杀害,或被流放驱散,刀光剑影里,烽火硝烟中,异国他乡的犹太人对国破家亡感受殊深，这种处境、感受与身受，引发了犹太人对生命和现实的思考。他们在现实找不到“乐土”，便寻求一种精神上的寄托和慰藉。正如伏尔泰所说，“即使没有上帝，他们也要制造出一个上帝来”。这样，便产生了基督教，一种信仰“上帝”（即耶和华）和“上帝之子”（即耶稣基督）的宗教。基督教因耶稣基督而得名，“基督”一词是希腊文的音译，意为“救世主”。

基督教的经典是《圣经》（包括《新约全书》和《旧约全书》），其教义认为：上帝创造万物；耶稣基督是上帝的儿子，降世成人，救赎人类；人类的始祖是亚当和夏娃，因偷食伊甸园禁果而被罚人间受罪，所以人生前受苦受难，忍耐顺从，希冀来世接受“上帝末日审判”，或进地狱，或入天堂。

“基督教开始只是在城市里奴隶和贫民组织的小社团，他们以十字架为标志，一起聚会、听道、祷告。后来各城市社团联合成立统一的教会，教会又由于广大中上层有产人士的加入逐渐壮大。教会的领导权由此也转移到大有产者手里。‘把王国给国王，把天国给上帝’，说明基督教的早期的反抗性质日益消弭。313 年，罗马教皇颁布《米兰敕令》承认基督教的合法地位。392 年，罗马皇帝正式承认基督教为罗马帝国国教，并把大批土地、农奴和经济特权给予教会。这样才会逐渐成为中世纪欧洲的最大封建主。”①因此，天主教已经从原初受压迫的奴隶和平民社团演变为欧洲最大的封建主。教会的权力也日益世俗化并向世俗权力发起挑战。罗马天主教会在鼎盛时期，对世俗的罗马帝国具有加冕的权力，同时又有开除教籍等制约权，教会还有自己自成体

---

① 诸葛游侠：《基督教的产生、演变和扩散》，载 http://www.xia.net/#640560673.htm，2000 年 11 月 19 日访问。

系的与世俗权力对抗的宗教裁判所,有权向教民征收“什一税”,甚至可以组织“十字军”东征。然而,随着世俗权力的加强,天主教会内部也发生了分裂。

在基督教的发展史上有两次大分裂:第一次是在1054年,基督教分裂为天主教和东正教。由于政治区划、语言、文化、传统等方面的差异,3世纪以来,基督教也逐渐形成东、西两派,西派以罗马为中心,传播于西欧、北欧和中欧,通行拉丁语;东派以君士坦丁堡为中心,在东欧和俄罗斯发展。随着罗马帝国的分裂,东、西两派裂痕日益加深。1054年,东、西两派正式分裂:东派自称东教(即东正教),西派自称公教(即天主教)。第二次是在16世纪宗教改革后,西欧形成新教和天主教并存的局面。16世纪,随着西欧资本主义的发展,资产阶级力量壮大,资产阶级发起反罗马天主教会的社会政治运动,即宗教改革,从而形成三大新教:加尔文教、路德教和英国国教。这样,在西欧出现新教和天主教并存的局面。因此,天主教丧失了原来政教结合的资源优势,限制“什一税”受乃至被取消,宗教裁判所也取消了相应的对民事和异端的审判权。而作为一个纯粹宗教组织,也只局限在其所有领土的梵蒂冈而已。

因此,从当初政教合一的权力征服效果上看,罗马对世界的第二次征服(宗教征服)也随社会发展而趋向于减弱。然而,尽管教会出现分裂,但基督教三个教派天主教、新教、东正教在信仰和教义上根本是一致的。这种共同的文化,却没有随时间的推移、领地的丧失而消灭,教会法作为基督教文化的重要组成部分,与罗马世俗法一样,形成了罗马法律文化。这种法律文化是罗马第三次征服世界的重要武器。仅从罗马私法上看,渊源于罗马法的优士丁尼法典体系和潘得克顿民法典体系不仅成为欧洲民法文化的典型,而且也渗透到亚洲、拉丁美洲、非洲的法典化国家,形成法律史上颇为壮观的奇迹。

罗马第三次用包括基督教的法律文化征服世界的表现可归纳为以下方面:

(1) 西洋的强烈契约意识,在旧约圣书中就是以犹太民族和唯一的神之间的契约这种形式表现的。"契约"(lberitn,diatheke,testamentum)这种词语,在旧约圣书中出现285次,在新约圣书中出现264次,也是这种强烈的契约意识的表现。

(2) 在基督教中,婚姻是一种秘迹,所以早期婚姻完全视为教会法的制度,而到了近代,这种制度才开始被视为国家法的事物而被世俗化。在西班牙宪法之中,虽引入"政教分离",但直至如今教会法上的婚姻同时也视为民事婚。

(3) 所谓"法人"制度,虽被赋予各种各样(persona moralis; persona ficta,universitas,persona juridica)的形式,但却是法上的古老制度。现在的所谓"财团法人"和"社团法人"也是由来于教会法上的 universitas rerum 和 universitas personarum。法人是否成为刑事主体(例如,某城市或大学等是否也成为破门的对象),这在中世纪也是作为教会法的问题。

(4) 日本在"犯罪"的含义上,也经常作为"罪"这种词语而使用(例如,在说杀人之罪而捕之时)。然而,在外语中,sin 和 crime,sünde 和 verorechen,péché 和 crimen 等是有明确区别的,并不能以同样的含义加以使用。这些是由来于教会法自古以来就存在的单纯的"罪"(peccatum)和犯罪(delictum)这种重要的区别(例如,基督教信仰者星期日不做弥撒,虽犯"罪",但这不是教会法上的"犯罪")。

(5) 从很早以前(至少在2世纪),堕胎也被视为犯罪,其后,就成为教会法和国家法上的“犯罪”。然而,最近作为世俗化的结果,在国家法中,在一定程度下就不能加以处罚。

(6) 犯罪成立时的主观要素的考虑开始引入刑法的不是罗马法,而是基督教的教会法。例如,杀人和过失致死不应受同样的处罚,在教会法学者经常参考的旧约圣书的“切断树枝事件”(申命氏 19,4—6 页)也已经举出。

(7) 刑法上虽是在近代引入所谓“责任主义”乃至“责任原理”(schuldprinzip),但也是教会法从古就有的原理。例如,根据 1584 年在法国(Lugduni = 现在的 Lyon)出版的“Decretum cratiani”所陈述的解释(glossa),就已经主张“某人无责任就不应罚”(… quia sine clupa sua punirinon debet)。

(8) 现在刑法关系中所谈论的所谓“因原因的自由行为”在斯多噶学上自古以来就作为 actio libera in causa 而众所周知。

(9) 虽在日本刑法中并不存在,但在西班牙刑法典中存在的“救助义务违反”的观点,也由来于基督教精神。在德国,这种规定也称为 Liebes paragraph(爱的箇条)。

(10) 中世纪所有的医院、孤儿院、养老院设施,都是由修道会加以管理。只是到了近代,才将其放置于福利国家的管理之下(得以世俗化)。

(11) 从古就有的奴隶制虽不能说只是在基督教的影响下才被废除的,但其影响却不断缓和则是不言自明的。

(12) 基督教对于思想世界的影响即使经常以不同的形式出现,但其影响却是非常大的。例如,17 世纪前强烈的“王权神授说”(divine right of kings)和卢梭的“市民的宗教”(la religion civili),托马斯·霍布斯的《利维坦》等就是此例(霍布斯的这本书的书名是在旧约圣书中出现的怪物名称,这本书参考圣书之处竟达

678次)。

(13) 不用说,这些影响也有的是隐蔽的。在所出现的美洲大陆的原住民的领土占领、宗教战争、魔女裁判和宗教裁判的就是此例。然而,也有死刑判决的执行只能由国家执行(所谓通过traditio ad orachium saechlare)。

(14) 正像基督教以全世界的人们为对象一样,罗马法也与宗教并无区别,它也是以全世界(totus orbis)的人们为对象的。对于所为的各种各样的不公正,西班牙国王也重视"良心"之诉。

(15) 在全世界的宗教团体中,只有天主教是联合国成员,与日本也有外交关系,并与各个国家缔结条约。像这样的事并不是天主教的本质,而是各种各样的历史故事的结果。756年的(短驱主)通过"寄进"而设立"教会国家"即教皇领土,1870年9月20日,意大利军队侵入罗马后,教会就不能行使自古以来的现世的权力。这种不当的占领状态持续了多年,但终于在1929年,意大利政府与圣座代表者达成了拉特拉条约,设立了现在的"梵蒂冈"国家(citta del vaticano)。

(16) 信教徒的诸教会的历史虽不相同,但例如在德国,像这样的教会(特别是福音教会)视为公法人的团体,并可以与国家缔结"教会协定"(kirchenvertag)(在日本所有的宗教团体仅限于私法人)。

(17) 若看一下1948年《世界人权宣言》的内容,出现了对所有的人的"称为兄弟的精神"(spirit of brotherhood)的像对双亲自己的孩子的权利,以及对非"社会"的"共同体的人"(community)的义务等这种表述方式。这些是从基督教上产生的思想是不言自明的。实际上,曾参与该宣言起草的法国法学家R ené cassin在该工作中,就特别注意从圣书中得到启示。

（18）教育孩子的权利在于双亲，无论是德国、西班牙都在宪法中明确加以规定，但这些基督教的古典的教诲，即使在基督教法典中，也规定“双亲以及代表双亲的人具有教育自己子女的义务和权利”（canon 793）。

（19）众所周知，所谓“补充性原理”（subsidir itatsprinzip）对于欧盟的法律构造来说，正像是“根本规范”。然而，该原理的规则来源于1931年比奥十一世教皇的回勅。

（20）战后成为法律上重要理论的“人类的尊严”由来于基督教的dignitas nomiuis。不用说，现在围绕世俗化的人类尊严的规定，也有各种各样的问题（与“个人的尊重”是否相同，或者其具体的判断标准是什么等）。①

中世纪教会法不仅对其相并肩的罗马私法有很大的影响，而且对英国普通法下的衡平法也具有较大的影响。教会法对英国法的影响是单方面的，即不存在英国法对教会法的反面影响。教会法对英国法的影响是伴随着英国教权与皇权（王权）的斗争并通过教士传播以及教会法院来扩张与缩小对教会法的影响的。

“早在诺曼征服前，威廉就和教皇达成了协议：教皇支持威廉征服英国，并承认其合法地位；威廉则允诺成功之后在英国设立教会法院。威廉入主英国之后，便将教会法院从传统的民事法院中分离出来，使其成为具有独立管辖权限的法院体系。威廉还任命诺曼底人为坎特伯雷大主教，并发布敕令说：‘凡触犯教会法之被告，应到主教所在地而为答辩，并应依教会法，而不得依世俗法院之惯例。’教会法院除管辖宗教事务外，还拥有对婚姻、遗嘱、继承等事务的管辖权。在这些领域，深受罗马法影响的教会法成了

① 参见日本法哲学会编：《宗教与法》，有斐阁2003年版，第12—15页。

唯一的法律渊源。""由于教士是中世纪唯一掌握知识的阶层，所以早期普通法的法官多来自于教士。他们或者是国王重要的直属封臣，或者直接在宫廷任职，并担任国王御前会议（Curia Regis, the King's council）成员，王室的司法事务一开始也由他们所操持。熟知罗马法和教会法的教士们在审理案件时，必然会在有意和无意之间将其所学的罗马法通过判决显现出来。除了通过教会法院使罗马法对当时的英国法产生影响外，衡平法在产生发展过程中对罗马法因素的吸收更是与教士密切相关。衡平法刚刚萌芽之时，案件大多由国王来处理。后来国王不胜其烦，将其交由大法官（Chancery）处理，而早期的大法官，绝大部分出身教士，精通教会法，并对罗马法有很深的造诣。在1396年至1532年间，身居大法官之职的几十名教士中许多人拥有民法博士学位。如：埃德蒙·斯塔福德（Edmund Stafford）、约翰·肯普（John Kemp）和斯蒂林顿（Stillington）。更为重要的是，从15世纪开始，大法官多由接受过民法训练的人担当。这些历经民法训练和深知罗马法的教士出身的大法官，审理的案件大多是普通法没有规定或虽有规定但却不能公平地保护当事人合法权益的案件。由于不受普通法的约束，因此大法官自己的法律知识历练及其储备无疑在判案中起了决定性的作用。通过判决所体现的原则一旦定型，则成为具有普遍约束力的规则。在此过程中，这些判决所内含的罗马法的理念、原则和精神随之变成了衡平法不可分割的重要内容。这种接受罗马法和教会法原则的做法，在都铎王朝统治下曾加速进行。正是由于衡平法院的大法官所具有的深厚的罗马法素养，我们才不难理解梅因在论述大法官判案时所言的：在他们的审判意见录中，我们常常发现列入了从'民法大全'中采摘的整段原文，其中的名词不加改动。"[1]教会法对英国衡平法突出地表现在衡平法是依"良心"之教会法的基本原则而进行救济或裁判的，并由此创立了在教会中的衡平法雏形，同时对实体法上和程序法上具体制度均发生较大的影响。[2] 因此，教会法作为一个法系与民法法系（又称大陆法系或者罗马法系）一样，其作为中世纪的法律文化，不仅没有因罗马帝国的崩溃以及罗马基督教教会的变迁、教权与政权的分离而消亡，而是以法律文化的形式渗透到世界各地以及各国的各种法律领域中，并体现出持久化征服世界的法律功能。从教会法的观念世俗化以及教会法目前仍然相当体系化的内容上看，在法学研究时将基督教教会法作为一个法系对待（例如，伊斯兰法也作为一个法系对待）也是毫不为过的。只是在罗马法系（罗马私法）的强烈光环下，其光芒恒常被笼罩而不显现而已。但作为法律文化，基督教教会法的闪光之处却不得不为世人所瞩目。

三、韦伯命题：新教伦理与资本主义精神

宗教改革（The Reformation）是 16 世纪中叶在基督教内部发生的一次变革，改革的代表人物为马丁·路德、加尔文、慈运理等人，宗教改革的结果是形成新教教派。一般认为宗教改革始于 1517 年马丁·路德提出的 15 条论纲，结束于 1648 年威斯伦特

---

① 庞朝骥：《罗马法对英国法影响的几个问题》，载 http://reviwe. jerb. com，2010 年 11 月 19 日访问。

② 参见冷霞：《中世纪教会法对英国衡平法的影响》，载 http://flvh. znufe. edu. cu artiele-shou. asp，2010 年 11 月 19 日访问。

和约。

新教与旧教(天主教)主要区别在于:

(1) 在成义得救的大事上,除圣公会外,基督教其他各派都主张人只靠信德就可以成义得救,不需要行善工。天主教却按基督的教诲,主张人得成义得救,一面要靠信德,一面要遵照天父的旨意去行善工。

(2) 在天主三位一体的基本教义上,天主教完全信奉不渝。基督教中有的教派接受信奉,有的教派如唯一神派和耶和华见证人派则予以否认,他们只信有一个天主,不信一个天主有三位:父、子和圣神。关于耶稣所立的七件圣事,天主教都一一遵行。基督教除圣公会外,其他教派只奉行圣洗圣事。对圣体圣事,他们则称之为圣餐,只举行耶稣在晚餐厅成圣体圣血时所举行的礼仪,以资纪念,但并不相信饼酒于祝圣后即真变成耶稣的体血。对其他圣事,如坚振、弥撒、祭祀、告解、病人傅油(终傅)、圣秩、婚配等圣事都予以删除。在婚姻上救主基督曾郑重声明,不准离婚。天主教世世代代谨守不渝,基督教各教派却准许离婚。

(3) 关于圣教来源,按天主和救主基督的传授,教义的来源有二,即圣经和圣传,称为信德宝库。天主教自宗徒时代迄今,世世代代忠心保管此宝库。基督教各教派却只承认圣经为教义唯一根源,对圣传却拒不接受。

(4) 对于圣经的卷数目录,天主教的圣经共计 73 卷,其中旧约 46 卷,新约 27 卷。基督教的圣经却只有 66 卷,其中新约 27 卷,旧约却只有 39 卷,因为他们把旧约中希腊原文的巴路克、多俾亚传、友弟德传、智慧篇、德训篇、玛加伯(上)及玛加伯(下)7 卷予以删除,不承认这 7 卷为圣经。圣经是天主的圣言,有客观的正确真意,为此在解释上有应遵守的客观标准,个人不能主观地自由解释，以防圣经原意变质，犹如国家的宪法不能由每个公民自由解释一样。天主教对此标准，尊重谨守；基督教各教派却拒不接受，主张每个教徒都可自由解释圣经。倘若两人的解释彼此不同甚至不和谐时，他们认为双方的解释都是正确的，每人都可按自己的解释去了解圣经。正因如此，基督教内才产生了许多不同的教派，各行其是。

(5) 关于敬拜天主及救主基督之礼。天主教非常注重礼仪生活，俾能促进天人感应。为此每主日为教友举行弥撒祭祀；每年复活节前举行圣周特别典礼；为敬拜圣体，常年屡次举行圣事及圣体降福；为恭敬耶稣圣心，每月举行首星期五敬礼；为丧葬举行追悼礼仪等。这些礼仪能激发参礼者敬拜天主和救主基督之心，使人体认到天人感应之亲切，加强信仰生活。基督教各教派却不重视礼仪生活，即在主日礼拜中也只有读经、讲道、唱圣诗而已，其他礼仪生活，则付诸阙如。

(6) 在信仰内容及教务行政上，世界各国天主教会信奉同一教义，遵守同一诫命，领受同一净化、圣化心灵的圣事，参与同一祭祀天主的弥撒典礼，又在同一元首基督在世代表——罗马教宗的领导下，向普世万民宣扬基督福音，引导他们归信天主，获得基督的救赎大恩。基督教各教派则不然，在教义及圣事上各教派彼此不同，在教务行政上更是各自为政，各行其是。

(7) 对耶稣基督的母亲玛利亚，天主教予以适当的敬礼。第一，因为她是耶稣的母亲，她养育了耶稣，当耶稣代人赎罪受苦受难时，她在精神上分担了耶稣的痛苦。耶稣基督都很敬爱她，我们作为基督信徒，对她也该予以尊敬。第二，因为圣母玛利亚拥有许多美德，如服从天主、谦卑自下、忍耐宽仁、慈善助人等，是我们为人处世的榜样，值得我们效法敬重。不过天主教恭敬圣母玛利亚与恭敬天主和救主基督不同,天主教恭敬圣母玛利亚,并不认为她是神明主宰如同天主或基督一样能降福免祸,只认为她是我们在基督前的中保,她在基督前说话有力量,她能为我们转求、为我们求得天主的丰富恩宠,加强我们的信仰生活,能更虔诚地侍奉天主和救主基督。基督教各教派并不恭敬圣母玛利亚,他们认为圣母玛利亚与其他一般妇女一样,为什么要恭敬她?有的教派还反对恭敬圣母,甚至谴责、曲解天主教恭敬圣母之本意;有的教派还公开诬蔑说:"天主教不崇拜上帝,不崇拜耶稣基督,只崇拜玛利亚,天主教是玛利亚教。"

(8) 关于供奉圣像之事,天主教许可在教堂或教友家中供奉圣像,比如耶稣苦像、耶稣圣心像、圣母及其他圣人圣女像等,供教友瞻仰敬礼,其目的非为引人尊敬该像本身,乃为助人引发睹像思人之心,比如目睹耶稣苦像,内心就会想起耶稣被钉死在十字架上代人赎罪之大恩;目睹耶稣圣心像,就会想起耶稣圣心爱人之深;目睹圣母像,就会想起圣母的慈悲为怀。天主教供奉圣像,犹如我们供奉父母的照像一样,供奉父母照像之目的,乃为睹像思亲,天主教供奉圣像之目的也是如此。基督教各教派反对供奉圣像,认为是崇拜偶像,是罪恶行为;不过他们却把十字架供奉在他们的教堂顶上,令人瞻仰尊敬,不认为是偶像崇拜,这种矛盾作风,令人莫解。

(9) 关于祭祖之事,天主教过农历新年时,遵照中国传统礼俗举行祭祖典礼,因为按先哲立礼之本意,祭祖乃为提倡孝道,发扬祖先遗留美德,以达慎终追远、民德归厚之目的。这与天主十诫第四诫颇相符合。基督教各教派反对举行祭祖典礼,认为在祖先碑位前举行祭拜,是崇拜偶像之罪恶行为。

(10) 关于创造宇宙万物的真神主宰之名称,天主教方面,当明朝末年利玛窦神父刚到中国传教时，曾用中国经书上所用之“天”或“上帝”之名，最近又用“神”之名称。关于天主三位一体中之第三位，天主教从圣经原文译为“圣神”，基督教方面则译为“圣灵”。圣经上有许多人名或地名，由于音译之故，天主教与基督教所译者，有的相同，有的不相同。不同者颇多，兹略举数则：地名方面，耶稣诞生之地，天主教译为“白冷”，基督教则译为“伯利恒”；耶稣成长之家乡，天主教译为“纳匝肋”，基督教则译为“拿撒勒”；人名方面，耶稣的宗徒如伯多禄、保禄、玛窦、马尔谷和若望，是天主教按拉丁文所译者，基督教方面则按英文译为彼得、保罗、马太、马可及约翰。其他不同译名尚多，兹不多赘。①

新教伦理说是德国社会学家马克斯·韦伯提出的理论。新教的“天职”观念，即某种由上帝安排的任务，成为新教的核心内容。他抛弃了原来天主教那种旧禁欲主义的修行，而超越尘世的空洞劝解和训令，把个人在尘世中完成所赋予他的义务当做一种至高无上的天职。在韦伯看来，新教在客观上为证明世俗活动具有道德意义起了作用，导致和促进了资本主义精神的萌芽和发展。

要理解韦伯所称的新教伦理，必须对照天主教的旧教伦理。“若要理解宗教改革时期出现的工作伦理的意义，就必须明白早期基督教传统对于工作的强烈厌恶（见于修道士作家）。对于凯撒利亚的优西比乌（Eusebius of Caesarea）来说，完美的基督徒生活就是一个人奉献出来服侍上帝，不受肉体劳动所玷污。那些选择工作糊口维生的人，是次等的基督徒。在世界中生活和工作，

---

① 参见“新教”词条：http://baike.baidu.com/view/65051.htm，2010 年 10 月 19 日访问。

就是丧失了一个最佳的基督徒召命,以及这所暗示的一切。早期修道传统似乎继承了这个看法,结果工作往往被视为是贬低身份的活动,最好留给社会(和属灵)地位低微的人去做。假如古代罗马的显贵认为工作是由比他们地位低下的人所做的,那么必须说,在早期基督教中发展出一个属灵的贵族阶级,以同样否定和轻视的态度对待体力劳动。在中世纪期间,这样的态度很可能达到它影响的高峰。""这不是说中世纪作家否定了工作的重要性,但更确切地说,它只是被视之为一种需要,但是有失身份的事。基督徒致力维生,在日常世界中工作,显然就是次等的基督徒。正如蒂尔(Adriano Tilgher)在西方世界的工作的决定性研究中总结说,修道院的属灵观永远不会认为在世界中的日常工作是有任何价值的。那些选择在世界中生活和工作的人,最好'以宽大博爱待之'。简而言之,工作对一个真正的基督徒来说,不是一个严肃的选择。伊拉斯谟以轻蔑来回应这个观念:难道谦卑农夫的工作不会比修道院的仪式更讨上帝喜悦吗?"①与此旧教消极的伦理相反,新教所提倡的伦理则是世俗化的积极的伦理,这种伦理适合资本主义工业革命的劳动生产需要。"对于改教家来说,那些在工作的人(就像工作结果那样),在上帝的眼中有其重要性。属灵与现世、神圣与俗世的工作之间,没有差别。所有人类的工作,不论如何卑下,都是能够荣耀上帝的。工作根本就是一项赞美的行为——一种可以有生产力的赞美的行为。正如路德评论说:'整个世界可以充满对上帝的服侍——不只是教会,还有家庭、厨房、地下室、工厂和田间。'值得注意的是,路德和加尔文都提到生

① 〔英〕阿利斯特·麦格拉思:《宗教改革运动思潮》,蔡锦图、陈佐人译,中国社会科学出版社 2009 年版,第 258 页。

产性活动对基督徒的自尊的重要性。基督徒借着为上帝做事，可以得到一份满足和自尊的感觉，那是其他途径所做不到的。”①

从资本积累和资本生产的连续性上看，新教的“入世”观念比旧教的“遁世”观念更具有优势。“天主教以类似的方式提供恩宠，通过圣仪使终极价值关怀超然于尘世。与路德教不同的是，由于天主教承认劳动在它的救赎方法中具有重要意义，因而比较关注现世的事情。但是它无力为这些劳动提供加尔文主义那样的动力源，而是以圣事、忏悔、终傅等来满足终极价值关怀的需要。由于缺乏这样的动力，天主教徒的劳动观被清教徒的禁欲主义决心彻底瓦解了，而没有得到理性的统一。此外，教会也抱着教条主义的冷漠态度看待世俗劳动，阿奎那只是从维持个人与共同体的生存角度宣讲劳动的功效。由于这些原因，如果罗马对禁欲主义职业表示赞赏，信徒就会被带入隐修的方向，那不是入世，而是遁世。”②

16 世纪宗教改革以后的基督教新教的宗教伦理与现代资本主义的亲和关系。“资本主义”不仅仅是一个经济学和政治学的范畴，而且还是一个社会学和文化学的范畴。把“资本主义”当做一种整体性的文明来理解，认为它是 18 世纪以来在欧洲科学、技术、政治、经济、法律、艺术、宗教中占主导地位的理性主义精神发展的结果，是现代西方文明的本质体现。在这样一种文明中，勤勉、刻苦、利用健全的会计制度和精心盘算，把资本投入生产和流通过程，从而获取预期的利润，所有这一切构成了一个经济合理

---

① 〔英〕阿利斯特·麦格拉思:《宗教改革运动思潮》，蔡锦图、陈佐人译，中国社会科学出版社 2009 年版，第 259 页。

② 〔美〕哈特穆特·莱曼、京特·罗特编:《韦伯的新教伦理：由来、根据和背景》，阎克文译，辽宁教育出版社 2001 年版，第 224 页。

性的观念。这种合理性观念还表现在社会的其他领域,形成一种带有普遍性的社会精神气质或社会心态,弥漫于近代欧洲,这就是“资本主义精神”。它作为近代欧洲所独具的价值体系,驱动着人们按照合理化原则进行社会行动,最终导致资本主义的产生。

在西方,理性完全地与自然法密切联系,有时理性即等于自然法。因此,认为近代资本主义的产生与新教所蕴含着的理性精神是不可分的。韦伯认为,中国古代没有理性法(自然法)而只是实定法(统治法),所以近代资本主义包括的近代法源于欧洲。“中国有高度发达的史学,却不曾有过修昔底德(Thucydides)的方法。在印度,虽然有过马基雅维里(Machiavelli)的前驱,但所有的印度政治思想都缺乏一种可与亚里士多德的方法相比拟的系统的方法,并且不具有各种理性的概念。不管是在印度(弥曼差派)的所有预言中,还是在近代大规模的经典编纂中,抑或是在印度和其他国家的法律文献中,都不具有系统严密的思想形式,而这种形式对于罗马法以及受其影响的西方法律这样一种理性的法学来说,却是其最为本质的。教会法规这种系统结构也只存在于西方。”①

由此可看到,韦伯认为教会法存在于西方法中,并且认为教会法为理性的自然法。那么,作为教会法的自然法,为什么只有在新教伦理中才是资本主义精神呢?因为新教主张与近代自然法主张和法典化的理性思潮是相一致的。新教各派有许多与天主教对立的共同特征,在教义上表现为强调‘因信称义’,即主张得救既因蒙恩也因着信,凭着信心可以蒙恩称义,因信称义否定

---

① 〔德〕马克斯·韦伯:《新教伦理与资本主义精神》,赵勇译、杨豫校,陕西人民出版社 2009 年版,第 3 页。

了天主教得救必须以教会、神职人员、圣事为中介的主张，因此信徒皆可为祭司，不仅可以相互代祷，还可宣传福音。同时，新教认为《圣经》具有最高的权威，信徒可以借助圣灵的指引直接与上帝相遇，接受对启示的光照，从而否定了天主教坚持的教会释经权，为此新教各派都注重用民族语言诵经，取消了拉丁语圣经的垄断地位。新教反对圣母及圣徒崇拜，一般也不赞同炼狱之说。在组织上，新教各派都否定天主教集一切权力于教皇的教阶制，不承认罗马教皇的绝对权威，采用了多种组织制度：如以安立甘宗为代表的主教制，主教管理各教区，下设会长和会吏；以改革宗为代表的长老制，由平信徒推选长老掌管教务，委派牧师；以浸礼宗、公理宗等为代表的会众制，由教堂的全体信徒掌管教务，聘任牧师。新教还废除了神职人员不许结婚的规定，取消了隐修制度。在礼仪圣事上，新教各派反对天主教的繁文缛节，摈弃了弥撒仪式，重视讲道诵经，信徒共同唱赞美诗。将天主教的七项圣事精简为两项，即圣餐和洗礼。教堂的陈设布置及宗教服饰方面虽无齐一规定，但也比天主教简朴。有的教会如安立甘宗教会，保留了较多的传统，教堂内有圣像圣画，仪式也较复杂；多数教会则推崇简朴，教堂内只有十字架。新教的节日与天主教一致，尤其重视耶稣诞生与复活的庆典。因此，新教不仅与世俗政权遥相呼应，而且主张取消天主教（旧教）的教阶制和世俗化的民事、刑事管辖权。因为只是世俗的理性的自然人才是资本主义这只“看不见的手”的人格化象征。新教又运用理性的、抽象法学系统方法建立起与资本主义相对应的自然法（普遍法或者共同法）。“与早期罗马天主教法学的经院方法不同，路德教法学家强调法律整体的统一性和法律部门的划分，首先是公法与私法，然后是私法里面的财产和债，再后是债里面的契约、侵权和不当得利。这种分类是建立在 Phillip Melanchthon 的论题方法上面的。论题方法(topical method)不同于较早时期的经院方法,它先从可以适用于所有科学的一般性主题或者真理开始,再由适用于科学的个别分支(法律学就是其中之一)特殊主题,将第一主题进一步分为种属。Melanchthon 的论题方法为全欧(包括英格兰)的学者们运用在关于当时被认为是普通法这样一种新的共同法(jus commune)的著作当中。这种新的共同法包含从所有较早时期普遍法律制度——包括教会法、罗马法、封建法和商事法——中得出的共同原则、学说和规则,也包含王室法、市镇法和地方习惯法等各种制度的共同特征。"①

新教伦理不同于其与旧教(天主教)的新教义而形成的资本主义精神,教义就是如此,因为上帝希望根据他的戒律来组织社会生活,并增加自己的荣耀。因此,基督徒在尘世中的社会活动完全是为了"增加上帝的荣耀"。在为社会世俗生活服务的职业劳动中,也含有这一特性。"在马丁·路德身上,我们也可以发现他用'兄弟般的友爱'的观点来证明特殊劳动的合理性。但在他看来仅仅是一个不确定的、纯理性的设想,却成了加尔文伦理系统中的一个鲜明特点。因为'兄弟般的友爱'只能为了上帝的荣耀而存在,而不是为肉体服务,那么这种友爱首先只能表现在完成自然所给予人们的日常工作中,并在完成工作的过程中呈现出了一种客观的、不受个人情感影响的特性,即只是为我们社会的合理的组织的利益服务。因为根据《圣经》的启示及人的天然直觉,我们所处的这个富有意义的组织,以及整个宇宙的安排,无疑

① 〔美〕伯尔曼:《法律与宗教》,梁治平译,中国政法大学出版社 2003 年版,第 158—159 页。

是上帝为了人类的便利而创造的。这样，就使得为社会利益服务的不受个人情感影响的劳动，也显得是为了增添上帝的荣耀，从而这种劳动也就成为上帝的意愿了。”[①]这种基督教精神不仅可从韦伯的《新教伦理与资本主义精神》中看到，而且在经济学家亚当·斯密的著作《国富论》与《道德情操论》两部著作中也可看到资本主义精神的内涵，即资本主义不仅仅提倡自由的市场生产，而且提倡道德情操或者基督教式的节制。韦伯在此所说的新教伦理并非纯粹经济学上的理性主义，而且也是宗教上的理性和教会法上的理性，是与资本主义精神相结合的理性。韦伯认为，“对财富的贪欲，并不等同于资本主义，更不是资本主义的精神，还不如说，资本主义更多的是对这种非理性欲望的一种抑制或至少是一种理性的缓解”。

马克斯·韦伯在他研究清教徒精神与美国资本主义关系的名著——《新教伦理与资本主义精神》中指出：“清教徒的伦理观念是美国资本主义之所以产生和兴旺的重要因素。”韦伯在书中指出，人类历史上，埃及、中国、印度等国家在 16、17、18 世纪社会财富也曾一度繁荣，像中国还出现过‘康乾盛世’，但为什么没有发展出资本主义呢？反而是在开始并不怎么富裕的清教徒聚集的地方，如荷兰、英国、美国最早产生了资本主义？在这里，宗教信仰和道德观念起了不可忽视的作用。韦伯指出，虽然印度、中国等一度繁荣，但是人们却将财富大部分用在消费支出上，富人花天酒地，几乎没有扩大再生产的动力，而且也没有将经营行为神圣化，所以，当时的伦理观念必然发展不出资本主义和市场经

---

① 〔德〕马克斯·韦伯：《新教伦理与资本主义精神》，赵勇译、杨豫校，陕西人民出版社 2009 年版，第 71—72 页。

济来。而崇尚禁欲的清教徒认为,要过造物主悦纳的圣洁生活,就必须要克制人肉体的欲望,更为可贵的是,清教徒将禁欲主义和赚取财富即为天职的观念结合起来,于是一方面拼命挣钱,另一方面严格限制消费,如此社会财富剧增、资本用于扩大再生产成为可能。"①

清教徒认为:任何无节制的人生享乐、纵情狂欢,都会驱使人舍弃职守,堕落贫穷,不是纵欲和贪婪积累了财富,而是克制和禁欲增长了社会财富。因为克制禁欲的创业观念强加在财富消费上的种种限制,必然会使资本用于生产性投资成为可能。俭省节约不是不花钱,而是为了把财富用在利于创业的投资和生产上。清教徒们的金钱和时间资本没有被消费而被用来再投资,他们的禁欲节俭必然导致资本的积累、生产的突飞猛进、经济体制的日新月异,导致资本主义和市场经济的产生和发展。经济学家威廉·配第把 17 世纪荷兰经济强盛的原因归结为下述事实,即那个国家的非国教教徒(清教徒是其中一支)人数众多,基本上都是爱思考、冷静节制的人,并且都相信劳动与勤勉是他们对上帝应尽的义务。②

新教伦理上的资本主义与旧教资本主义相比,是一种更积极的禁欲主义和宗教观。"天主教和新教的禁欲主义的主要区别在于,前者的禁欲主义是出世的,而后者的则是入世的。这种对比在它们各自的隐喻中可以看出来。中世纪禁欲主义暗示了一种对神圣进行冥想的'财产';宗教改革时期的禁欲主义则代表了一

① 〔美〕哈特穆特·莱曼、京特·罗特编:《韦伯的新教伦理:由来、根据和背景》,阎克文译,辽宁教育出版社 2001 年版,第 71—72 页。

② 参见曼德:《禁欲是创业精神的基石》,载 http://hame. jidomet. cn/viewnews-14711. htm, 2000 年 11 月 19 日访问。

种虔敬的‘行动’。天主教禁欲者将自身看做是一个神圣的‘花瓶’,而新教禁欲者则将自身看做是一个神圣的‘工具’。天主教徒将世俗世界中的行动视为对某人的拯救的威胁,因此转而投入冥想。新教徒则在掌握、控制世俗世界中找到了一种安定感,从而将冥想视为一种自我阻碍。外向的虔信的和积极的生活,蚀去了上述内向的经验。新教徒被迫去付出艰苦卓绝的努力来完成上帝赋予的目标。这种以行动为导向的做法,迫使每个个体持续不断地去找出该完成的任务,然后去谨慎地、系统地完成。这就是一种‘义务的禁欲主义’(asceticism of duty)。在这种方法之中,世俗的禁欲主义给一位新教的普通信徒强加一种规范,恰似天主教僧侣所实行的那样。卢梭就认为加尔文教徒是生活在‘世俗世界中的僧侣’。”“确实,很多新教的禁欲主义应归于加尔文主义。看一下约翰·加尔文(1509—1564)的个人习惯和状态,是很有帮助的。根据加尔文的传记,这位伟大改革家的成人生活,代表了一种‘适度节制’(sobriety)的姿态,这其实是一种在极端禁欲主义和纵欲之间的妥协。成人后的加尔文曾经评论道,‘我们并不禁止大笑,也不禁止喝’,这就表明他已经远离了他年轻时候的禁欲主义信条。不过,他的个人‘适度节制’却是站在使他取得改革成就的加尔文主义的对立面的。加尔文比较有名的信徒如约翰·诺克斯(John Knox)则是贬低关于‘适度节制’的教导的,他将道德生活定义为自我否定的方式之一。加尔文主义的最初教条被转变为一种苛刻的禁欲规范,这也是一种极端的本本主义,是有关生活方式的精确规范化的理论,同时又是有关工作的强化了的精神。加尔文主义在加尔文死后的传播,几乎都是朝着更严格的教条和修行方向发展的(我们有必要注意,并非所有的清教徒都是禁欲主义者,而且欧美的最流行的清教主义是一种中和,或者说是妥协)。"①

资本主义发展到现代,已经不是马克思所说的自由资本主义和垄断资本主义的两个阶段。在现在全世界大部分的国家中,都推行市场经济体制,而造成资本主义垂而不死,经济(金融)危机周而复始,周期性危机造成周期性的繁荣。然而,基督教的伦理中的普遍性和积极向上的禁欲主义,对于现代社会道德日益堕落、灵魂日益腐化的普遍现象在某个角度上不能不说是一粒灵丹妙药。这可能是韦伯在提倡新教伦理与资本主义精神时所不曾预料到的。因为人类作为一个共同体,正在遭受气候、生态等环境破坏之危险,遭到科学技术高度发达的核武器和战争危险,遭受资源匮乏、物种(包括人类)灭绝的生存危险。因此,也许我们可以看到赋予韦伯命题以新的内容的意义所在。何况任何真理都有相对性,尽管韦伯对东方世界的评价以及对西方宗教的赞扬等不为东方常人所悦,但其"新教伦理与资本主义的命题"在历史上看却是意味深远的。

关于韦伯命题,只是一个相对化的经验总结和以社会学方法论观察的相对真理。"韦伯(Max Weber)论题的通俗版本宣称,资本主义是新教改革运动的直接结果。从历史的角度来说,这是站不住脚的说法。而且无论如何,韦伯都没有这样说过。在他的《新教伦理与资本主义精神》(Protestant Ethic and the Spirit of Capitalism)中,韦伯强调他已经:丝毫没有意思主张这样一个愚昧和教条主义式的命题,就是资本主义精神……可以仅是由于宗教改革运动的某些影响而产生的结果。在本质上,资本主义式的商业组织的某些重要形式也许在实际上比宗教改革运动更为古老,足

① http://baike.baidu.com/view/126335.htm,2010 年 11 月 19 日访问。

以反驳这样的宣称。”①

四、杰斐逊命题：政教分离

处理政教关系既受历史沿革的影响，又有政教分离的启蒙思想的催生结果，从而构成政教分离的不同程度模式的表现方式。最早有国教制和非国教制，国教制是指国家确认某种宗教为国教。国教制来源于罗马天主教。天主教是公元1世纪在巴勒斯坦产生的，在罗马帝国从对其不承认转为承认过程中，教会裁判权逐渐确立，并最终形成自我体系的教会法。

在教会长期运作过程中，为了处理教徒的纠纷，逐渐形成主教裁判的惯例。公元333年，罗马帝国皇帝确认了主教裁判权，公元380年，罗马帝国皇帝狄奥多颁布敕令，确认基督教为罗马帝国国教。由于主教裁判权从惯例走向国家确认的合法性，因此在罗马帝国中，确立起教会与世俗的“二元”管辖原则。教会规范在教徒纠纷处理过程中，逐渐形成教会法体系。第一部正式的教会法是公元325年的《尼西亚信经》，其后教会法在实践过程中，又吸收了罗马法和日耳曼法的合理成分，其管辖权也随教权不断扩张，最后奠定了教会法的地位。但在形成时期（公元4—公元9世纪），从总体上看，教权是由罗马皇帝（世俗政权）授予和控制的，宗教会议均由世俗的主持参加。其内容也偏重于调整教会内部事务，较少涉及世俗事务。因此，其不能严格地称之为“教会

① 〔英〕阿利斯特·麦格拉思：《宗教改革运动思潮》，蔡锦图、陈佐人译，中国社会科学出版社2009年版，第260页。

法”与“世俗法”二元对立。但其是近代建立在政教分离基础上的“国教制”的最高雏形。

在公元10—公元14世纪,教会法达到鼎盛时期。由于正进入世纪封建割据时代,封建法律具有两大重要的因素:① 国家回归到采邑状态,各个封建庄园(封邑主)之间处于私人状态;② 司法权分割,国家给予每个封邑主设立法庭的权力。从而由其自由裁决自由或不自由的佃户之间的冲突。而导致立法和司法的分裂和混乱,为此,罗马基督教会趁机扩张势力,摆脱了式微的对世俗事务的控制。在10世纪时,基督教会近乎取得对世俗权力的领导地位,到13世纪,教会权达到顶峰。

在这个时期中,罗马教会形成了自我一体的立法司法权力体系,同时,还确立了对世俗权力的控制和领导权力。因此,其为形成渊源教会法的“政教分离”的近代法治原则奠定了基础。正是由于教会法的强势、之后教会权力的分裂以及教会改革,才导致此后的“宗教宽容”乃至“政教分离”,并为处理宗教权力与世俗权力以及维护宗教传统与宗教改革的“圣”与“俗”的关系奠定了思想、制度和目的的源泉和基础。

近代西方国家在处理“圣”与“俗”的关系上基本采取两种模式:

(1) 第一种模式为国教制与宗教宽容模式。国教制是国家明确规定以某一宗教或教派为官方正统信仰,使其在政治上、法律上享有其他宗教或教派所没有的物权或地位。在国教制模式中,存在紧密型的国教制和格散型的国教制。前者为政教会一致,宗教权与世俗政权高度统一,并形成政教共同体。例如伊斯兰教的国教制,就是其典型的形式。后者是在后于罗马帝国鼎盛时期政教二元基础上,近代国家为了加强主权或政权的地位,对教权与政权、旧教(天主教)与新教作出权力和利益分配调整而确立的“圣”与“俗”的关系。

(2)第二种为政教分离的宗教自由模式。即由杰斐逊命题所给出的典型“政教分离”模式。

托马斯·杰斐逊是美国政治家、思想家、教育家、科学家、音乐家、哲学家、建筑师,《独立宣言》起草人,美国第三任总统,民主共和党创始人。他一生追求智慧和真理,才华出众、乐观向上,受广泛赞誉,成为后世楷模的理想的政治家。

“政教分离”是与基督教的“良心自由”观念密不可分的。“良心自由”根本上来源于新教传统,由路德·加尔文所阐述的“良心自由”观念经由洛克政治思想并由受迫害的清教徒传入美洲,成为美国宗教自由和政教分离的思想渊源。

托马斯·杰斐逊曾撰写《宗教自由法案》(Bill for Religious Freedom)。这份文献指出:“任何人不得被迫参加或支持任一宗教祈祷、教场或教职。”这项法案被弗吉尼亚议会通过。杰斐逊相信,宗教是个人和上帝之间的个人事务,因而超出公民政府的管辖范畴。他没有把自由局限于新教教派或基督徒,而是包括所有宗教团体,他认为,这个自由并不是议会的恩赐,而是“人类天赋权利”之一。杰斐逊的思想在18世纪80年代遥遥领先于他的同胞,即使在他的家乡弗吉尼亚,反对者也大有人在,特别是那些希望得到政府支持的教会。杰斐逊赴巴黎任美国驻法公使,争取宗教自由的斗争落到他的朋友和崇拜者詹姆斯·麦迪逊的肩上。麦迪逊撰写了美国宗教历史上的关键文献之一《反对宗教征税评估的请愿抗议书》(Memorial and Remonstrance against Religious Assessments)。同杰斐逊一样,麦迪逊提出,宗教的根本性质在于它是个人的和自愿的,因此不应以任何方式受制于政府。课税,即便由所有宗教分摊,也无异于确立宗教。因此,无论课税显得多么轻微和善意,都应予以反对。二百多年前的这番论述至今听起来仍然铿锵有力。1786 年弗克尼亚通过《宗教自由法令》,规定“全能上帝创造自由心灵;凡欲以世间刑罚、重荷或民间禁锢之举对其施以影响,势必衍生虚伪卑鄙之习,有悖吾教圣主旨意;圣主乃身心之主宰,无所不能,却不施威于吾之身心……大会兹颁布法令,不得强迫任何人参加或支持任一宗教祈祷、教场或教职,不得因其宗教见解或信仰而受强制、约束、骚扰、肉体之劳、财产之重负或其他痛苦;尽人皆可畅言,为维护其宗教见解而争辩,其社会资格决不因此而降低、增加或受影响……我们有权宣告,并在此宣告,所述权利为人类天赋之权利,今后若以任何法令取消或缩小此法令之行效,属侵犯天赋权利”。

在根据《宪法》诞生新政府的时候,上述两份文献所体现的思想已经传遍新建立的各个州。虽然法定教会在有些州继续存在了几十年,但人们达成一个共识:联邦政府不应干预宗教。如约翰·亚当斯(John Adams)所述:“我希望国会除作祈祷和一年一度感恩以外,永远不涉入宗教。让各殖民地不受干扰地自理本地区宗教。”

实际上,一些州为确保国会不干预宗教,把修正《宪法》使其包含一个权利法案作为批准《宪法》的条件。在根据新《宪法》举行的第一届国会上,詹姆斯·麦迪逊为实现这一点发挥了相当的才干。经他的努力产生出 10 条修正案。这 10 条修正案在 1791 年得到通过,总称为《权利法案》。其中第 1 条规定:“国会不得制定有关确立国教或禁止信教自由、限制言论或出版自由、限制公民和平集会及向政府申冤请愿权利的法律。”此称为美国宪法的“建立条款”(Establishment clause),成为争论的核心问题。自由派认为是“政教”严格分离(strict separation),即所谓的“分离论”(separntion ism)。保守派则持政教“中立论”(neutrality),认为政教分离仅仅是政治在各种不同宗教之间、宗教与非宗教之间寻求不偏不倚(nonpreferential)的态度。在1942年的*Everson*案中,布莱克大法官表述了他对“建立条款”的解释,“建立条款”至少意味着如下内容:任何州或联邦政府都不得设立教会,不得制定法律资助某一宗教或所有宗教,或偏好一种宗教而贬低其他……无论数量多少、以何名义,也无论以何种形式来传播或实践宗教,都不得征收任何税收以资助宗教活动或宗教机构。无论州或联邦政府,无论公开或隐蔽,都不得参与任何宗教组织或团体的事务,反之亦然。用杰斐逊的话来说,“建立条款”意在“政治与宗教之间竖起一道分离之墙”……必须确保这道墙是高耸而坚不可摧的,我们不能容忍任何最微小的破坏。

这一解释将“建立条款”的规定理解为“政教分离”(the separation of church and state),并更直观地表述为“政教分离之墙”(the separation wall of church and state)。[①]

实行政教分离的原因、直接规定来源为洛克的政治理论。洛克的政治理论为自然权利和社会契约论。在对待宗教问题上,洛克在《论宗教宽容》中谈到了政权与教权的分离。我认为下述这点是高于一切的,即必须严格区分公民政府的事务与宗教事务,并正确规定二者之间的界限。如果做不到这一点,那么那种经常性的争端,即以那些关心或至少是自认为关心人们灵魂的人为一方和以那些关心国家利益的人为另一方的双方争端,便不可能告

① 参见刘碧波:《政教分离的迷思》,载 http://www.pacilution.com/ShowArticle.asp? ArticleID=2610,2010年10月19日访问。

一结束。洛克的结论是对基督教史上政教不分而多致迫害"异教徒"或"异端"的"教争"的历史深刻教训的总结。此在 *Everson* 案中布莱克大法官也对旧教派之间无休止的争斗以及由此所导致的种种宗教(religiouspersecution)作了生动的描述:"在不同的时间不同的地点,运用政府支持的权力,天主教徒迫害新教徒,新教徒迫害天主教徒,一些新教派迫害另外一些新教派,受某种教义影响的天主教徒迫害其他天主教徒,所有这些教派又时不时地迫害犹太教徒……""基于封建权力而不是社会契约论基础上的教权和世俗权力(政权)不仅相互干涉并争夺世俗的控制。而且,也是为了反对旧教会专制而提倡新教,但新教形成后,又改变了原来的初衷,对旧教和其主张不同的其他教派大加杀戮和迫害。"布莱克大法官指出,北美殖民地移民以及宗教现状"正是为了逃离这种宗教迫害,人们才移民到了美洲。然而,旧世界对宗教自由的种种侵害也随着移民潮在新大陆萌芽,并愈演愈烈;除了各不同教派之间的相互迫害之外,还有政府对少数教派的横征暴敛……这些做法变得如此司空见惯,使得那些热爱自由的殖民者由震惊而感到憎恶。为支付牧师的薪酬、建造和维护教堂和教会财产而征的税又激发了他们的义愤。我们在第一修正案里看到了这些感情的表达。①

杰斐逊所确立的美国宪法修正案第 1 条的"政教分离"形成政教分离的典型模式。在美国模式中,在国家与教会之间建立起绝对隔离的"防火墙"。这种防火墙具有双重功能:一是防止国家权力和教会权力相互渗透,重现中世纪罗马天主教会无限涉足于世俗世界,并摄取国家立法权、国家审判权(民事、刑事裁判权)和

① 参见〔英〕洛克:《论宗教宽容》,吴云贵译,商务印书馆 1982 年版,第 11 页。

行政权，包括对国家元首（国王）的任命权和加冕权以及开除教籍的权力；对市民征税（什一税）的权力，甚至拥有教会军事组织以及对教会（神学）教育的法定权等；同时也是防止国家权力借助教会权力，走向非民主、非共和的暴政的局面。二是防止宗教之间、宗教与非宗教之间相互斗争和残杀与压迫，从而导致社会的无秩序和动乱的状态。

美国政教分离模式在《宪法修正案》第 1 条的“建立条款”问世后，受到很多国家的仿效，类似这种政教分离模式的有法国宪法上的政教分离模式和日本宪法上的政教分离模式等。

法国在政教分离经历了反反复复的风波后，于 1905 年颁布《政教分离法》，其第 1 条规定，“共和国保障良心的自由，共和国保障为了公共秩序而只服从于以下规定限制的自由宗教的活动”；第 2 条规定，“共和国无论对任何宗教都不予以公认，不支付给养，不支付补助金。由此从本法律公布之日起对宗教活动的所有支出，从国家、县以及市、镇村的预算上消除”。第 4 条规定，“从本法律发布起一年期间内，圣职者生活资产、教会财产管理委员会、宪法会，转让以及其他宗教公共论的法上的动产以及不动产，与由附随于此的所有义务以及负担和其他特别用途一同，由该设立法人的法律上的代表人转移给非营利社团法人。这些社团，在上述的设施法人的原区划中，进行该宗教的礼拜，因此，依据其所进行的宗教的一般组织规则，根据第 19 条规定合法地结社。”

这个法律所具有的固有性质，一般可归纳为三个方面：自由主义、反教权主义以及严格的分离主义。这三个方面可以说是其政教分离实行上的特征。在经历了横亘法国革命以来的一个世纪以上的自由尊重的历史，进一步地，它是天主教会以其所利用的“两个法国”之战争，特别是，是在反宗教气氛长老会议时的特别制定与在此的两者攻防这些独特的历史经验后而催生的。

政教分离原则此后被宪法所包容。国家的非宗教性原则理念被视为宪法的价值。首先该原则在 1905 年法规定之后，在 1946 年《第四共和国宪法》的序言中规定，“所有的人拥有不因人种、宗教、信条而差别的，不可转让的神圣的权利。非宗教的(laigue)、无偿的教育制度是国家的义务”。因此，第四共和国称为非宗教的共和国(Etat laigue)。以独特的表现进行规定，最后其结果是升格为作为宪法的价值的地位。其次，在 1958 年《第五共和国宪法》(现宪法)序言中，也忠实地沿袭了同样的表述。其后通过 1995 年 8 月 4 日第 95-880 号修改宪法的法律加以修改，非宗教性(laigue)的规定从序言移向宪法第 1 条，一直沿用到现在。附带的是现《法国宪法》第 2 条规定“法国是不可分割的、非宗教的、民主的和社会的共和国。法国不分出身、人种或者宗教的差别，而对所有的市民保障法律之下的平等。法国尊重所有的信条”。

国家对宗教的“中立性”是国家非宗教原则所推崇的原理。国家对宗教的“中立性”包括了消极的中立性和积极的中立性两个方面。消极的中立性又称“被动的中立性”，是国家对宗教的“无关心”(indifference)或者国家的“抑制”(abstension)等。而与此相对应的积极的中立性并非停留于上述单纯的中立性，而且特别地在与宗教活动的关系上，对国家要求各种积极的义务，是更积极的乃至能动的处理措施。

在政教分离原则与“政教合一”之间，存在一种中间型的政教关系模式，那就是国教制。英国是典型的采取国教制的国家，作为联合国家中的霸权者的英格兰，很久以前就是处于罗马基督教会（Roman catholic church）罗马教会厅［Curie romaint Roman（Cpapal）court］这种超国家的组织结构之下的一个国家。其后，国王亨利八世（Herry VⅢ）从罗马基督教会的组织上脱离，提出英国国教会（圣公会）（Anglican church）并构筑起英格兰（国）教会（church of England）。

像这样在英格兰中通过把新教会系的英国国教徒教会（圣公会）放置于国家之下，视为“国教会（established church）”。国王（业主）甚至就大主教等高位圣职者的任息、信仰的教理等，广泛地直接或者通过议会决议和议会制定法可介入的结构，总之形成了“国教会体制（establishment）”。

英格兰“国教会体制”的含义如下：① 世俗的议会（parliament）可以统制英格兰国教会总会议（General synod）制定的国教会法（measures）；② 国家可任命国教会的大主教等主要的圣职者；③ 26 个大主教和主教在世俗议会上院（贵族院 House of Lords）作为圣职贵族（Lords spiritual）而拥有议席；④ 国王（女王）是英格兰国教会的至高统治者（最高领导者），而且是新教徒、信仰的守护者（Defender of the Faith）。

1869 年，当时处于英国支配下的爱尔兰国教会（church of Ireland）实施脱离教会化，在 1920 年威尔士国教会（church in wales，Anglican church）也实施了脱离教会化。因此，现在在英国，作为国教会而存续的只有英格兰圣公会（Anglicon church of England）和世袭制苏格兰教会（Presbyterian church of scotland）两个国教会。

在国教制下，由于教会与本国、教权与政权存在一定程度的结合，因此，对于处理国家与非国教的关系以及国教与非国教的关系就成为问题。对此，英国是按照洛克“宽容论”来处理上述问题的。洛克的"宽容论"是建立在"圣"与"俗"分离对立的理论基础上，"教会的宗旨是共同礼拜上帝，并以此为手段求得永生。因之，它的一切规定应当有助于这个目的，教会的全部法规也应以此为限。教会不应也不能受理任何有关公民的或世俗财产的事务，任何情况下都不得行使强力。因为强制权完全属于官长，对一切外在物的所有权都属于官长的管辖权。"①因此，洛克主张教会不应具有民事（世俗）的管辖权（民事裁判权）。在洛克看来，教会是一个自愿结合的团队，其与个人和国家并不存在必然的、行政上的隶属等。"不论是个人，还是教会，甚至连国家也在内，总而言之，谁都没有正当的权利以宗教的名义而侵犯他人的公民权和世俗利益。对此抱有异议的人应当郑重考虑：他们将会对人类播下多么致命的纷争和战乱的种子！煽起何等强烈的嫉恨、掠夺和屠杀！只要那种认为统治权是上帝的恩典、可以使用武力传教的意见占了上风，那么，在人与人之间便不可能建立并保持和平和安全，不，甚至连普通的友谊也谈不上。"②

然而，由于英国采用教会制度，宗教权力就必然存在国教会（权力）与国家（政权）的结合，存在教徒与异教徒的矛盾和冲突。因此，要用宽容的原则来处理这些关系。

洛克在《宽容论》（1662 年）中并不是单纯指对非国教徒的宽容，而是以此为前提，考虑将现行主制国教会再编为包容的国教会。从这个方面上看，宽容论不仅仅是寻求宽容，而是指包容的宽容国策的所谓"包容策略"。为了更好理解，洛克将之称为"广教主义"（Latituqinisme），其内容可以说是其合法性资格的扩大，

---

① 〔英〕洛克：《论宗教宽容》，吴云贵译，商务印书馆 1982 年版，第 11 页。
② 同上书，第 15 页。

教义和礼拜规定的缓和和简素化。洛克进一步把这种广教主义的包容思想,对非国教徒而言,归纳为:“第一,非国教徒的‘私人会议’放弃‘有关公共的神的命令’。非国教徒的良心自由只是追求‘自己的福利’,但不得妨碍‘公共善’和公共福利;第二,作为非国教徒对立‘公共善’和‘公共利益’的原因有狂热、理性轻视,等等。这些倾向不仅使行动和妥协有了可能性,而且使之‘朝向自己私人关心,并妨害公共’。”第一方面是护持派观念,第二方面是包容派观念。因此,“宽容论”所包括的政教关系实际上在明确“圣”与“俗”的前提下,而将宗教限定在一定程度上,并通过国教会确立宗教的“圣”的权威,同时对非国教徒也肯定其合法性和合理性,这就有别于中世纪的天主教会的教会制度等级制,但同时与宪法“政教分离”的模式也具有根本上的距离。正因如此,即使在英国,英格兰、威尔士也放弃了国教会制。因为国教会不是“政教分离”的发展趋势,而只是英格兰教会和国家上的一种特殊的政教分离中间形态而已。

穗积陈重与法理学*

导言

穗积陈重(1855—1926)是日本著名的法学家,是日本首批法学博士之一。曾到英国伦敦大学和德国柏林大学留学,留学回国后,在东京大学法学部任教,并曾任法学部部长。其后弃学从政,1915 年被授予男爵称号。1916 年,成为枢密院顾问官,1917 年就任日本学术界最高地位的学士院院长,1925 年出任枢密院议长。穗积陈重是一个"名利双收"与"政学双赢"且家庭幸福的法学家。作为日本 1898 年民法典的起草者之一,他与梅谦次郎、富井政章并称为日本民法"三剑客"。在日本民法典论争中,他是作为反自然法的"延期派"而出现的。穗积陈重的学术生涯的精华在于《法律进化论》与《法典论》,二者分别为其"法学论"与"立法论"的旷世著作。穗积陈重基于"法律进化论"的基点创立了法系类别的比较法学理论。其后被美国比较法学家威格摩尔等人所

---

* 本文原载于《全国外国法制史研究会 2012 年年会论文集》。

继受，形成比较法学的崭新流派——法律文化流派。穗积陈重还以英国法分析法学派的 Jurisprudence 形式和德国历史法学派的 Rechtswissenschaft 内容，创立汉语圈通用的"法理学"概念和学科。本文拟以"法理学"的词源创作为基点，进而研究穗积陈重的法律思想。

一、法理学的词源与意义

汉语圈的"法理学"对应的是英语 Jursiprudence。Jursiprudence = juris（法律）+ prudence（智慧）。在法理学内容上一般认为法理学 = 法律哲学（Philosophy of Law Rechtsphilosophie）。而哲学（Philosophy）= Philos（爱）+ Sophia（智慧）。因此法理学无疑是一门高尚的、博爱的精神科学。自英国的奥斯丁在 1832 年初版了《法理学的范畴》以及其死后由其夫人整理的《法理学讲义》（*Lectures on Jurisprudence*）之后，1881 年穗积陈重将此学科以"法理学"汉语固定化，"法理学"已成为包括东西方在内的世界所共用的法学学科名称。

"法理学"虽未必是穗积陈重的造语，但毫无疑问法理学学科的确是通过穗积陈重在东京大学的法理学讲义固定的。在大正五年（1916 年）刊行的《法窗夜话》中对此有记载。据此文所述，穗积陈重在明治十四年（1881 年）奉职于东京大学之际，排斥了"性法学"或者"自然法"，进而也回避了"法律哲学"，决意把"法理学"作为学科的名称而加以采用。

就法理学，穗积陈重认为是与特定的学派无关系的名称，但此未必是真实的。因为首先排除荷兰以及法国的自然法学，其次，因为是形而上学之故，从而拒绝德国的法律哲学（Rechtsphilosophie）。在此，穗积陈重的立场就不可能是中立性的。不用说穗积陈重在此是以英国法理学（Jurisprudence）为立脚点的。因为穗积陈重当初的留学地点在英国，之所以如此是因为不久转学到德国。据其在“转学申请书”中所言，是为了到德国学习“比较法理”（比较法学）。

在《法窗夜话》的“法理学”之词源下，穗积陈重说明了“法理学”一词的发源。“在明治三年（1870 年）间十月的大学南校的规则上称为‘法科理论’是不太好的名称。我邦的最初留学生之中，作为西方法律学的开祖的一人西周助先生，将其在文久年间在荷兰所学习的学科之中的 Natuuregt 译为‘性法学’。在司法省的法律学校之中，则称之为‘性法’，而且，法国法派的人将此学科称为‘自然法’。在明治七年（1874 年）开始在东京开成学校设立法学科之时，虽设立了此种学科，但在第二年以‘法论’这样的名称设置。之后在明治十四年（1881 年）我辈开始接手这个学科并加以考察。感觉到有些‘抹香臭’，而作为学者‘论’字不易懂，因此，为了都能接受就更改为‘法理学’。特别是翻译 Rechtsphilosophie 为‘法律哲学’，但说起哲学，在世人之中往往觉得反限于所谓形而上学而已，因此，选择无论任何学派都能接受的这种学科名称，此就称之为‘法理学’。”①

穗积陈重之子穗积重远也确认了穗积陈重创制“法理学”的缘由。“关于法律学亦可分为上述两段考察之。各种法律现象（即 a law 或 laws）之研究，乃法律之科学，称之为‘现实法学’（die positive Rechtwissenschaft, Wissenschaft des geltenden Recht）。兹所

---

① 〔日〕穗积陈重：《法窗夜话》，岩波书店 1988 年版，第 174 页。

谓具体现实法学，其中不包括法制史及具体的立法论，及研究在现实中具体已经存在、或现时存在、或应当存在之法律现象者也。基于此现实的具体的研究之结果，更进而研究法律自身之根本原理（即 the law, or the possible ideas of law），认识法律现象在万有现象中之位置，是为法律之哲学，称之为'法理学'。西洋法学者，皆用法律哲学（Rechtsphilosophie, philosophie du droit, legal philosophy）之名称，固无不当，但哲学之名称，实由歧视实验科学与形而上学之思想而生，易遭误解，且因此后所述的自然的法律学之名称焉。是则法理学者，即法律现象根本原理之学问，即 spirit of the law、esprit des lois、geist des rechts 之学问也。而法律历史哲学（Rechtsgeschihte philosophy）及立法学亦属之。至所谓法学通论（Rechtsenzyklopadie, general jurisprudence）及法理学史（Geschichte der Rechtsphilosophie），则非法理学也。"[1]据此，穗积陈重的"法理学"可以包括其生涯治学范畴的法律进化主义的"比较法学"、立法学上的"法典论"以及民法典立法的相关学问。

"像这样的'法理学'名称的构想同时也是穗积陈重留学的土产。而且与此相提并论的是'法学通论'。正如所述，其以与法理学具有不同的含义，而在日本法学中成为带来新机运的一个契机。"日本西学东渐时，最初的法学教育是聘请英美法学者直接用英语教学。"穗积陈重是法学部部长，但他也用日语教法学通论。用日语教西洋舶来的法律先生是首次。此时现今用日语教学会有降低学问程度之虞，而将来则必须用日语教学。因法学通论之类即使用日语教学也无此之虞，故就用日语教学。诚然，正如初

① 〔日〕穗积重远：《〈法理学大纲〉与〈法律哲学 ABC〉》，李鹤鸣、施宪民译，魏琼勘校，中国政法大学出版社 2003 年版，第 20 页。

学者所判断的那样，其是一种稳定的讲义，由此可得出法律之概念。虽说是通论，但也极其详细。因为就分析法学、沿革法学、比较法学而言，也使之概念化，显示了从纵向的历史上横向的加以比较。在当时如此好的讲解、亲切的教书，先生真是很了不起的。”[①]因此，从法学范畴上看，“法学通论”比法理学范围要广，法理学是不能包括“法学通论”的。

二、法理学的起源与展开

穗积陈重的法理学在法律起源上直截了当地说明了法与国家不可分离的关系，以及“法理”系文明社会的产物的进化观点。

穗积陈重在《法理沿革史》一文中认为，“世上先有物而后有理，先有理而后有学，此是万世不易的通则。在法理学上亦然。”“国家与法恰如车轴与车轮相关密切的不可分离的关系。故有国必有法。”古时有各种各样的法典，然未必有法理之学。乃至希腊盛世，才有美丽、有益、公正三大思想之萌芽。此时才有权利、法理之讲究研磨。“美丽之境，诗歌、礼乐、图画、雕刻之术振兴；有益之境，天文、物理、数学、经济诸学盛行；公正之境，道德、政治、法律之学兴起，希腊的苏格拉底、柏拉图、亚里士多德讲究研磨权利与法理，是为最初的法理学者。”因此，法理学始于希腊盛世。据此，穗积陈重的思想与近代文明发展脉络是一致的，源于西方并始于希腊。作为西方文明的法律或法理之器物自然亦循此道。

---

① 〔日〕穗积重远：《明治法学者的出发——围绕着穗积陈重》，岩波书店 1988 年版，第 272 页。

同时,穗积陈重严格区分了“立法”与“法理”,其认为,在古代印度国家、波斯王国、中国亦都有法典,即“有国而必有法”,但却不存在“法理”之学,即在中国古代法中有法术之学而无法学。所谓法术是穗积陈重独有的用语。在明治三十年初的《法理学讲义》印刷本中,设置“法学与法术”这样的篇章。并认为二者并列是必要的。他认为,在古代的中国与日本,有法律和法术而无法学,法术是通过事物的熟悉与经验而得来的,是有效的适用法律的技术。穗积陈重自身非常重视法术,其在《法窗夜话》中也有“卡兰的法术”(第 34 话)的故事,他还特别对裁判技术有很深的兴趣,也很尊重著名裁判官大冈忠相等(第 39 话等)。在《五大法律学校联合讨论笔记序》一文中,穗积陈重还认为,现代的法学家是兼具法学、法术者。“法上有学,法上有术,法学法术相伴才是真正的法律家。”①

穗积陈重之子穗积重远著的《〈法理学大纲〉与〈法律哲学ABC〉》沿革了穗积陈重的法理学起源的观点,“法理学发源于希腊哲学,而法理学之特别哲学,在此时尚未分化而出。唯一般哲学中的已有法理学的一方面,且于此方面相当注重而已”。古希腊哲学中的客观主义与主观主义是法理学中的自然法主义和人定法主义的哲学渊源。“希腊哲学中,客观主义(objectivism)与主观主义(subjectivism)早已对立。客观主义,主张正当行为的客观标准存在;主观主义,则主张如此标准不存在,而正当行为依人之选择而定。此二主义在法理学方面之应用,即理想主义与人定主义。”希腊法理思想结果归类于客观主义,穗积重远认为:“希腊法

① 日本穗积奖学财团编:《穗积陈重遗文集》(第 2 册),岩波书店 1932 年版,第 24 页。

理与之根本思想，简而言之，柏拉图及亚里士多德等希腊哲学之法理学的方面，实受下列三种思想支配：（一）审美心（die aesthetische phantasie）；（二）目的观（teleologische Welt-unt Naturanisicht）；（三）不自由意志（determinismus）。希腊哲学，注重调和全部以完成一美术品，因此，牺牲其分子而欲以同一模型构成之国家乃此项美术品之一，其所体现之思想，即为正义。而此正义非观念上之正义，乃人情上之正义；非赋予个人以其所属物之正义，乃由个人请求其观念所必要之物之正义也。何为谓此为正义？以国家为人类之目的故也。其目的之为物非意思之目的，乃人性自然之目的。故个人不问其意思之如何，必须为国家之构成分子，以参加于此目的之完成。奴隶亦由此理由承认之。至于法律乃此观念上之'必要'当然存在。非意思之要求，乃认识之对象，个人不问其意思之如何，必当遵守。是则希腊之法理思想其结果，乃归结于纯粹客观主义了。"①

对于法理学的历史，穗积陈重是从"法律进化主义"上加以展开的。在其《法律进化主义》一文中，他认为"古来有关法律本质的观念及学说繁多难以细究，但归纳之有'他主主义说'与'自主主义说'两大流派。两大流派又可细分为造化主义、君制主义、民制主义、进化主义四类"。其分解图解如下：

（1）他主主义 { 造化主义 / 君制主义 }

（2）自主主义 { 民制主义 / 进化主义 }

---

① 〔日〕穗积重远：《〈法理学大纲〉与〈法律哲学 ABC〉》，李鹤鸣、施宪民译，魏琼勘校，中国政法大学出版社 2003 年版，第 32—34 页。

法律之基源在于人民以外的势力之路称为他主主义，在他主主义之中，法律的渊源至高无上，一切法律其渊源都直接或间接源于上帝，是神的旨意之显示，此称为“造化主义”。仅次于法律的来源归于神意的“造化主义”的是“君制主义”。该学派认为一切法律均基于君主或者主权者的意志。对法律是对人创造的疑问，其认为法律是有关国民行为的主权者的意志。

古代法律的本源归于神意主义，中世纪归于君主制定，其后在16世纪，欧洲出现了政治、宗教学说逐渐改革的萌芽，进而法理学也产生了大变动。即比起古学派的他主主义，法律成为国民之事物。中世纪之后诸学者皆提倡法律其起源系人民意志，而成为人民制定的“自主主义”。此学说变动好像是古代之天文学理中的“地球中心论”，以地球为中心，日月星辰围绕着地球运转。而布鲁诺说一出，忽然转动机轴，成了“太阳中心论”，即地球是围绕着太阳为中心而运转的。

法律的本源在于人民的“民制主义”亦可分为两种学说：第一种为基于民约说的法理学派，其邦国正如卢梭在《民约论》中所说，“邦国是人民共同结约而成立的”，其他还有英国洛克的《政府论》以及德国普芬道夫的自然法论、意大利贝卡里亚的《刑法论》等。民制主义的第二种学说为德国的沿革法理学说，据此学派的学说，法律并非如君主论者所云，由来于主权者之意志，也并非如民约者所云，来源于人民的合意。法律是与历史的、自然的、发达的同时而共同发生的。法律在一国中产生也恰如语言在人类中产生一样，法律并非为一人或者一个团体而创立，而是由人民全体使用而在国内具有效力，所谓主权者也只不过是法律的执行机构而已。即人民的总意(Gesummtiville)是法律的第一渊源，法律是人民总意的表征。而且人民的意志直接的表现为法律的习惯法形式，人民的意志间接的表现为法律的成文法形式。德国的沿革法理学代表萨维尼是如此认识的。萨维尼的弟子普赫塔(Puchta)也认为“法律起因于人民总意”。其后，温得海特(Windseheid)认为“成文法最终渊源是人民的理念”。而且有关法律的人民理想，是在直接、间接二法之中创立的，并经由间接委任，而由立法者制定法律；而由直接行使，人民自己由来于习惯而创立的。”[①]对于自主主义的进化主义，穗积陈重在此未加以展开论述。

在此，穗积陈重认为法律不仅与生物学具有密切关系，而且与心理学也有联系。“社会学及法律学者，又具有心理学的倾向。法律学者之中具有心理学的倾向者，为德国的基尔克。”“基尔克(Otto Gierke)为‘德国法派’之法律学者，彼于其大著《德国团体法论》之部首，即标明‘人之所以为人，在于合群’之义，其表示社会法学的态度，与从前以个人意思为基础之法理学正相反对。彼之‘团体说’(Genossenschaftsheorie)，谓人类各种协同团队中，有团体人格、团体意思之存在，而此团体人格、团体意思，又与个人人格、个人意思不同，此种卓见，实引起法人论之革命，同时又启发心理学的法律学之倾向。”[②]穗积陈重在《法律进化论》一文中认为，在法律的本源之中，自主主义下的民制主义的第二种学说为德国的沿革法理学说，其法律源于人民的总意。在基尔克看来，人民是一个总体或者团体，而不是法律拟制的人，他是具有像生物一样的有机体。法不仅是外部性的，而且也是内部性的。“若法是社会生活的规范，则必须附加上调整团体生活本身的规

---

① 日本穗积奖学财团编：《穗积陈重遗文集》(第1册)，岩波书店1932年版，第448—497页。

② 〔日〕穗积重远：《〈法理学大纲〉与〈法律哲学ABC〉》，李鹤鸣、施宪民译，魏琼勘校，中国政法大学出版社2003年版，第25—26页。

范也是法的一部分。法不啻人之生活的外部关系，而且也调整国家、教会、自治团体、各种各样团体内部生活。因此，将法定义为是个人或者团体外部行为之准则是不充分的。法在某种程度上也浸润、调整团体的内部生活。因此，有关团体的本质问题，不只是为了法律学上单纯的前提问题，而应认为实际上是中心问题。无论如何，为了理解调整团体性的法，就必须了解在法之中且内法所统治的团体是什么？”①

在《斯宾塞对法理学的功绩》一文中，穗积陈重认为：“从古希腊苏格拉底、柏拉图以及亚里士多德‘三哲’开始启动法理学的端绪以来，法理学与社会进步共同变迁，现在已经存在十多个学派。其中最著名的可以举出两三种学派。在中世纪有圣·奥古斯丁、托马斯·阿奎那等诸大家，他们都是以宗教来说明法律，是为宗教法学派。其后到1600年代，格劳秀斯、普芬道夫等是使用自然法来加以论述的，是为自然法学派。乃至1700年代，康德的学徒从心理学上论述法律，又意大利的庞古、法兰西的孟德斯鸠等另外兴起比较法学的一个学派，其后边沁、奥斯丁二人在英国根据功利主义开创了分析法理学的基础。直至近代，特别推进法理学一大变动的历史法学派的历史法学家是以德国伟大法学家萨维尼为始祖的，此后，经其后从艾希霍恩、康斯开始，而法国的拉布里、达拉基，英国的梅因，美国的霍姆斯等诸大家辈出，成为近代最有势力的法理学派。”“以上论述的法理学沿革的顺序是从虚形论到实形论进化，即从宗教法学派、自然法学派、心理法学派而进化到比较法学派、分析法学派、历史法学派。然而，斯宾塞更进一步地推出一个机轴，从社会学方面来研究法律，在其著作《社会

① 〔日〕石田文次郎：《基尔克的团体法论》，圣子书院1929年版，第92页。

学》的政治篇之中，揭示了法律与其他社会现象的关系，以主权的沿革、司法权的起源、法律发达的顺序、财产法的进步为中心，根据有关公法和私法的事项用进化哲学原理加以说明，在密尔的新著《法哲学》之中，其认为斯宾塞的学派称之为进化主义的法学派，乃至近时，法理学资料取之于博言学、人类学、社会学等者逐渐增加。也许著作的数量多的，其中最有名的是德国的波斯特、意大利的拉普罗利。从萨维尼出现以来，一直到现在，历史法学虽还握着法学的一切权柄，但今后对法理学的研究产生一大变动的，可以认为是进化主义的法理学。斯宾塞的功绩必定是伟大的！”①

三、法理学的方法与内容

概览穗积陈重的诸著作并以传统的西方法理学与比较学著作相比较，可以明显地感觉到穗积陈重的法理学具有如下特点：

（一）有别于逻辑（抽象）的奥斯丁式的法理学

穗积陈重的“法理学”是一种经验（实证）的法理学。抽象的法理学论述法的对象、法的本质、法的体系、法的功能、法的作用等，使用的是抽象逻辑的概念、判断和推理之工具。而经验（实证）的法理学是以历史的、比较的、经验的事实堆积，以探求法律的发展进路。就前者而言，法的发展存在普遍的一般规律，而就后者观点，法的发展是多元的，所谓“条条大道通罗马”的进路。

---

① 日本穗积奖学财团编：《穗积陈重遗文集》（第1册），岩波书店1932年版，第611—613页。

（二）有别于无机的（比较）法学

穗积陈重的“法理学”是一种有机的法理学。近代自然科学建立在笛卡尔的机械论和牛顿的重力论基础上，与此相应，作为社会科学的法学也以“原子论”和“机械论”的形而上学为基础。法国法学者勒内·达维的比较法学为无机的比较法系论，而德国法学者康特诺维奇等的法系“样式论”，也是无机（功能）论。以肇始于历史法学派的萨维尼并经梅因、穗积陈重而后由威格摩尔等人所继受的法系类别的比较法为文化的、有机的比较法学派。穗积陈重的法理学是与生物学、生理学时代背景和科学应用相联系的。

（三）有别于西方中心主义的法理学

穗积陈重的“法理学”强调世界诸法系间的平等竞争，为无中心的法律（文化）进化论。穗积陈重的法理学是在“差异性”与“共同性”之间得以发展的。在东方法系（中华法系、印度法系）静止或者消灭之时，穗积陈重把目光投向英国和德国这两个典型的英美法（系）与大陆法（系）国家。其“法理学”移植与传播的目的是推动日本法律的进化，亦即英国法与德国法等的日本化。这从穗积陈重的法律进化论的用材（祖先崇拜、祭祀等）和他在东京大学的法学教授日语化（日本化）上都可以“窥斑见豹”。正因为如此，在岛国而不夜郎的思维之下，日本才逐渐地成为世界上比较法的实验场，并逐渐形成独特的混合法系——日本法系。

作为学科的名称穗积陈重所拒绝的是“性法学”和“法律哲学”，所采用的是“法理学”，排斥“性法学”可能因为它不是自然法派，不采用“法（法律）哲学”是因为他嫌弃“哲学”的形而上学的性质。在形而上学的自然法学派与法哲学的对蹠可以想象其以法作为实证的事物而理解的法学。实证法学并非就是实证法之学，穗积陈重在此是将其作为法的进化论或者历史法学而展开的。"不过'性法学'是 Haturregt，'法律哲学'是 Rechtsphilosophie 的译语，那么存在'法理学'由来于什么之无疑问。'法理学'本身也许是重组'法科理论'与'法论'中的'学'之文字，是穗积陈重自己创造的用语。但即使如此，它作为'法理学'性质也许就是英国的奥斯丁以及德国的 Jurisprudence，是穗积陈重回避形而上学而摸索实证的方法。在他留学的当时，在英国作为实证的法学，有奥斯丁的分析法学(analytical jurisprudence)和德国的沿革法理学(historical jurisprudence)。不用说，前者是讲究逻辑性、体系性，而后者则是以法的历史的、比较研究为目标的。穗积陈重也许是受此二人的启发，从而将'法理学'带回日本。"[①]然而，从穗积陈重在日本的学术成果上看，其成就是"法律进化论"和"法典论"。此二者与其说是英国的方法论，还不如说是德国的方法论。"穗积陈重的法律方法论是法律进化论，因此，其比分析法理学更接近沿革法理学。然而，不应忘记奥斯丁的分析法理学本身也是在德国历史法学影响之下。总之，英国的两种法理学可以定位是奥斯丁与梅因各自继承了德国历史法学的两面，即体系的方法与历史的方法。如此的话，穗积陈重所说的'法理学'也就不能如此简单地只与 Jurisprudence 相联系。"

德国的历史法学是 historische rechtswissenschaft。历史法学是从萨维尼开始先于立法的法学之确立。以提倡为此的历史的研究。历史法学是在批判蒂堡的自然法的立法论下出现的，并与黑格尔的哲学的法学尖锐对立。历史法学内部存在历史的方法与

---

① 〔日〕坚田刚：《德国法学的移植过程》，御茶の水书房 2010 年版，第 28 页。

体系的方法之矛盾，而最终不得贯彻也是众所周知的。正如前述，在穗积陈重转学的当时，已出现耶林的进化论的目的法学，温得海特从事统一民法典的编纂。对于概念法学的民法典，不久受到基尔克从社会法的立场上的批判。这些不外乎都是萨维尼的遗产。穗积陈重直接将德国历史法学的系谱介绍到日本，此可能是因为从法典论争到民法典编纂的德国政治状况与需要近代法学与法典的日本的状况重合一致。穗积陈重在德国留学对移植德国的法学与法典到日本显然是起到决定性作用的。穗积陈重而将德国历史法学的法学方法论与立法论介绍到日本。其成果就是“法典论”与“法律进化论”。如果像这样的思考得以允许的话，可以判定并无必要将穗积陈重的“法理学”限定于英国的Jurisprudence。因为Jurisprudence自体也是在德国Rechtswissenschaft的影响之下。可以看到在“法理学”用语上渗透着历史法学。也可看到穗积陈重在对法哲学的观点敬而远之的同时，“法理学”仍然是在重复着历史法学。[①]

总结归纳如下，无论“哲学”还是“性法学”都是西周助的译话。西周助是通过翻译耶林的权利论而介绍这些词语的。加藤弘之也是以耶林为目的而展开强者的权利论。加藤是将穗积陈重从德国召回之人。确切地说穗积陈重的“法理学”是拒绝了“哲学”，但那是排除自然法而确立实证的法学，是从法学上驱赶哲学。虽论的是实证志向，但语言本来意义上就不可欠缺哲学的实证却是不可能的。

总之，因为创作词语的原因，穗积陈重称西周为“哲学之父”，加藤弘之为“国家学之父”，而穗积陈重自身通过提倡“法理学”

① 参见坚田刚：《德国法学的移植过程》，御茶の水书房2010年版，第29页。

为“法学之父”。他们都受到德国历史法学的决定性影响。西周助和加藤弘之的切合是耶林，而穗积陈重的切合是与萨维尼的思想相联系的。对于穗积陈重有称赞曰：“十九世纪的萨维尼，二十世纪的穗积陈重。”

英国的约翰·奥斯丁(John Austin,1790—1859)在他的名著《法理学的范围》中提出：法理学的对象，是实际存在的由人制定的法，亦即我们径直而严格地使用“法”一词所指称的规则，或者，是政治优势者对政治劣势者制定的法。但是，这样一种法(或者我们所说的直接严格意义上的法)，时常因为人们感觉到一些“相互类似”的缘故，或者人民的类比修辞活动的关系，而被混同了其他社会对象，不论这些对象，是从准确意义的“法”来说的，还是从并非准确意义的“法”来说的。为了消除这种混淆所产生的困难，我用界定法理学范围的方式，或者用区别法理学对象和其他对象的方式，来开始讲述我所计划的课程。[①] 穗积陈重在使用奥斯丁法理学外壳时，并未接受此种主观主义内容的法理。

在《法理难问》一文中，穗积陈重认为：“所谓‘法律是主权者之命令’之定义是奥斯丁的法理学之基础，英美的法学家概以此为据，但近来随着法理学的进步，奥斯丁的定义逐渐也失去其势力。其原因主要有三个方面：第一，外形上的谬误。第二，精神上的谬误。第三，语言上的谬误。”[②]

(1) 外形上的谬误。是指奥斯丁定义的法理学范围只能包括制定法(成文法)而不能包括习惯法(不成文法)。而且梅因在

---

① 参见〔英〕约翰·奥斯丁：《法理学的范围》，刘星译，中国法制出版社2002年版，第13页。

② 日本穗积奖学财团编：《穗积陈重遗文集》(第2册)，岩波书店1932年版，第107—108页。

《古代法》中认为,在古代社会法律不是主权者的旨意,实质上是法官依神意而管理裁判所引起的。

(2) 精神上的谬误。包括两方面:其一,若命令是命令者的意思发出的,则一切法律都是由主权者的意思所发展的事物。然而,若考察一下法律的实质,则可知并非都是主权者的意思,而是因人民国家的生存之必要而制定的。因此,假如法律是主权者的命令在外形上是正确的定义,但从精神上考察都是不能容许的未完全的定义,更不用说法律是由人民总意而产生的事物是符合法律精神的。此说是在历史学派中由萨维尼等提倡的。其二,若法律称为命令,则不可能不得出一切法律皆以义务为主,权利反而成为客体的结论,然而近代的法律往往都是以权利为主义务为从的,因此,法律是命令的定义是不足以表现法律实质的。

(3) 语言上的谬误。依据奥斯丁定义在语言上特征的学说,原来服务于命令主义的学者认为,近代法律上的文字是以拉丁语的 Jus 所传来的,此语即采用拉丁语的 Jubio(我命令之义)动词的过去分词 Jussum(得到命令之义)的上半部分,而制作 Jus 之字的事物。因此,法字的语源不足以证明法律是命令。大概此说原本就是出于服务于命令主义之口实,而其实质上却是声援命令主义最有力的事物。然而,随着近代博言学的进步,竟然发现前说之谬误。即 Jus 的拉丁语是从梵语(Sanserit)的 ju 之语上传来的。此语具有团体或者结合的意义,而且,法律可以认为是团体社会,用来束缚一个人的行为之事物,此语若适用于法律,若博言学的研究上认为是谬误的,则命令主义就不能据此语源而主张法律是(主权者)的命令。

因以上三个方面的谬误,“法律是命令”之奥斯丁的法理学犹如孤城落日,在法学社会中也处于尽失其势力的处境。穗积陈重说："我的分析是如此，让你们自己去抉择吧！"

穗积陈重对奥斯丁分析法理学的关心和兴趣表现在以下两个方面：一是主权者命令，二是反自然法论（即对穗积陈重来说是"人权否定论"）。在此有两个方面的证据：一是明治十八年（1885年），穗积陈重在东京大学讲授"法理学"讲座时是以奥斯丁的"法理学"作为参考书的，而在明治十五年（1882年），穗积陈重担任东京大学法学部部长时，还聘请强烈反自然法者（分析法学家）美国人亨利·T.特里（律师）充当东京大学法学部教授（担任课程为英国法律）。穗积陈重在英国留学并未接受英国法的精神。英国法精神是指约翰·洛克的前国家的自然权法理和反映英国市民革命成果的"权利宪章"（Bill of Right）。相反的，其甚至循着奥斯丁在德国的学习之路而转为向德国学习德国法精神。因此，只从穗积陈重的法理学上看，奥斯丁之流的英国型主权者（国王、国会）的命令说衣裳是不合穗积陈重的肌体。比起英国法的精神，德国普鲁士的弗里德里希大王型（明治天皇的模型）的德国法精神以及法理学远更适合穗积陈重之肌体。①

以上是对于穗积陈重对奥斯丁的分析法理学的关注之表现的论据。显然忽视了穗积陈重作为留学生、法学家（教授）、立法者以及高官（男爵乃至枢密院议长）的人生角色的多样性以及在"舞台"上的两面性，因此其言行未必始终保持一致。对于穗积陈重是否吸收奥斯丁的"主权者命令"之要素，东京大学法理学教学的事实并不足以证实穗积陈重的法律思想所在。实际上，在明治开国之初，东京大学的前身东京开成学校主要是以教授英国法为

① 参见〔日〕白羽佑三：《民法起草者——穗积陈重论》，中央大学出版社1998年版，第117页。

主的，而由司法省创办的日本法律学校（明治大学之前身）则以教授法国法为主。而穗积陈重又是留学于英国的法学者，因此，在东京大学开设分析法学课程并聘请反自然法的美国人亨利·T.特里为教授并不奇怪。在此不能以“结果”来推导“动机”，以说明穗积陈重是一个分析法学者。对于穗积陈重是否是“反自然法学论”的法学者，由于穗积陈重生涯的多角色性，使他的法学和社会角色常常表现出两面性（两张脸）的特征。从公法立法上看，其受惠于明治天皇和伊藤博文，对“万世一系”的统治体制表示赞同。甚至在日本民法典论争中，其反对法国法学家保阿索那特起草的1804年《法国民法典》翻版的旧《日本民法典》，是民法典论争中的“延期派”，并与自然法学者的保阿索那特形成鲜明的对比。然而，在起草日本新民法典的过程中，其是以《德国民法典》（草案）为蓝本，从其积极推动日本民法典创制和实施的过程上看，民法的根本属性与自然法价值在某种程度上有暗合之处。因此，仅凭此而武断地认为穗积陈重是“反自然法学”者，尚未有充足的证据。然而，穗积陈重作为大力提倡“法律进化论”的沿革法学派（历史法派）的悍将，其法理学观点与历史法学派形式上对自然法的否定是自不待言的。

英国的分析法学的基础是功利主义和实证主义。而功利主义和实证主义来源于生物学的进化论。“十九世纪后半期之社会学，显然带有生物学的倾向，是继达尔文（Darwin，1809—1882）进化论之影响，而应用此进化论于社会学、国家学、法律学等方面者，在英国则有斯宾塞（Herbert Spencer，1820—1903），在德国则有赫克尔（Ernst Heckel，geb. 1834），今日社会学法律学者之中具有此种倾向者亦不少。此学派对于国家及法律作生物学的说明，以代替物理学的观察，而欲应用进化论中生存竞争、自然淘汰、人为淘汰、适者生存等理论，以说明国家及法律。”[1]“穗积陈重在鼎盛期从英国学到的是达尔文与斯宾塞的进化论。达尔文的生物进化论是说明‘自然的进化’，斯宾塞的社会进化说是告诉‘社会’的进化。穗积陈重受到双方的影响，并设定了以有关人事的‘法律进化论’作为生涯研究课题。正如众所周知的，穗积陈重在此已经决定并实际将全部生涯奉献给对‘法律进化论’的研究。”[2]穗积陈重的“法律进化论”构思磅礴宏伟，原定为两部6卷12册。在其生前，第一部上卷两册（第1册、第2册）得以出版，其余竟未完而终。“法律进化论”的第3册在其死后由其子穗积重远在第二年整理出版。第一部为“法源论”，其分3卷，上卷原形论，中卷原质论，下卷原力论。第二部为“法势论”，也由3卷构成，上卷为发达论，中卷为继受论，下卷为统一论。“法律进化论”堪称为一部人类史上最杰出的、最重要的法律文化遗产和巨著。法律进化论结构参见下表。

法律进化论构成表

法源论	以论究法律现象发生状态为目的	原形论	以“论究法律以怎样形态发生，并明确法的统制力在怎样的形态下才进入吾人认识”为目的
		原质论	以“论究怎样种类的统治力（规范）才成为法律的原质，并明确统制力怎样才作为法规而出现”为目的
		原力论	以“论究法律的统治力是怎样发生，并且怎样种类的社会力如何成为法律，并明确法的元素的统治力应通过怎样的过程才能公权化”为目的

① 〔日〕穗积重远：《〈法理学大纲〉与〈法律哲学ABC〉》，李鹤鸣、施宪民译，魏琼勘校，中国政法大学出版社2003年版，第74—75页。

② 〔日〕坚田刚：《德国法学的移植过程》，御茶の水书房2010年版，第25页。

（续表）

法势论	以论究法律现象变迁的理法为目的	发达论	以“论述法的内在的进化，即如人权、民性、地势、政体、宗教、德教、舆论等在法规之中基于自发内在的原因的法的进化”为目的
		继受论	以“论述法的外因的进化，即起因于与外民的接触的模仿、采择以及外国学说对立法、裁判上的影响”为目的
		统一论	以“论述法的世界性进化，即法在文化上推进常常具有世界化倾向，各国民同时受到自国特有法与世界共同法支配”为目的

在《法律进化主义》一文中，穗积陈重认为，法律是人类政治社会的现象，而且人类社会所发生的现象，一句话归之，必定是从人类的生理、心理上以及人类与有机、无机的一切外界的关系上所产生的结果。换句话说，人类是自然物之一，人类社会是有机物，因此有关人类的现象之中最复杂的法律学问必定是伴随着物理、生物诸学科的进步。法理学真正的进步也有待于物理、生物诸学科，其中生理学、心理学、人类学、社会学等的进行，而后才可通过观察得到的事物。①

穗积陈重的“进化主义”的“法理学”是“比较法理学”，此可以从其留学生涯中窥视到。穗积陈重离开“法律静止”的英国，而转学到“法律创新”的德国，其名义上是更好地学习“比较法理学”。对于他来说，“比较法理学”与“沿革法理学”是一体的事物。总之，不外乎是历史法学的别名而已，也是为其所论的法律进化论赋予内实，就有必要到历史法学的基地的德国留学。不用说，即使就历史法学而言，穗积陈重留学时的历史法学已经不是萨

① 参见日本穗积奖学财团编：《穗积陈重遗文集》（第1册），岩波书店1932年版，第449页。

维尼的历史法学了。受到进化论影响的耶林的“目的法学”已经出现。或者以温得海特为中心的民法典的编纂已经开始。穗积陈重从法律静止的英国来到动态的德国，在此所学的历史法学，从萨维尼开始数起，已经由第三代的耶林和温得海特担当。“穗积陈重在明治十四年（1881 年）带回日本的基本是德国的历史法学与法典论。历史法学作为‘法律进化论’与其晚年著作相联系，最初的‘法典论’决定了日本民法典的骨骼。”[①]在 1900 年美国召开的国际比较法学大会上，穗积陈重递交了《作为比较法学的日本民法典》一文，揭示了日本民法典是法理学（比较法学）的遗产和杰出作品，以及其著作《法典论》在日本立法中的实践和价值体现。

穗积陈重的比较法方法为整体比较法，即法系论。日本著名法学家穗积陈重（Hozumi）教授称为系谱比较法，即将有共同家庭关系的法律都作为一个比较单位对法律进行比较研究的方法。法系究竟是像一个社会上的家庭，还是更类似于一个有血有肉的生命组织体，我们可以争论，但是这些自然的法学称为生命组织体。[②] 穗积陈重的法系论不仅是有机的比较法学，同时也是法律进化论。在《英法德法学比较论》一文中，穗积陈重首先是以“论述法律伴随着文化”而展开比较法系论的。他认为，“法律伴随着社会的进步，与一国国民的文化并驰骋。各国相互修好通交，而后进国必先受先进国开化所感染，输入文化典章。假如劣国不讲进取改良，其与先进国结交就毫无气力采优国之长。那么其最终就不胜竞争。而根据优胜劣汰的大法则，就会竟自衰亡。而且诚

---

① 〔日〕坚田刚：《德国法学的移植过程》，御茶の水书房 2010 年版，第 26—27 页。

② 参见〔美〕约翰·H. 威格摩尔：《世界法学概览》（下），何勤华、李秀清、郭光东等译，上海人民出版社 2004 年版，第 1124 页。

如法律,以其为文化之一大元素,纵令如何程度之固执的国民,在输入之外国文化之时,必须同时继受法律。此在古今各国历史上是显而易见的。正如我邦往昔与隋唐修交,作为百般文物之一都不得不以其为模范,诚如法律,以隋唐法典为模型而编纂我国的大宝律,此是众所周知的。而且,近来改变锁国锁港的政略,与欧美诸国结交,西方诸国的文物制度立时输入我国,像法律也以欧美为模范,即以现行的刑法治罪法为中心,各种法令多为采纳西方欧美的法律。因此,斟酌我邦的风土民情是我辈熟知所在。欧美的法律与其文化共同传播至我邦,因此,欲明确我邦法律也就不得不通晓英法德的法律。此是我邦的法学者修学英德法的法律之因由。夫法律为国民反照,较以一国法令虽是其国民与本性之外型,野蛮之国酷刑峻法,文明之国良法美律……”[①]穗积陈重作为日本法学界的权威,在论述法理学时对法律的文化属性和功能已有清醒的认识,同时其认为物质文明与精神文明是相互联系且不可分割的,其法系论的系谱比较法的作用使之清醒地认识到日本法系在近代的劣势,因此,为了从劣国走向优国,在法律移植上走“脱亚入欧”之捷径不失为明智的选择。系谱论的比较法从整体上为日本法之“子法”,选择以萨维尼与蒂堡民法典论战后接近一百年的精华沉淀的德国民法草案为“母法”雏形,从而并不过多地细究民法典的具体制度和条文,并斟酌日本国民心理与固有文化的接受程度而分阶段地整体移植,此为立法上的效率论。《日本民法典》(1896 年公布总则、物权、债权三编,1898 年公布亲属、继承两编,1898 年施行)几乎与《德国民法典》(1896 年制定,1900 年实施)同时制定实施就是很好的佐证。

---

① 日本穗积奖学财团编:《穗积陈重遗文集》(第 1 册),岩波书店 1932 年版,第 331—333 页。

西洋法文化圈[*]

——比较法文化试论

一、法圈论

在比较法中处于核心地位的概念是法系。所谓法系论是尝试将存在于世界的无数的法秩序划分为法系(也称为法圈、法族)的学问。法系论自问世以来,以下问题一直存在争论:(1)一体无数的法秩序分为少数集团果真可能吗?(2)它以怎样的标准来划分?(3)若法系划分成立,某个法秩序归到哪个法系应由什么标准来决定?因此,在法系论中起决定作用的是划分标准。不同的比较法学家,运用不同的方法论进行法律比较,就会形成自己独具特色的法系划分标准。但从比较法的性质和定位的角度,可以将法系划分标准分为两个大类:"无机说"和"有机说"。

"无机说"的代表是法国比较法学家勒内·达维德(René Da-

---

* 本文原载于《全国外国法制史研究会 2006 年年会论文集》。

vid)，达维德承认各个国家分别实施不同的规定（法律），法具有多样性。但法的多样性并不仅仅取决于法所包含的规定的形形色色、千变万化，因为把法简单地看成准则的总体是种表面而错误的看法。当然，在某个时期，某个国家的法可具体化为若干条规定，但法律现象要复杂得多。每个法事实上是一个体系：它使用和一定概念相对应的一定词汇；它把规定分成一定的种类；它包含对提出规定的某些技术和解释这些规定的某些方法的运用；它和一定的社会秩序观念联系着，这种观念决定法的实施方式和法的职能本身，因此，法既有可变要素构成法的多样性，又有不变因素构成法的趋同性（单一性）。"规定可以形形色色，千变万化；相反，用以说明规定的技术，将规定分类的方法，解释规定所用的推理方式，则可归结为数目有限的一些类型。因此，我们可以把法归类成'系'，就像宗教方面（基督教、伊斯兰教、印度教等）、语言学方面（罗曼语、斯拉夫语、闪米特语、尼罗河流域语等）或自然科学方面（哺乳动物、爬行动物、鸟类、两栖类等）一样，可以忽略次要的区别不去管它，而确认'系'的存在。"①在此，达维德运用抽象的、逻辑的方法论，将多样性的法归类为简单的几个法系。他在1950年发表的《比较民法原论》（Traité élémentaire de civil Comparé）中，将多样性的世界上的法划分为：(1) 西欧法系（分为法国法群和英美法群）；(2) 苏联法系；(3) 伊斯兰法系；(4) 印度法系；(5) 中国法系。其法系的划分标准为意识形态和法律技术。达维德的比较法方法论是一种客观的法学方法论，由此种方法论引申出法的无机移植论，例如法国、德国移植罗马法，美国移植英国法，

① 〔法〕勒内·达维德：《当代主要法律体系》，漆竹生译，上海译文出版社 1984年版，第22—24页。

都是基于法律技术(立法的概念和体系)而进行的无机移植;而中国移植苏联法,则是基于意识形态(社会主义理念)进行的无机移植。

与达维德持同样观点的还有德国比较法学家 K. 茨威格特(K. Zweigert)和 H. 克茨(H. Kötz)。他们以功能原则来设定比较法标准,从而使比较法中的法系划分成为可能。"全部比较法的方法论的基本原则是功能性(Funktionalität)原则,由此产生所有其他方法学的规则——选择应该比较的法律,探讨的范围,和比较体系的构成等等。人们不能够对不可能比较的事物作出有意义的比较,而在法律上只有那些完成相同任务、相同功能的事物才是可以比较的。""任何比较法研究作为出发点的问题必须从纯粹功能的角度提出,应探讨的问题在表述时必须不受本国法律制度体系上的各种概念所拘束。"①根据功能原则,他们引入了"样式"概念,在1961年发表的《法圈论之因素》(Zur Lehre Ven der Rechtskreisen)一文中,他们认为,各个法系都有独自的"样式",而决定其样式的要素,不仅限于一个或两个,可以从以下五个因素加以考虑:(1)历史传统;(2)特殊的法学思考方法;(3)特殊的法律制度;(4)法源的种类与解释;(5)意识形态。例如,"抽象物权契约理论"就是德意志法系样式的标志,而信托则是体现英美法系样式的制度。在其所著的《比较法概论》一书中,他们将现代世界上的私法划分为:(1)罗马法圈;(2)德国法圈;(3)英美法圈;(4)北欧法圈;(5)社会主义法圈;(6)其他法圈(远东法圈、伊斯兰法圈、印度法圈)。K. 茨威格特和 H. 克茨的比较法方法比达维德更进一步地使用抽象性的客观方法论,功能原则和

---

① 〔德〕K. 茨威格特、H. 克茨:《比较法总论》,潘汉典、米健、高鸿钧等译,法律出版社2003年版,第34—35页。

“样式”标志就是客观方法论的重要体现。按照达维德的标准，不同意识形态之间的法律，因划分标准不同，不能加以比较；而按照K.茨威格特和H.克茨的功能原则，则可以在不同意识形态国家仅仅依抽象的法律功能性特征加以比较。何况，意识形态本身也是比较法工具“样式”中的五个要素之一。

“无机说”的比较方法，有利于概括出事物的共同属性，在当今世界经济与政治日益一体化的条件下，无机说有利于摆脱国家主权的束缚，形成共同法或世界法趋向。

“有机说”的首倡者是穗积陈重（1855—1926），1884年在其《法律五大族之说》论文中首次提出法系论的重要性。他将世界上的法划分为印度法族、支那法族、伊斯兰法族、英国法族、罗马法族五大法族，并就各自的法境（适用范围）、法源以及法势（静止法或迟进法或进化法）展开论述。穗积陈重的方法论是法律进化论，1990年他在美国作了“作为比较法学研究资料的新日本民法”（Lectures on the New Japanese Civil Code as Material for the Study of Comparative Jurispradeuce）讲演，在此讲演中，其强调了作为比较法学方法论的系谱学方法，并在前述五大法族之上加上日耳曼法族和斯拉夫法族，将世界上的法划分为七个法族。

继承穗积陈重系谱方法论的是美国比较法学家威格摩尔（J. H. Wigmore，1863—1943），威格摩尔在1928年公开发表了三卷本的《世界法系概览》（*A Panorama of the World's Legal Systems*）著述。其在该书中列举了比较发生学，并将其分为：（1）比较法律制度论；（2）比较法系谱学或者身体学。后者就是法系论。“所谓法系，作为某种政治体系的一部分具有自身生命的团体规则”，法学的系谱比较法又称为整体比较法。“日本著名法学家穗积陈重（Hozumi）教授称它为系谱比较法，即将有共同宗族关系的法律群作为一个比较单位对法律进行比较研究的方法。法系究竟是像一个社会上的家庭，还是更类似于一个有血有肉的生命组织体，我们可以争论，但在这里仍然把法系称作生命组织体。"①虽然，穗积陈重和威格摩尔的比较方法论是一种主观的、历史经验的法学方法论，但其应用的是概括性归纳方法，而不是抽象性的逻辑方法。同一法系既有自己统一的宗族和发展历史，它也像有机生物一样发生进化。"当然，每一个种族和社会都有其独特的习俗和法律。如同生物学家能够根据生物的主要特征，把脊椎动物和无脊椎动物、动物和人类区分开来，法学家也必须如此，必须能够把更为高级社会法律现象的表现形态同其他法律现象的表现形态区分开来，高级法律形态是法律规则合理发展、紧密结合、整体演进而自然形成的组织体。作为政治体系的一个组成部分，法系就是这样的组织体，并且是一个有生命的组织体，法系在自我成长的过程中也促使其组成部分——法律制度合理、协调地发展。这种过程与跖行哺乳类脊椎动物的发展进化过程非常类似，跖行哺乳类脊椎动物由于其大脑的认知活动方式整体发生变化，其身体的某些器官也因此而发生了变化。法系就是如此自然生成又自我发展起来供法律科学家研究的。"②

比较法的"有机论"是比较法文化的前提和基础。比较法文化是与法人类学（根据人类学乃至民族学的研究方法）相联系的。法文化是法体系不可欠缺的要素，由法文化而使静态构造的规则集合体向动态的"活法"体系转化是可能的。法人类学始于英国比较法学家梅因（H. Maine），1861 年他在《古代法》一文中运用了

① 〔美〕约翰·H. 威格摩尔：《世界法系概览》（下），何勤华、李秀清、郭光东等译，上海人民出版社 2004 年版，第 953 页。

② 同上书，第 954 页。

比较法方法,通过与印度比较,将法实证主义历史性地相对化。在日本,真正的法文化比较论是1924年出版的穗积陈重所著的《法律进化论》。继之有法社会学家川岛武宜的《日本人的法意识》(1967年)和比较法学家野田良之的《日本人的性格与日本的法观念》以及《西欧人的法观念与日本人的法观念》,他们都试图以法律进化论来揭示日本法的"国民性"。日本法社会学家千叶正士则运用法人类学方法,指出了法文化与多元的法律秩序具有不可分的关系。"如果我们承认法律多元或法律文化的多样性,那么就不得不承认仅通过法律技术上的比较不可能彻底涉及问题的全部实质,不可能充分说明某一民族法律制度的根本特征。""比较法律文化的研究不仅需要摆脱以国家的制定法为中心的传统的比较法的方法,而且需要与包括法律史学、法律社会学、法律解释学等相关学科的通力协作,需要宗教学、文化人类学、社会人类学的密切配合。"①因此,从比较法文化角度出发,可以将比较法中的法圈(法系)改称为"法文化圈",以"法文化圈""法系""法族"之有机体说构筑比较法律文化理论体系。

二、法文化圈论

比较法文化论是比较法学和法社会学融合的产物。在比较法学中,根据其法学的目的不同,可以分为不同性质的比较法。

1. 本质型比较法

以法的本质阐明为目的的科学,包括对法的进化规律、法的

① 华夏、赵立新、〔日〕真田芳宪:《日本的法律继受与法律文化变迁》,中国政法大学出版社2005年版,第271页。

普遍性、法的规范特殊性等的阐明为目的的诸派比较法:(1) 人种比较法(波斯特、科勒等);(2) 法系别比较法(穗积陈重、威格摩尔等);(3) 比较法律哲学(福尔摩);(4) 相关文明诸国共同法律原则的比较法。

2. 规范型比较法

以实定法自体阐明为目的的诸派比较法:(1) 外国法;(2) 比较法制史(但外国法制史属于外国法);(3) 国别比较法;(4) 概念的范畴型比较法;(5) 法系比较法;(6) 文明诸国共同的一般原则的比较探求。

法社会学中存在的比较法(比较法文化论)是以在法之外的法律本质以及特征所涉及的文化因素来对法进行比较研究的,同时,它又是以实定法规范为基础来进行分析和解剖的。可以说它囊括了以上两种不同法域的比较法。但由于其侧重于法律之外的社会,因而其重点为本质型比较法。对此,中国法制史学家武树臣教授也持相同的观点:"所谓法律文化,简言之,就是指支配法律实践活动(立法、司法和思维活动)的价值基础和这个价值基础社会化的过程或方式。""比较法律文化学的价值,在于运用宏观的比较的方法,探讨人类法律实践活动的内在规律。"①广义的法不仅仅在于抽象性规范的实定法,而且在于取之于社会用之于社会的"活法",法律的本质和发展与社会休戚相关,德国法社会学开山鼻祖埃利西(E. Ehrlich)是这样阐述的:"法的发展重心不在于立法,不在于法学家,也不在于司法判决,而在于社会本身。"马克斯·韦伯(Max Weber)在《宗教社会学》一书中指出,人类不仅受这些地理的、历史的条件的制约,而且也受各种性质的宗教意识的

① 江平主编:《比较法在中国》(第1卷),法律出版社2001年版,第144、145页。

影响，并在世界上形成个性丰富的诸种“文化国”和“人类类型”。欧洲的“基督教文化圈”、东亚的“儒教、道教文化圈”、印度的“佛教文化圈”、西亚的“伊斯兰教文化圈”等就是受以上诸种宗教支配的“人类类型”。其中在世界上形成最鲜明对比的是，以儒教和道教为精神源泉的“东洋文化”和以基督教为精神源泉的“西洋文化”。比较法文化正是以如此文化圈的构想为基础而展开的。

法律文化能解释法在社会中的产生、存在和运作实效，因此它是一种活生生的法律机制。“法律文化‘决定了人们何时、何地、为什么诉诸法律、法律制度或法律程序，以及他们在什么时候会选择其他制度或者什么都不做’；它‘使一切都运作起来’，而且是解释法律运作的关键性变量；将法律文化纳入法律的图景中‘就好像给钟上紧发条或者给机器接通电源一样’。”[①]法律文化由于其本源于社会，是一种社会生理或心理的反映，是社会经验的结晶，因此，它没有确定的定义。有人认为，东西方法律制度之所以不同，是由于法律所得以产生、发挥社会功能的文化背景不同。而这种文化背景一个重要的也可以说是基本的因素，就是法律意识或法律观念，从这个意义上解释法律文化的有日本的法社会学家川岛武宜和比较法学家大木雅夫等人。有人认为，广义上的法律文化，不仅包括在法律本身和文化体系交错、重复领域内生成的，以西方的“法治主义”和东方的“德治主义”相区别为基础的法律的结构和社会功能，还包括了在以与“合法”支配（即法治国）相异的东方源流思想支配之下的人们的风俗、习惯、规范实践内容。持这种观点的有日本法社会学家田中茂数、法制史学家

---

① 〔意〕D. 奈尔肯编：《比较法律文化论》，高鸿钧、沈明译，清华大学出版社 2003 年版，第 30 页。

石井紫郎等人。另外,还有人从法学和人类学以及文化多样性的角度认为,法律文化比法律思想内容要宽广。[①]

中国著名法学家贺卫方教授也与川岛武宜、大木雅夫等人持相同观点,但他的说法更具动态性。“实际上,法律文化研究的主要对象是法律观念,即一个特定的文化体(如一个民族或国家)对于法律、司法机构以及法律相关的其他事物的态度、信念以及情感。法律文化研究常常涉及制度层次,但其着眼点却是制度与观念的互动关系,而不是就制度论制度。”他还认为比较法文化不仅具有实践意义,而且具有理论意义。“我们今天要从事不同民族法律文化的比较研究,当然需要列举法律表面形态的种种异同,但更重要的是要探究这些异同所以形成的原因,寻找不同社会间的功能等值物,从而使异同得到合理的解释,而不是仅仅停留在浅层次的批评上。这种深入研究的价值不仅仅是知识性的,更重要的是实践上的意义。”“历史表明,不同文化间顺利的和合理的融合有赖于学者们对于本土文化与外来文化的精深研究以及对融合途径的仔细检讨和探索。这正是从事比较法学(包括比较法律文化)研究的学者们大可用武之地,也是他们不容推卸的历史使命。”[②]由于文化概念的不确定性,因此,法律文化概念并非抽象划一的,而正如法律文化内涵本身一样,具有模糊性和变动性。“我们曾经指出,法律文化可以被理解为由种种重叠交错的文化构成的具有广泛多样性的文化样态:有一些相对而言是地方性的(local),还有一些则更具有普遍性(universal)。然而,在许多情况下,对于‘文化’这样一个笼统概念的依赖,也会使对于特定的法

---

① 参见何勤华:《法律文化史论》,法律出版社 1998 年版,第 189—191 页。

② 江平主编:《比较法在中国》(第 1 卷),法律出版社 2001 年版,第 154—156 页、第 158 页。

律文化的理论认同变得成问题了。”[①]

法律文化尽管不十分确定，但并非不能加以比较。比较法与法律文化相结合，形成比较法文化论。“正如通过对语言的比较，语言哲学以及语言学本身才得以产生一样，只有通过对不同时代、不同地域（无论是近在咫尺还是遥距天涯）各民族的成文法和习惯法加以比较，才可以发展出最普遍的法学及纯粹的法律科学，这种法学可以将真实而蓬勃的生命注入任何特殊国家的具体法律科学中去。”[②]对法律文化的比较，是否能像比较法那样进行分类，答案是肯定的。在比较法中，那种“无机说”的比较法是建立在概念逻辑的抽象推理基础之上的，但由于“法律文化”并不十分确定，因此，比较法文化与“无机说”比较法基本绝缘。但“有机说”的比较法本身是建立在历史概括的经验法则基础之上，它没有明确的边界，因此，“有机说”的比较法本身就是广义上的比较法文化论组成部分。美国法社会学家埃尔曼对法律文化进行了适当分类，这种分类类似于比较法中的法系分类。“在此，我们将法律文化族类分类如下：(1) 罗马—日耳曼法系；(2) 普通法法系；(3) 社会主义法系；(4) 非西方法系。”[③]这种分类是一种横向分类。

相对于横向实证法比较而言，历史分类则是一种纵向分类。比较法制（比较法）史就是一种纵向分类。比较法制史是比较法中实证层次的学科，它与比较法律文化的关系是一种事物的现象与规律（本质）的关系。就比较法制史与比较法律文化的关系而言，比较法律文化的着眼点不是一般的作为法律实践活动成果的

---

① 〔意〕D. 奈尔肯编：《比较法律文化论》，高鸿钧、沈明译，清华大学出版社 2003 年版，第 49 页。

② 〔美〕H. W. 埃尔曼：《比较法律文化》，贺卫方、高鸿钧译，清华大学出版社 2002 年版，第 17—18 页。

③ 同上书，第 20 页。

法律思想、法律观点和法律规范，而是在这些成果背后的更深沉、更稳定、更抽象的价值基础。这使比较法律文化有别于文化学或法学其他学科。比较法制史侧重的是对法制源流的考察研究，离不开法制发展与演变的法律文化背景。可以说，用比较的方法研究历史上不同类型、不同时期的法律制度，更能明显地体现出不同文化类型、不同地域、不同时期的法律制度的特色。[①]中国著名的外国法制史学家曾尔恕教授在其所著的《外国法制史》一书中也引入了比较法文化论，而不是仅在实证层面上就制度论制度。"日本法巧妙地融合了两大法系的特点，被称为'混合法'。日本在借鉴西方法律文化的过程中，虽然在不同的历史时期，对两大法系的效仿的侧重点有所变化，但并没有拘泥于两大法系的差异，而是采取了兼容并蓄的态度，将两大法系融为一体。""日本法是东西方法律文化的有机结合。如前所述，日本在法律近代化的过程中，主要是以西方法为参考模式，制定了一系列西方化的法典，但是对于作为东方国家所固有的一些传统法律内容和习惯，也并没有完全放弃。如作为日本流传久远的法律习惯——调停制度不但没有因为法律的西化而消亡，反而在日本法不断完善的过程中愈发显示出生命力，始终发挥着重要的作用。事实上，日本在任何历史时期，都没有放弃对固有优秀法律传统的继承。"[②]

日本法学家田中周苏在其所著的《世界法史概说》一书中正是从比较法制史出发，以法文化为标准，将世界上的法划分为五个法文化圈，即：第一类：古代东方法文化；第二类：古典古代法文化；第三类：北方系法文化；第四类：英国、美国法文化；第五类：东

① 参见夏新华：《比较法制史：中国法律史学研究的新视角》，载中南财经政法大学主办法律史学术网。

② 曾尔恕主编：《外国法律史》，北京大学出版社 2003 年版，第 404、405 页。

洋法文化。在此基础上排列成若干法系。而最主要的是第二类、第三类、第四类三者合并,归属于西洋法文化。第一类与第五类合并,形成广义上的东洋法文化。因此,世界法史综合为“西洋法文化”和“东洋法文化(广义)”两大部门。作为法史学的体系,实际上除了上述五类法文化之外,还设立了一类冠名为“原始法文化”,它是古代原始民族以及现代自然民族的法文化,例如,复仇、祖先崇拜等。在此,世界法史可区分为以下体系:

西洋法文化	A. 原始法文化 B. 古典古代法文化 C. 北方系法文化 D. 英国美国法文化
东洋法文化(广义)	E. 古代东方法文化 F. 东洋法文化(狭义)

第一类古代东方法文化,包括埃及法系、楔形文字法系、希伯来法系;第二类古典古代法文化,包括希腊法系、罗马法系、教会法系、海法系;第三类北方法系法文化包括日耳曼法系、斯拉夫法系、凯尔特法系;第四类英国美国法文化包括英国法系、美国法系;第五类东洋法文化,包括中华法系、印度法系、伊斯兰法系、日本法系。[①]田中周苏的世界法史分类类似于比较法学家威格摩尔的比较法史分类,但它的着眼点不是法圈,而是法文化圈。以法文化的不同来构筑法文化圈—法系—法族的法文化类型体系,这是比较法文化论与比较法的不同之处。本文亦如田中周苏的法文化圈划分标准,将世界法史类型分为西洋法文化圈和东洋法文化圈两大类,在比较两大法圈的基础上,揭示西洋法文化圈的本质和特点。

---

① 〔日〕田中周苏:《世界法史概说》,有信堂 1970 年版,第 1—20 页。

三、西洋法文化圈论

日本比较法学家木下毅在其所著的《比较法文化论》一书中按照法文化圈—法系—法族的排列顺序，对法文化圈进行了系统条理的分类，现将其列表如下①：

序号	下属分支 / 法文化圈	法系	法族
1	非洲大洋洲法文化圈	非洲法系	西北非法族
			中南非法族
		大洋洲法系	密克罗尼西亚法族
			美拉尼西亚法族
			波利尼西亚法族
2	东北亚法文化圈	北方欧亚大陆法系	蒙古法族
			通古斯法族
		东亚法系	中国法族
			朝鲜法族
			日本法族
3	印度法文化圈	南亚法系	印度法族
		东南亚法系	东盟法族
			印度支那法族
4	伊斯兰法文化圈	逊尼法系	
5	西洋法文化圈	西域法系	罗马法族
		大陆法系	德国法族
			斯堪的那维亚法族
			斯拉夫法族
		英美法系	英国法族
			美国法族

① 〔日〕木下毅：《比较法文化论》，有斐阁 1999 年版，第 5 页。

在法文化圈中西洋法文化圈和非西洋法文化圈处于对瞰的状态。现代文明以西洋文明为主流，而西洋文明又是与非西洋文明相对而言的。非西洋文明以东方文明为典型。因此，法文化圈比较一般以东西法文化比较为主导。由于法文化的多元与共生关系，我们在认识东西法文化的差异时，要超越原本系谱学上的法系论，并前进到"比较法文化圈"，即西洋法文化圈与非西洋法文化圈。

西洋法文化圈主要包括大陆法系和英美法系，大陆法系和英美法系存在法技术上的差异。因此，它们成为比较法的典型分析工具。但就比较法文化论而言，两个法系之间的法律文化价值趋向基本一致。在西洋法文化形成过程中，游牧民族的心理倾向、西欧语、犹太思想、希腊思想、罗马法、日耳曼习惯法、基督教、近代自然法、资本主义的经济结构、自由主义和民主主义的政治社会原理十种要素，对西洋法文化的形成和发展起着重要的作用。[①]

关于西洋法文化圈的法律观念和特点，日本比较法学家五十岚清归纳如下：

（1）"法的统治"（rule of law）。此处所谓"法的统治"并非英美法所说的狭义含义，而是指社会尽可能由法来加以统治。法是社会规则的首要的手段。正如达维德 1961 年指出的，它是作为西洋法文化与社会主义法文化区别的象征，很多人持同样观点，并将其作为西洋法文化的特征。

（2）权利 = 为法律而斗争。法 = 权利并非自然地发生，而是人们通过对法 = 为权利而斗争而获得的。这种观念来源于耶林

① 参见日本比较法学会编：《比较法研究》（1998），有斐阁 1999 年版，第 64—66 页。

"为权利而斗争"(1872)。达维德、野田良之等人将其作为与东洋法文化相对的西洋法文化的特色加以利用,尽管今日大木雅夫对此持反对论,但普遍地仍然是作为西洋法文化的象征而加以使用的。

(3)法律规范的自主性、独自性。法律规范与社会规范特别是宗教、道德、习惯等相区别,那种独自存在的规范观点也是伊斯兰和东洋法文化的西洋法文化的特点。

(4)法=正义的观点。法律由有法制定权者所制定,并非不问内容而有效。其内容必须符合正义的观念,也是西方法文化的产物。在此语言基础上,表示"法"的拉丁语的 ius、法语的 droit、德语的 Recht 等,同时包含着正义的涵义,也是出自于此根据。

(5)私法中心。在法律体系中,私法占据中心地位,这也是西洋法的特点。从此方面看,与东方法首先是刑法优位的法文化相区别。该特点溯源于罗马法,通过罗马法继受,并扩张到整个欧洲。尽管现在欧洲公法的地位在提高,但在法学教育中,仍然是私法,特别是民法居于中心地位。

(6)权利中心。所谓私法中心同时意味着权利中心。在此方面是与以义务为中心的其他法文化相区别的,这也是由来于罗马法传统,在西洋人的规范中个人主义处于基础地位。但矫枉过正,今日却成为从共同体(欧盟)方面的批判对象。

(7)法学的发达。以法作为对象的学问也是与伊斯兰法文化相比较而论的,并成为西洋法文化的特征。这可追溯到罗马法,特别是通过中世纪的注释法学派和评论法学派的罗马法再生,通过继受罗马法进而拓展到整个欧洲。近世以后,通过自然法学者的体系化,直至现在,形成了其与中世纪之后的伊斯兰法文化之区别。

(8) 专门性法学家集团的存在。从中世纪到近代初期，在欧洲大陆大学履修法学的法学家占据了行政和司法职位，他们像在法国和德国所看到的那样，形成专家集团。同一时期在英国也形成律师学院，组成专家集团。这是促进法律规范的自立性和法学发达的重要原因。法律专家集团的存在也是西洋法的一个特点。

(9) 由裁判（法 = 权利）而实现。这与前述的“法 = 为权利而斗争”具有重复的特点。但在西洋法文化中，权利并非是以两个当事人对话为基调的和解与调停，原则上两个当事人之对立，应通过裁判主张权利，并将争议委付第三者——裁判官加以判断，进而实现自己的权利。当然现在在其他法文化中也存在裁判制度，但未必是首要的纠纷解决手段。

(10) 对裁判程序的公正要求。在西洋法文化下，裁判必须是公正的。裁判官地位的独立性等，也是由此制度发展来的。相反，存在即使实体正义不能实现，但如果程序正义实现即可满足的观念。在此方面，正像铃木贤所主张的那样，与中国法文化具有很大的区别。①

对以上西洋法的特点，学界并没有达成一致观点。例如日本比较法学家大木雅夫就对以上与东洋法相比较的西洋法文化的特点持有异议。大木雅夫在《关于远东法观念的误解》一文中提出，以下系对远东法误解的观点：“即人们一般认为，在西方存在的是法治主义，其内容是赞扬法、尊重并相信法律家，通过审判解决纠纷以及为权利而斗争，等等。与此相反，在包括日本在内的远东，德治主义占据统治地位，其表现为轻视法，不相信法律家，

① 参见日本比较法学会编，《比较法研究》(1998)，有斐阁 1999 年版，第 62—64 页。

通过调解消除纠纷，由互相谦让来达到和解，等等，并且这两者是彼此对立的两极。”①

大木雅夫还就东方道德的传统、东方人的权利意识（诉讼观）、纠纷解决方式、私法的地位等问题，根据日本的法文化对将以上观点绝对化的说法进行了批判。大木雅夫在其所著《东西方的法观念比较》一书中，进一步深化了自己对上述主流观点的批判。“依据海内外最权威的比较法学家的见解，区分西洋法与远东法的重要标志在于各自社会中的法观念和法所承担的作用的不同。西洋的法治主义、对法的赞美、对法学家的尊崇信赖、通过审判解决纠纷的方法，与远东的德治主义、对法以及法学家的不信任、通过调停解决纷争的方法截然不同。在西洋，为权利而斗争被崇尚为美德；而在远东，中庸、谦让、和平式的和解则被视为人类的基本德性，而且这种基本德性在远东社会被大肆宣扬。当然，法观念、法所被赋予的使命固然是规定西洋、远东各自社会的法样式的要素不容置疑。而且，各自社会法样式的具体内容，似乎都可以主张各自的真理性。然而这岂不只是单方面真理吗？而且，难道不是即便是真理，越是过分强调其单方面的真理性，则越是接近于虚伪吗？西洋法也好，远东法也罢，正因为它们都是复杂的历史构造物，所以说传统上通说式的评价，不是都太过简明，并有些过于公式化了吗？这正是本书中我的疑问。”②

尽管如此，目前通说仍不赞成大木雅夫的观点。日本比较法学家木下毅在《比较法文化论》一书中认为：“西洋法文化与东洋

---

① 何勤华：《法律文化史谭》，商务印书馆 2004 年版，第 259、268—273 页。

② 〔日〕大木雅夫：《东西方的法观念比较》，华夏、战宪斌译，北京大学出版社 2004 年版，第 143 页。

法文化的基本差异表现为如下两个方面的对立关系。一是耶林(Jhering)的'为权利而斗争'(Der Kampf ums Recht)和孔子的'通过礼的统治';二是作为'正义'的'法律统治'之理念与作为'框架'的'官僚制之法'。"①

进入21世纪后,不仅西洋法文化圈中的大陆法系和英美法系日益融合,而且,西洋法文化在与东洋法文化的比较与交流中,也出现了相当程度的融合。例如,西洋法文化圈兴起非诉讼替代解决方式(ADR),而东洋法文化圈则不断地通过程序(审判方式)改革,强化裁判在解决纠纷中的首要的作用。因此,正如大木雅夫所说的那样,鲜明对立的、公式化的标志性特点已不复存在,对法文化的比较更多的是从法史上相对地加以分析。任何绝对化的观点则是形而上学的、有害的观点。这也是比较法文化论所必须重视的问题。

① 日本比较法学会编:《比较法研究》(1998),有斐阁1999年版,第84页。